I0695811

Ecovisiones serie Diccionarios

Créditos

Diccionario de budismo

Mendoza Vester, Jorge

Diccionario de budismo / Jorge Mendoza Vester

© 2023 Diccionario de budismo - Jorge Mendoza Vester

1ª edición.- Ciudad de Santiago, Chile, 2023

Primera edición libro digital

Diccionario de budismo

Introducción

En el corazón de la vasta y diversa tradición espiritual de Asia se encuentra el Budismo, una filosofía de vida y una religión que se originó en el nordeste de la India hace más de dos milenios. Este libro es un portal hacia el fascinante mundo del Budismo, una de las grandes religiones del mundo, que ha dejado una huella indeleble en la historia de la humanidad.

La esencia de la doctrina budista, predicada por Siddhartha Gautama, conocido como Buda, reside en la comprensión profunda de la condición humana, la naturaleza de la existencia y la estructura de la mente humana. Proporciona los medios para trascender el sufrimiento y la mortalidad, que son experiencias universales, y acceder a un estado superior de ser.

El Budismo representó una revolución en su época, desafiando prejuicios religiosos y éticos arraigados. Ofreció al ser humano las Cuatro Nobles Verdades: la existencia del sufrimiento, el deseo como causa del sufrimiento, la posibilidad de liberarse del sufrimiento y el camino hacia la liberación, conocido como el Sendero Octuple.

Este Sendero Octuple, que incluye la recta visión, el pensamiento correcto, la palabra justa, la acción correcta, el medio de vida correcto, el esfuerzo correcto, la atención correcta y la concentración correcta, se convierte en la brújula hacia la liberación final, el Nirvana.

Los pilares filosóficos del Budismo se centran en el karma, la ley de causa y efecto que rige tanto la vida física como la mental del individuo. Aunque algunos efectos del karma son inevitables, otros pueden ser expiados.

El Budismo es único en su enfoque, ya que no adora a un Dios supremo. En su lugar, ofrece la posibilidad de que cada individuo se convierta en un iluminado, un Buda, cuando alcance el Nirvana. Cree en la universalidad del sufrimiento, la reencarnación y la posibilidad de alcanzar la salvación.

En su tolerancia, tanto en teoría como en práctica, el Budismo destaca entre las religiones del mundo. A medida que se extendió por Asia, se formaron diversas escuelas, las más notables siendo la Mahayana y la Hinayana, diferenciándose en su enfoque de la búsqueda de la iluminación.

Este libro desentrañará las múltiples facetas del Budismo, desde sus raíces históricas hasta sus diversas ramas, como el Theravada, el Mahayana, el Vajrayana, el Budismo Chino, el Japonés y el Zen. A lo largo de los siglos, el Budismo ha sido un faro de sabiduría en Asia y más allá, resistiendo las pruebas del tiempo y la historia.

En Occidente, el Budismo ha ejercido un impacto profundamente positivo desde su introducción en la era moderna. A medida que las enseñanzas budistas se han difundido más allá de las fronteras de Asia, han inspirado una serie de beneficios en la sociedad occidental.

Una de las contribuciones más notables del Budismo a Occidente ha sido su enfoque en la atención plena o "mindfulness". La práctica de la atención plena, que tiene sus raíces en la meditación budista, se ha convertido en una herramienta efectiva para abordar el estrés, la ansiedad y la salud mental en general. Los occidentales han adoptado la atención plena como una forma de promover el bienestar emocional y la claridad mental en un mundo cada vez más agitado. Instituciones educativas, empresas e incluso el campo de la psicología han incorporado técnicas de atención plena en sus programas para ayudar a las personas a gestionar el estrés y mejorar su calidad de vida.

Además, el Budismo ha fomentado la tolerancia religiosa y la apertura hacia la diversidad espiritual en Occidente. Su enfoque en la no adoración de un Dios supremo ha resonado con aquellos que buscan una espiritualidad más personal y libre de dogmas rígidos. Esto ha contribuido a la aceptación de una variedad de prácticas espirituales y religiosas en Occidente, promoviendo la coexistencia pacífica y el respeto mutuo entre diferentes tradiciones religiosas y filosofías de vida. Por esto, el Budismo ha dejado una huella positiva en Occidente al ofrecer herramientas prácticas para el bienestar mental y al promover una mayor tolerancia y comprensión en una sociedad cada vez más diversa.

Prepárate para explorar las profundidades de esta filosofía y religión milenaria, descubriendo sus enseñanzas, prácticas y su impacto duradero en la humanidad a medida que te adentras en el mundo del Budismo en este diccionario sobre el tema.

Contenido

B

D

F

G

H

I

J

K

L

M

N

O

P

R

T

U

V

B

BUDA

Reformador religioso.

Goama, Gautama, Buda o Buddha que nació en siglo IV antes de Cristo. Se han forjado muchas leyendas sobre él, una de las más creíbles es la siguiente:

Buda, Gautama o Sakyamuni, novena encarnación de Vishnú nació en Kapilovastu, al pie de los Himalaya, concibiéndolo por inspiración de una Maya, esposa virgen del rajá Surdhona, rey de los Sakyas. Maya murió siete días después del nacimiento de Buda".

Éste llevó una vida placentera durante años, hasta que tuvo una serie de encuentros decisivos que le enseñaron lo que significaba la muerte, la vejez y la enfermedad, retirándose entonces a una pequeña aldea, Uruvilva, a orillas del río Nairandschana, donde permaneció seis años, hasta que consiguió alcanzar los grados sucesivos de sapiencia.

Se le apareció un genio que le preguntó si resistiría suplicios corporales con tal de tener un más inmediato acceso a la verdad. Gautama respondió que sí, e inmediatamente fueron encendidas mil bujías para que sus lenguas de fuego le quemaran la lengua. Entonces supo que "puede agotarse todo tesoro y que lo que encumbra se halla expuesto al desmoronamiento".

Un segundo genio mandó que se clavara mil clavos en la espalda, enseñándole que todo lo visible debe perecer, que toda creencia corresponde al dominio de la nada.

El tercer genio mandó que entrara en un horno ardiente a fin de imbuirle la fuerza de la misericordia inquebrantable, el absoluto alejamiento de la crueldad. No se abrasó porque unos ángeles guardianes iban extinguiendo las llamas con flores.

Tras estas tres pruebas, Buda extrajo un hueso, lo empapó con su propia sangre y grabó en su piel los mandamientos:

Primero: no matar

Segundo: no robar

Tercero: ser casto

Cuarto: no levantar falso testimonio

Quinto: no mentir

Sexto: no jurar

Séptimo: no pronunciar palabras indignas

Octavo: ser desinteresado

Noveno: no vengarse

Décimo: no ser supersticioso

Hasta aquí la leyenda.

Según la tradición, tras abandonar el palacio mantuvo una vida de eremita por espacio de seis años, de tanto rigor que estuvo en trance de muerte sin haber conseguido fruto espiritual alguno. Por ello decidió abandonar la visa ascética y dedicarse a la meditación.

El día de la luna nueva se sentó al pie de una higuera (árbol bodhi) en Uruvela, donde permaneció toda la noche en meditación profunda.

Al amanecer, Gautama se convirtió en el Buda iluminado para quien la existencia había dejado de ser un misterio.

A partir de ese momento inició su predicación itinerante que le llevó por espacio de más de veinte años a recorrer las ciudades de la cuenca del Ganges.

Al morir, fue incinerado y sus cenizas se repartieron por diferentes lugares para ser veneradas.

Sus últimas palabras, de acuerdo con la confesión budista, fueron:

"Ahora, oh monjes, os digo, todas las cosas son transitorias. Trabajad con celo por vuestra salvación".

BUDA
En la metafísica, es el estado máximo espiritual y de iluminación absoluta. En el sudeste asiático, se conoce así a la manifestación divina del dios único, partiendo del hinduismo.
BUDA
Nombre dado a Gautama. Nacido en la India alrededor del año 620 AC. Durante la luna llena de Tauro, en el seno de la Familia de los Sakya. La leyenda dice que llegó al grado de Buda en el año 592 AC.
El Buda, el "Iluminado", ha alcanzado el más elevado grado iniciático, que puede el hombre obtener en este sistema planetario. Actualmente Es embajador del Logos Solar ante el Logos de Sirio. Ostenta la 9 inicia-

ción planetaria. (VBA)

Próximamente cederá "sus vestiduras" al Cristo y dejará de estar ligado a la Tierra (MT).

Es el último Avatar de la era de Aries que se manifestó a través del Príncipe Gautama La Encarnación de la Sabiduría.

Los budistas esperan su próximo gran Instructor con el nombre de Maitreya Buddha.

BUDISMO

BUDISMO: Palabra con que se conoce en Occidente lo que en Asia se llama Budha Sasana, es decir, la religión que tuvo origen en el nordeste de la India como resultado de la experiencia personal de Gautama. Buda, una de las grandes religiones del mundo.

La doctrina predicada por Buda consiste en el análisis de la condición humana, del carácter de la existencia del hombre y de la estructura de la personalidad humana junto con los medios para trascender el dolor y la muerte, que son el destino común de la humanidad para acceder a una nueva condición del ser.

El sistema budista significó una revolución contra los prejuicios religiosos, éticos, de la época.

El hombre tiene ante si las cuatro verdades: la existencia del "dukha" o condición miserable de sufrimiento e infelicidad, el deseo como causa del "dukha", la supresión del "dukha", y la forma de poner fin siguiendo el camino oportuno.

Este camino es el Sendero Octuple: justa .fisión, justo pensamiento, justa palabra, justa acción, justo sustento, justo empeño, justa atención y justa concentración.

A través de este sendero se llega a la liberación final o Nirvana.

Los conceptos filosóficos básicos del budismo se encuentran concentrados en el karma o ley de la casualidad física que actúa con el mismo rigor tanto en la vida física como mental del individuo.

Aunque existen efectos inevitables del Karma en la vida del hombre, hay otros que pueden ser expiados. El hombre está considerado como un conglomerado de formas corporales, sensaciones, ideas, karma latente y conciencia.

Éticamente, esta religión se basa en la no existencia de Dios, ya que cada uno puede convertirse en Buda, en un iluminado cuando alcance el nirvana. Cree en la universalidad del sufrimiento, en la reencarnación y en una salvación.

Es la más tolerante en la teoría y en la práctica de las religiones mundiales.

El budismo se extendió por toda Asia creándose diversas escuelas que permanecen unidas en lo fundamental, las Cuatro Nobles Verdades y el Nirvana. Las dos escuelas clásicas son la mahayana y la hinayana, fundadas en función de que la doctrina de la búsqueda del Buda fuese individual y abierta a todos, o que fuese personal e individual. También existen otros tipos de budismo, como es el chino, el japonés, el tibetano..., donde ha habido una mezcla de la filosofía budista con las divinidades propias de la zona.

Las principales ramas budistas son:

- Budismo Theravada: riguroso o pequeño vehículo.

- Budismo Mahayana: gran vehículo de salvación.

- Budismo Vajrayana: tibetano.

- Budismo Chino: pertenece al tipo mahayana.

- Budismo Japonés: sincretismo, sintoísmo.

- Budismo Zen: sistema de meditación chino-japonés.

Los Mandamientos budistas:

1. Abstenerse de matar o dañar a los seres vivos.

2. Abstenerse de robar.

3. Abstenerse de la mala conducta sexual.

4. Abstenerse de mentir.

5. Abstenerse de bebidas alcohólicas

6. Abstenerse de comer a horas prohibidas (después del mediodía hasta la mañana siguiente

7. Abstenerse de danzar, canciones, música y teatro

8. Abstenerse de usar guirnaldas, perfumes, ungüentos y joyas

9. Abstenerse de usar una cama ancha o alta

10. Abstenerse de recibir oro o plata.

Los cinco primeros mandamientos son también de obediencia por parte de los laicos, (el tercero era adulterio en lugar de castidad), mientras que los cinco últimos sólo se dirigen a los monjes.

Con el paso de los siglos, el budismo fue decayendo en la zona norte de la India, contribuyendo a ello sobre todo la invasión musulmana del siglo XII, manteniendo su importancia a lo largo del tiempo en Birmania, Thailandia, Camboya, Malasia, y en sus formas particulares en Ceilán, Japón y China.

D

DAITSUCHISHO

DAITSUCHISHO: en sánscrito, Mahabhijnajnanabhibhu) «Victorioso mediante la Gran Sabiduría Penetrante». A menudo, abreviado como Daitsu Buda que apareció y enseñó el Sutra del Loto en el remoto pasado de sanzen jintengo.

Su historia aparece en el capítulo «Kejoyu» (séptimo) del Sutra de! Loto. Según ese capítulo, luego de haberse sentado en el lugar de la iluminacion y de haber desafiado a los ejércitos de Mara, el Buda continuó meditando por diez kalpas menores y, finalmente, logró la perfecta iluminacion. A pedido de sus dieciséis hijos y de los Reyes del Cielo Brahma, el buda Daitsu expuso las cuatro nobles verdades y la cadena casual de doce eslabones. Sus dieciséis hijos renunciaron al mundo para seguirlo y le rogaron que les revelara la enseñanza de la perfecta iluminación. Después de veinte mil kalpas, accedió a su pedido y predicó el Sutra del Loto por un período de ocho -mil kalpas.

Sin embargo, aparte de sus dieciséis hijos y algunos hombres de Aprendizaje, nadie más fue capaz de recibir sin dudas su prédica. En ese momento, el Buda se dirigió a una habitación tranquila, donde meditó durante ochenta y cuatro mil kaipas. Durante ese período cada uno de los dieciséis hijos predicó el Sutra del Loto en su lugar, con lo cual mucha gente logró la iluminación.

Su prédica se llamó «la nueva exposición de la enseñanza del buda Daitsu» (en jap. Daitsu-fuko). Los que escucharon el Sutra del Loto en ese tiempo recibieron la semilla de la Budeidad, y son llamados «aquellos relacionados con el buda Daitsu» (Daitsu-kechien no shu).

Luego de haber meditado por ochenta y cuatro mil kalpas, el Buda Daitsu emergió de su concentración y declaró que todo aquel que hubiera tenido fe en la enseñanza dé sus dieciséis hijos lograría, seguramente, la iluminación.

A partir de entonces, la gente que escuchó la Ley de alguno de estos dieciséis bodhisattvas siempre volvió a renacer junto a su respectivo maestro. Los dieciséis se tornaron budas y, según este capítulo, enseñaron la Ley en las diez direcciones del universo.

El más joven nació en el mundo saha como Shakyamuni.

Seikyo Nro. 803 20/11/1996.

F

FA HSIEN

FA HSIEN: Monje budista y peregrino chino al que se ha dado el sobrenombre de Shih.

Nacido en Shansi, fue educado en el centro budista de Ch'ang-an, capital occidental de China, de donde partió el año 339 junto a varios compañeros para visitar la India y los países budistas para procurarse un canon completo de las escrituras del budismo.

Al cabo de seis años de accidentadas etapas por Asia central, llegó finalmente a la India junto a su discípulo Tao Cheng.

En el 414 regresó a China donde trabajó intensamente para traducir las escrituras budistas.

Escribió un relato de sus viajes conocido como Fa Hsien Chuan (El relato de Fa Hsien), y más tarde como Fo Kuo Chi (Noticias de los países).

FA-CH'ÜAN

FA-CH'ÜAN: (fechas desc.): Sacerdote de la escuela Shingon en la China, que vivió durante la dinastía T'ang.

"Los Principales escritos de Nichiren Daishonin" Glosario Vol. I - II 1995 - 1998 SGIAR.

FA-TAO

(1086-1147): (En jap.: Hodo.) Sacerdote que reconvino al emperador Hui-tsung de la dinastía Sung cuando éste intentó reestructurar la orden de sacerdotes budistas. Fue exiliado a Tao-chou.

"Los Principales escritos de Nichiren Daishonin" Glosario Vol. I - II 1995 - 1998 SGIAR.

FA-TSANG

FA-TSANG: (643-712): Tercer patriarca de la escuela Hua-yen (en jap.: Kegon) en la China. Aprendió las enseñanzas de Chih-yen y contribuyó notablemente a la sistematización de la doctrina Kegon.

"Los Principales escritos de Nichiren Daishonin" Glosario Vol. I - II 1995 - 1998 SGIAR.

FA-YUN

FA-YUN: (467-529): Sacerdote de la China Liang, considerado uno de los tres grandes maestros de la dinastía Liang, junto con Chih-tsang y

Sengmin. Renunció a la vida secular cuando tenía siete años y estudió con Sengyin. A los treinta, disertó sobre el Sutra del Loto y el Sutra Vimalakirti, razón por la que logró gran renombre.

En 508, fue nombrado sacerdote principal del templo Kuang-che-ssu por el emperador Wu, quien, a menudo, lo invitaba a la corte a dar conferencias, y lo ayudaba a traducir escrituras.

El emperador Wu construyó el templo Fa-yun-ssu para este sacerdote en 519 y, en 525, lo nombró administrador general de los monjes (en japonés daisojo), el rango más alto dentro del sacerdocio. Fa-yun escribió un comentario sobre el Sutra del Loto titulado Hokke Giki

Apuntes sobre el Sutra del Loto.

FAHIAN O FA-HIAN
FAHIAN O FA-HIAN: (Chino). Viajero y escritor chino de los primeros siglos del cristianismo, que escribió acerca del budismo.

FE, PRÁCTICA Y ESTUDIO
FE, PRÁCTICA Y ESTUDIO: Los tres principios de la práctica del Budismo de Nichiren Daishonin. La fe significa creer en el Gohonzon de las Tres Grandes Leyes Secretas. La práctica se realiza para la propia felicidad y para enseñar y posibilitar a los demás la realización del daimoku de Nam-myoho-renge-kyo. El estudio significa profundizar y comprender las enseñanzas budistas.

De los tres, la fe es el principio más importante para el logro de la Budeidad. De ella, surgen la práctica y el estudio; a su vez, la práctica y el estudio sirven para profundizar la fe. En «La verdadera entidad de la vida», Nichiren Daishonin dice: «Crea en el Gohonzon, el supremo objeto de veneración en el mundo [...] Esfuércese en los dos caminos de la práctica y el estudio. El Budismo no existe fuera de ellos. Pero no sólo debe perseverar usted, sino también enseñar a los demás. Tanto la práctica como el estudio surgen de la fe. Enseñe a los demás con toda su capacidad, aunque sólo sea una frase o fragmento» Los principales escritos de Nichiren Daishonin.

El capítulo 5 del Sutra del Loto termina con las siguientes palabras de Shakyamuni, dirigida a sus discípulos: "Lo que estáis practicando es el camino del bodhisattva; a medida que avancéis paso a paso en la práctica y en el estudio sin falta llegaréis a lograr la Budeidad"(Citado por Haruo Suda en La sabiduría del Sutra del Loto: Diálogo sobre la religión en el siglo XXI, Sección 7, fascículo 4, p. 17)

"La vida posee momentos gratos y horas amargas. Pero si uno tiene profunda fe, todos estos fenómenos variables obran para fortalecer los diez factores de la vida contenidos en el estado de Budeidad. (...) La base del Budismo de Nichiren Daishonin está en la fe y consiste en practicar, basados en la fe, de acuerdo con las enseñanzas del Buda". (Daisaku Ikeda en La sabiduría del Sutra del Loto: Diálogo sobre la religión en el siglo XXI, Sección 8, fascículo 4, p. 45)

FE

FE: Hay dos palabras sánscritoritas que suelen traducirse como fe o creencia: sraddha y prasada.

La raíz de la partícula -da- dentro de sraddha, es "depositar", de modo que sraddha sería "depositar nuestra fe" o "hacer surgir la fe". Esto corresponde al primer estadio de la práctica budista. En las antiguas escrituras hinduistas conocidas como los Vedas, anteriores a los escritos budistas, sraddha se emplea con la acepción de "poseer curiosidad sobre algo" o "ansiar". Se dice que la fuente del sentimiento religioso es el asombro. Sraddha abarca los significados de asombro y de ansiar ese objeto de asombro. Es un sentimiento de respetuosa veneración hacia algo que está más allá de la experiencia inmediata de uno.

El que carece de esta clase de reverencia y vive gobernado por pasiones y deseos se llama icchantika, en los textos budistas. Es decir, quien no tiene fe en el Budismo ni aspira a la iluminación. La práctica budista comienza por despertar el sraddha. Luego, a medida que progresa la práctica, adquirimos la sabiduría que viene de experimentar eso que antes era inconcebible, y avanzamos hacia la iluminación y sus beneficios. En el Sutra Kegon se describe el sraddha como "el fundamento de la práctica" y la "madre de todos los beneficios". La "fe" es el sraddha, dentro del principio budista de ingresar en la Budeidad mediante la fe (Ishin tokunyu). Nichiren Daishonin escribe: "tener fe es la esencia del Budismo".

También hay otro término budista para hablar de la fe: prasada. Prasada expresa pureza y claridad, como en la imagen de una voz de timbre luminoso o del agua cristalina y límpida. Se lo emplea para describir el purísimo estado de vida de alguien que despejó su confusión a través de escuchar las enseñanzas del Budismo. Se lo traduce al chino a través de dos ideogramas que significan "fe pura". Este estado de fe pura nos brinda una paz permanente, que no se perturba ante ninguna circunstancia, y abre en nosotros la conciencia de la dignidad y de la igualdad ide todos los seres vivientes. La función correcta de la fe es limpiar la mente, la vida y el corazón, restituirles pureza. Sólo cuando uno tiene pureza de mente y de corazón, logra hacer surgir su sabiduría inherente. La fe purifica la razón, la fortalece, la eleva. La "fe pura" es, al mismo tiempo, razón rigurosamente puesta a prueba y también fe purificada y perfeccionada.

Cuando escuchamos hablar por primera vez de las enseñanzas budistas, sentimos un maravilloso asombro respetuoso, y entonces surge en nosotros la "fe reverente" (sraddha). Así iniciamos nuestra práctica budista. Mediante el proceso de "creencia y comprensión" (adhimukti), cultivamos y perfeccionamos nuestra vida, y nos desarrollamos para lograr la conciencia de que todos los seres vivientes son iguales y que poseen dignidad sin excepción: he aquí la "fe pura", el prasada.

"Hay otra clase de fe, que en sánscrito se denomina bhakti. Es la fe ardiente y absoluta en una deidad. El significado originario de bhakti es 'compartir' o 'ser parte de'. Bhakti se emplea, por ejemplo, en referencia a lograr la inseparabilidad con Brahma, que según el hinduismo es el origen y el continente de todos los seres. Es una fe que conduce a la unificación con cierto ser místico que trasciende lo individual; implica una práctica en que el sujeto entrega su identidad a un ser superior. Bhakti suele utilizarse, a menudo, en textos indios, para referirse a la fe absoluta en una deidad, pero casi nunca aparece en textos budistas. Bhakti es una clase de fe esencialmente distinta de la que expone el Budismo".

Haruo Suda en La sabiduría del Sutra del Loto: Diálogo sobre la religión en el siglo XXI.

FO

FO: Palabra china con la que se designa a Buda, a quien se suele representar mediante una imagen dorada en posición sedente, con las piernas cruzadas sobre una flor de loto, con los ojos semicerrados, como en contemplación.

FOISMO

FOISMO: Nombre del budismo chino tomado de la primera sílaba de Foe-ta, Buda en chino.

FOT-TCHOU

FOT-TCHOU: (Chino). Literalmente: "Señor de Buddha"; pero significando simplemente el preceptor de las doctrinas de Buddha

Foh significa un Gurú que vive generalmente en un templo de Zâkyamuni Buddha -el Foh Maeyu.

FUCHU

FUCHU: Hokke sandaibu fuchu. Comentario de Shen-chih Ts'ung (1042-1091) sobre los tres escritos principales de T'ien-t'ai (Maka shi-

kan, Hokke gengi y Hokke mongn), y sobre los comentarios que Miao-
lo hizo de ellos.

"Los Principales escritos de Nichiren Daishonin" Glosario Vol. I - II
1995 - 1998 SGIAR.

FUDO MYOO

FUDO MYOO: en sánscrito, Achala: También llamada Fudo. Deidad
budista que sirve a los practicantes desafiando los obstáculos y los demonios que impiden la práctica budista. Se la considera la principal de
las cinco grandes deidades; las cuatro restantes son Gosanze, Gunda-
ri, Daiitoku y Kongoyasha; también es la más importante de las ocho
grandes dei dades (las cinco deidades mencionadas, más Ususama,
Munosho y Mezu). Se dice que entra en un estado de meditación en el
que emite llamas (en japonés, kasho zammai) que destruyen todos los
impedimentos kármicos.

Debido a que nunca cede frente a un obstáculo, se la llama Fudo (impasible). Se la describe, popularmente, como una figura iracunda, rodea-
da de llamas, que sostiene una cuerda y una espada.

Su nombre está inscripto en siddham, ortografía sánscritorita medieval, a la derecha del Gohonzon de Nichiren Daishonin, y significa que
los sufrimientos del nacimiento y de la muerte son el nirvana (shoji
soku nehan).

FUDO

FUDO: 1) Otro nombre para el buda Ashuku (en sánscrito, Akshobhya). Akshobhya significa «impasible». Fudo es la traducción chino-ja-
ponesa de Akshobhya; Ashuku es una transliteración.

2) Otro nombre del buda Fudochi.

3) Fudo Myoo.

FUHOZO INNEN DEN

FUHOZO INNEN DEN: Historia de los sucesores del Buda.

También llamado el Sutra Fuhozo. Un registro de los veinticuatro sucesores que heredaron el linaje del Budismo de Shakyamuni y lo propagaron en la India. Chi-ch'ieh-yeh y T'an-yao de la dinastía Liu Sung
realizaron la traducción al chino.

Según esta reseña, el Buda transfirió sus enseñanzas primero a Mahakashyapa, quien, a su vez, las confió a Ananda. Aryasimha, el vigési-
mocuarto sucesor fue decapitado por el rey Dammira, y se interrumpió
la línea de sucesión.

FUJI SHUGAKU YOSHU

FUJI SHUGAKU YOSHU: Obras selecionadas de la escuela Fuji.

Trabajo de once volúmenes compilado por Nichiko Shonin, quincuagésimo noveno sumo prelado de la Nichiren Shoshu. Consiste en la selección de importantes documentos de Fuji Shugaku Zenshu (Obras completas de la escuela Fuji) junto con explicaciones y comentarios.

Incluye el registro de enseñanzas orales de Nichiren Daishonin, debates, escritos relacionados con la doctrina, fundamentos de la fe, la historia de la escuela, y otros asuntos relacionados.

FUJI SHUGAKU ZENSHU

FUJI SHUGAKU ZENSHU: Obras completas de la escuela Fuji.

Obra en ciento treinta y cuatro volúmenes compilada por el quincuagésimo noveno sumo prelado, Nichiko Shonin. Las principales obras del Fuji Shugaku Zenshu se compilaron para formar el undécimo volumen Fuji Shugaku Yoshu.

FUJIYAMA

FUJIYAMA: Montaña sagrada del Japón situada en la zona central de la isla de Nipón.

Es un antiguo volcán apagado en 1707, cuyo cono, perfectamente regular se alza a 3.773 metros de altura.

Es un centro de peregrinación desde que el maestro shintoista Kakugio del siglo XV-XVI fundó las escuelas shintoistas de Jiko-Kyo y Fuso-Kyo, defendiendo el ideal del Japón como centro del mundo y del Fujiyama como morada terrena del dios supremo.

FUKYO CAPÍTULO

FUKYO CAPÍTULO: También, capítulo «Jofukyo». Vigésimo capítulo del Sutra del Loto, en el que Shakyamuni, con la historia del bodhisattva Fukyo, o Jofukyo (Jamás Despreciar), ilustra tanto el beneficio de abrazar y practicar el Sutra del Loto como la grave retribución de calumniar a sus devotos.Este bodhisattva vivió en el Día Medio de la Ley de un buda llamado Ionno, en una época en que monjes arrogantes ejercían una gran autoridad, y el Budismo estaba declinando.

Él siempre reverenciaba a todas las personas con quienes se encontraba, diciendo: «Los respeto profundamente. No me atrevería a despreciarlos ni a ser arrogante con ustedes, porque todos practican el camino del bodhisattva y, seguramente, lograrán la Budeidad".Monjes, monjas, mujeres y hombre laicos, todos, se burlaban de él y lo atacaban con varas y piedras. Sin embargo, Fukyo perseveró en su práctica, y, una vez que hubo expiado todas sus ofensas pasadas, logró la purificación de sus seis sentidos y logró la suprema iluminación a través del beneficio del Sutra del Loto. La gente arrogante que persiguió a Fukyo se volvió su seguidora, pero, debido a las ofensas pasadas, cayó en el infierno de sufrimiento incesante, donde permaneció por más de mil kalpas. Con el tiempo, sin embargó, aquella gente se encontró con el bodhisattva Fukyo, nuevamente, y él la convirtió al Sutra del Loto.

Esta historia ilustra el principio de lograr la iluminación mediante el beneficio de la relación inversa (en japonés, gyakuen no kudoku), establecido en el Sutra del Loto, que salva incluso a aquellos que se le oponen. Shakyamuni dijo que en una existencia pasada, él había sido el bodhisattva Fukyo y agregó que todos los que lo habían calumniado habían logrado el estado de no-agresión y estaban, ahora, presentes en la asamblea del Sutra del Loto, a saber, quinientos bodhisattvas liderados por Bhadrapala, quinientos monjes guiados por Simhachandra, y quinientos hombre laicos, por Sugatachetana.

Entonces, él instó a abrazar, sinceramente, el Sutra del Loto y a propagarlo después de su muerte.

FUKYO

FUKYO: en sánscrito, Sadaparibhuta. El nombre completo era Jofukyo, pero se lo abrevia, a menudo, como Fukyo. Bodhisattva descrito en el capítulo veinte, «Fukyo», del Sutra dei Loto, quien apareció durante el Día Medio de un Buda llamado Ionno, cuando el Budismo estaba declinando y monjes arrogantes ejercían gran autoridad. Este bodhisattva tenía gran respeto por todo aquel con quien se encontraba y le expresaba con sus palabras, alabanzas (más adelante, llamadas los veinticuatro caracteres del Sutra del Loto) que decían: «Los respeto profundamente. No me atrevería a despreciarlos ni a ser arrogante con ustedes, porque todos practicarán el camino del bodhisattva y, seguramente, lograrán la Budeidad». Por eso, se lo llamó bodhisattva Jofukyo (Jamás Despreciar). La gente se mofaba de él y lo atacaba con varas y piedras. Hacia el fin de su vida, escuchó acerca del Sutra del Loto, que había sido propagado por el Buda Ionno y pudo abrazarlo, completamente, purificando así sus seis sentidos, y extender su existencia doscientos, diez mil, cien mil nayuta de años y predicar el Sutra del Loto a incontables millones de personas.

Todos aquellos que al comienzo lo habían calumniado, lo siguieron y tuvieron fe en el sutra; pero, debido a sus ofensas cometidas en el pasado al haber albergado ira y rencor contra Fukyo, languidecieron en el infierno del sufrimiento incesante por mil kalpas. Por veinte millones de kalpas, jamás se encontraron con un Buda ni oyeron sobre la Ley o vieron a un monje. Con el tiempo, sin embargo, renacieron con el bodhisattva Fukyo, y él los convirtió al Sutra del Loto.

En el capítulo «Fukyo», Shakyamuni manifestó que él mismo era el bodhisattva Fukyo en una existencia anterior. Nichiren Daishonin, a menudo, cita la historia del bodhisattva Fukyo para ilustrar el principio de manifestar la iluminación mediante la relación inversa (en japonés, gyakuen).

FUMBETSU KUDOKU

FUMBETSU KUDOKU: capítulo: «Diferenciación de beneficios». Capítulo decimoséptimo del Sutra del Loto

En el capítulo decimosexto «Juryo», Shakyamuni habla de la magnitud inconcebible de tiempo que pasó desde su iluminación original; y, en el capítulo «Fumbetsu kudo ku», dice que todo aquel que haya escuchado la prédica del Buda acerca de su iluminación original ha obtenido un beneficio incalculable Sin embargo, los beneficio: difieren: el de algunos puede ser más profundo que el de otros, de ahí el nombre de capítulo.Cuando se analiza el Sutra del Loto, según las tres divisiones de la preparación, la revelación y la transmisión, la enseñanza de la revelación de la parte principal comienza con el segundo capítulo, «Hoben», y termina con la primera parte del capítulo «Fumbetsu kudoku»; y la enseñanza de la transmisión, que insta a la futura propagación del Sutra del Loto, comienza con la segunda parte.

Esta última expone el beneficio insondable de abrazar y practicar el Sutra del Loto después de la muerte del Buda. Basándose en esta parte, T'ien-t'ai formuló los cuatro niveles de la fe y los cinco pasos de la práctica en su Hokke Mongu.

FUMYO

FUMYO: en sánscrito Shrutasoma:

1) También llamado Shudama o Shudasuma. Nombre del buda Shakyamuni cuando fue un rey, en una existencia anterior, comprometido con el paramita de la observación de los preceptos. Escrituras y tratados difieren, levemente, al respecto. Según el Daichido Ron, el rey Fumyo y otros noventa y nueve reyes (según otras fuentes, novecientos noventa y nueve reyes) fueron capturados por el rey Rokusoku (también llamado Hanzoku) y estuvieron a punto de ser asesinados.

Por ello, el rey Fumyo se dirigió al monarca Rukusoku: «Cuando me sacaron de mi país, prometí hacer ofrendas a cierto monje. No es mi deseo evadir la muerte, pero es muy difícil soportar el incumplimiento de una promesa». El rey Rokusoku le concedió siete días de gracia, y el rey Fumyo regresó a su país. Ofreció su dádiva al monje, tal como lo había prometido, y cedió el trono a su hijo. Luego de haber proclamado a su gente que cumplir con las promesas era el precepto más importante, regresó junto al rey Rokusoku, tal como lo había jurado. Aquel quedó tan impresionado por la sinceridad del monarca, que no sólo le concedió la libertad a él, sino a los otros noventa y nueve reyes; luego, se convirtió al Budismo.

2) «Inteligencia universal». Nombre que Kaundinya y otros discípulos shomon llevarían cuando lograran la Budeidad, según el «Gohyaku Deshi Juki», capítulo octavo del Sutra del Loto. Shakyamuni predice que un grupo de quinientos arhats y otro de setecientos llegarían, en el futuro, a ser budas llamados Fumyo.

FUNAMORI YASABUR

FUNAMORI YASABUR: Laico seguidor de Nichiren Daishonin y pescador en Kawana, en la península de Izu.

Cuando el Daishonin fue exiliado a Izu en 1261 y abandonado en la playa de Kawana, Funamori Yasaburo y su esposa lo cobijaron y alimentaron por más de treinta días, hasta que aquél fue conducido a la residencia de lord lto Hachiro Zaemon.

FUSIÓN

FUSIÓN: Fusión de la realidad y la sabiduría:

La fusión de la realidad objetiva o la verdad de la naturaleza de Buda inherente a la propia vida y la sabiduría objetiva para comprender dicha verdad. La fusión es el logro de la Budeidad. T'ien-t'ai trató este principio en su Hokke Mongu. Nichiren Daishonin definió la Ley subyacente a la fusión de la realidad y la sabiduría como Nam-myoho-renge-kyo.

Él corporificó su propia iluminación -la fusión de la realidad y la sabiduría- en la forma del Gohonzon, el objeto de veneración.

Con respecto a la práctica budista para las personas del Último Día de la Ley, realidad corresponde al Gohonzon, y sabiduría es la fe en el Gohonzon. Cuando uno invoca Nam-myoho-renge-kyo con profunda fe en el objeto de veneración, fusiona su vida con el Gohonzon y logra la Budeidad.

FUSO KYO

FUSO KYO: Secta japonesa shintoísta cuyo culto está asociado al monte Fujiyama.

Fue fundada por Shishino Nakaba (+1884) con un carácter politeísta.

FUYO

FUYO: Sutra: (en sánscrito, Lalitavistara) Sutra de las innumerables acciones benevolentes.

Biografía del buda Shakyamuni escrita desde el punto de vista de la tradición Mahayana. En esta obra, el Buda es descripto como un ser sublime que realiza maravillas sobrenaturales. "Acciones benevolentes" indica estos hechos milagrosos del Buda.

Se describe su nacimiento, su renuncia a la vida secular, su despertar, la prédica que hizo de la Ley, etcétera, hasta su regreso a Kapilavastu. El Sutra Fuyo es una traducción realizada en 308 por Dharmaraksha en la dinastía Chin del Oeste.

Otra traducción china de Lalitavistara, denominada Sutra Hoko Daishogon, data de 683 y fue efectuada por Divakara, de la dinastía T'ang.

G

GADEN

GADEN: Denominación del reino celeste del budismo tibetano, "lleno de felicidad-.

que se corresponde con el sánscrito tusita o mundo de los satisfechos.

Se da este nombre al primer monasterio gelukpa fundado por Tson kha-pa el año 1409, que se encuentra situado en la falda de una colina unos cuarenta kilómetros al noroeste de Lhasa.

GAKKO

GAKKO: en sánscrito, Chandraprabha: "Luz de Luna". Junto con Nikko (Luz de Sol), uno de los dos bodhisattvas que asistieron al buda Yakushi. Gakko aparece a la derecha de Yakushi, y Nikko, a la izquierda.

En el Sutra Yakushi Hongan (Sutra de los votos originales del buda Yakushi), ambos aparecen como líderes de los bodhisattvas.

GANDARA

GANDARA: Reino que existió, aproximadamente, a partir del siglo I hasta el VII, en la India del noroeste.

Área en la que el rey Ashoka introdujo el Budismo.

Después, con el patrocinio del rey Kanishka, se llevó a cabo, en Gandara, el Cuarto Concilio Budista, y la construcción de varios templos. Situado en la encrucijada entre Grecia y la India, Gandara fomentó nuevas artes, que incluían esculturas con la imagen del Buda.

En el siglo V, Gandara vio aparecer a Vasubandhu y a Asanga.

GANDHABBAS

GANDHABBAS: Nombre pali de ciertos seres celestes de la antigua cosmología india, cuya existencia se admite también en el budismo primitivo.

Ver Gandharva.

GANDHARA

GANDHARA: Región situada en el extremo noroeste de la India, actualmente en Afganistán, que fue notable por su importancia en el desarrollo del budismo mahayana.

GANGI

GANGI: (Sánscrito). Famoso hechicero del tiempo de Kâzyapa-Buddha (un predecesor de Gautama)

Gangi era considerado como una encarnación de Apalâla, el Nâga (serpiente), espíritu guardián de las fuentes del Subhavastu, un río de Udyâna

Dícese que Apalâla fue convertido por Gautama Buddha a la buena Ley y llegó a ser un Arhat

La alegoría de este nombre es fácil de comprender: todos los Adeptos e Iniciados eran llamados Nâgas, "Serpientes de Sabiduría".

GANINNÂNSE

GANINNÂNSE: Sacerdote cingalés que aun no ha sido ordenado

Este nombre deriva de gana, asociación o fraternidad

Los sacerdotes ordenados superiores "son denominados therunnânse (o terunnânse), nombres derivados del pali thero, dignatario". (Hardy).

GANJIN

GANJIN: (688-763): (En chino: Chie-chen) Sacerdote chino que fundó la escuela Ritsu en el Japón.

Fue invitado a este país para llevar a cabo ceremonias ortodoxas de ordenación. Después de cinco intentos, pudo viajar y llegar, finalmente, en 754. Allí condujo ceremonias para conferir los preceptos al emperador, a los altos oficiales de la corte y a los sacerdotes.

"Los Principales escritos de Nichiren Daishonin" Glosario Vol. I - II 1995 - 1998 SGIAR.

GANTHA

GANTHA: El budismo theravada considera cuatro ganthas o ataduras: codicia, malevolencia, aferramiento a rituales y dogmatismo fanático.

GATTENNO

GATTENNO: Dai Gattenno Es el Gran Rey Celestial de la Luna. Es una deidad de la Luna en la mitología India, incorporada en el Budismo como uno de los doce dioses cósmicos.

GAYA KASHYAPA

GAYA KASHYAPA: Uno de los tres hermanos del pueblo de Uruvilva, que se convirtieron a las enseñanzas de Shakyamuni en los primeros años de su prédica.Los otros dos hermanos fueron Uruvilva Kashyapa y Nadi Kashyapa.

Los tres lideraron entre los ascetas brahmanes, y doscientos discípulos de Gaya Kashyapa se convirtieron al Budismo junto con ellos.

GAYA

GAYA: Ciudad del Bihar, en el norte de la India, cerca del árbol bodhi bajo el que tuvo lugar la iluminación de Buda.

El peregrino chino Fa Hsien consigna el dato de que el árbol estaba a unos cinco kilómetros de la ciudad.

GDOC

GDOC: Escuela tibetana, "cortar", fundada por Ma-gcig Lab-sgron-ma, que tiene por objeto la supresión de la dicotomía existente entre el sujeto pensante y el objeto de pensamiento, pero los medios que propone son bastantes especiales.

El momento culminante de esta doctrina es la ofrenda que se hace del propio cuerpo a las potencias y divinidades, tras haberlo cortado simbólicamente.

Este sacrificio se debe realizar en un lugar solitario donde se evocan a los espíritus.

Cuando estos aparecen el meditante reconoce el carácter ilusorio de estas apariciones, ya que de no hacerlo así estas divinidades podrían aprovecharse del cuerpo del meditante.

No posee una implantación popular, aunque si se encuentra establecido en dos monasterios.

GEJIMMITSU

GEJIMMITSU: Sutra Gejimmitsu (en sánscrito, Samdhinirmochana sutra): «Sutra de la revelación de la profunda y secreta enseñanza». Sutra de cinco fascículos traducidos al chino por Hsüan-tsang.

Este sutra es el texto básico de la escuela Fa-hsiang (en japonés, Hosso). Escrito en forma de preguntas y respuestas, trata las características de los dharmas, la conciencia alaya, etcétera.

Existen tres traducciones chinas, aparte de la Hsüan-tsang: el Sutra Jimmitsu Gedatsu, en cinco fascículos, traducido por Bodhiruchi, de la dinastía Wei del norte, y doy traducciones abreviadas: el Sutra Sozoku Ge datsu, en dos fascículos, que tradujo Gunabhadra, de la dinastía Liu Sung, y el Sutra Bussetsu Gesetsu, por Paramartha de la dinastía Ch'en, en un fascículo.

GELUK PA

GELUK PA: Secta lamaísta que fue fundada durante el siglo XV por Tson Kha Pa.

Suele ser conocida por el nombre de Gorros Amarillos por el color del bonete cubre cabezas que usan sus adeptos.

Tson Kha Pa purificó el lamaísmo de magia y hechicería, así como de otros convencionalismos.

Reformó las costumbres monásticas por la introducción del celibato riguroso y una extensa abstinencia.

Dotó al movimiento de una organización jerárquica que pronto tuvo en sus manos la supremacía política y religiosa del Tíbet.

El jefe espiritual y político es el Dalai Lama.

GELUKPA

GELUKPA: (Tíbet). Literalmente: "Casquetes amarillos"; la más importante y más ortodoxa secta búdica del Tibet; la antítesis de los dugpa (o "casquetes rojos"), los antiguos "adoradores del diablo"

[La secta de los gelukpa fue fundada por el gran reformador tibetano Amitâbha, el Dhyâni-Buddha de Gautama Zâkyamuni

(Doctrina Secreta, I, 134). -Véase: Dorje y Dugpas.]

GEMAS

GEMAS: (Las tres preciosas). En el budismo del Sur, éstas son: los libros sagrados, los Buddhas y el clero o sacerdocio

En el budismo del Norte y sus escuelas secretas son: el Buddha, sus sagradas enseñanzas y los Narjols (Buddhas de Compasión).

GEMBO

GEMBO: (fallecido en 746). Sacerdote de la escuela Hosso.

Se lo menciona entre los siete discípulos superiores del erudito Gien de Hosso (los otros seis fueron Gyoki, Senkyo, Ryobin, Gyotatsu, Ryuson y Roben). Después de ingresar en el sacerdocio, estudió la doctrina de Sólo la Conciencia y fue a la China en 716 (según algunas fuentes, en 717). Durante veinte años, estudió las enseñanzas Fa-hsiang (en japonés, Hosso) y regresó al Japón en 735, llevando más de cinco mil sutras y tratados budistas, así como también imágenes del Buda. En 737 fue nombrado administrador de monjes (sojo).

Se ganó el favor imperial y sirvió al emperador Shomu como sacerdote de la corte.

Pero, debido a intrigas políticas, fue expulsado al templo Kanzeon-ji, en la provincia de Tsukushi, en 745 y falleció al año siguiente.

GENJI MONOGATARI

GENJI MONOGATARI: Libro del japonés Murasaki Shikibu, del siglo XI, que busca el sincretismo entre el budismo y el shinto.

En esta obra el príncipe Genji, exiliado en Suma, lee las escrituras del budismo, pero al mismo tiempo se asombra de que las miradas de los dioses toleran su proscripción.

Durante una tormenta reza a la vez a Buda y a los Kami.

GENKU

GENKU: Fundador de la secta japonesa Jodo en 1175.

Ver Honen.

GEONSHIN

GEONSHIN: Uno de los grandes propagadores del culto de Amida Buda, que vivió en el siglo X.

Subrayó el ideario idealista de la filosofía tenday, y trató de purificar el budismo de los abusos del ritualismo místico.

GHANAS

GHANAS: Palabra propia del budismo theravada con la que se designa las abstracciones o absorciones de la mente que se van consiguiendo a través de la meditación.

GISHIN

(781-833): Sucesor de Dengyo y primer prior del Enryaku-ji, templo principal de la escuela Tendai.

"Los Principales escritos de Nichiren Daishonin"

Glosario Vol. I - II 1995 - 1998 SGIAR.

GOHONZON

GOHONZON: Objeto de veneración del Budismo de Nichiren Daishonin.

El Gohonzon es la manifestación física de la Ley suprema de la vida, que Nichiren Daishonin estableció para permitir que toda la humanidad lograra manifestar el mismo estado de iluminación que él.

"Los Principales escritos de Nichiren Daishonin"

Glosario Vol. I - II 1995 - 1998 SGIAR.

Es el mapa del tesoro de la vida, es una representación física de la Torre de los Tesoros descrita en el Sutra del Loto. Básicamente tiene un componente esencial, indispensable, que aparece en todos los Gohonzon particulares y en todas las épocas: es la inscripción central de Nam-myoho-renge-kyo Nichiren.La importancia del Gohonzon como objeto de veneración en la práctica del Budismo de Nichiren Daishonin, no se remite exclusivamente al significado literal de sus caracteres que de hecho incluyen la vida del Buda original, y la ley de Nam-myoho-renge-kyo.Ningún beneficio extra produce el poder leer el Gohonzon, sabiendo lo que está escrito en él. De ningún modo puede significar que con su traducción se comprenda en profundidad a la esencia del Gohonzon. Algunos de los caracteres en el Gohonzon corresponden a personas históricas, figuras míticas o dioses budistas. Nichiren Daishonin buscó representar con dichas figuras, las funciones reales del universo y de nuestras propias vidas. Todas estas funciones forman un racimo alrededor de Nam-myoho-renge-kyo; y por consiguiente, el Gohonzon es la encarnación de la vida iluminada dentro nuestro.

Una vez, el segundo presidente de la Soka Gakkai, Josei Toda, explicó el propósito de abrazar al Gohonzon de la siguiente manera: "La naturaleza humana es muy débil. No importa cuan ajustado intente vivir la vida a su manera, en definitiva uno termina siempre influenciándose fácilmente por los otros y por los factores externos.... Yo creo que para ser más fuerte, más inteligente y más feliz en la vida de uno, no hay otra manera que vivir el Budismo del Ichinen Sanzen [un instante de vida contenida en los tres mil mundos] y la posesión mutua de los diez estados. Ésta es la filosofía que Nichiren Daishonin reveló al inmenso universo como el principio más profundo y dio la gema del ichinen sanzen para que todos pudieran lograr el estado de máxima felicidad. Esta gema del ichinen sanzen es nada más ni nada menos que el Dai-Gohonzon que él inscribió.... " (El Budismo en la Acción, vol.7, el pag. 107-08)En cierto sentido, el Gohonzon puede compararse a un mapa que apunta a la situación del supremo tesoro de la vida y del universo - la Ley Mística de Nam-myoho-renge-kyo -. Este mapa del tesoro nos dice que él se encuentra dentro de nuestras vidas. Aquellos que pueden entender el mapa, no se trata sólo de un pedazo de papel, es un objeto de inestimable valor es el tesoro, es decir, la condición suprema de vida y potencial infinito. Aquellos que no se aferren a su mensaje, el valor quedará reducido a un simple pergamino no más. Cuando Nichiren Daishonin dice: "En cuanto a los carácteres del Sutra del Loto [el Gohonzon], una persona ciega no puede verlos en absoluto. Una persona con los ojos de un mortal común los ve el negro de su color. Las personas de los dos vehículos los ven como nulo. Los Bodhisattvas los ven de varios colores diferentes en ellos, mientras que una persona cuya semilla de la budeidad ha alcanzado la madurez los ve como Budas. Como el sutra declara: ' Si uno puede levantar esto [el sutra], él estará levantando el cuerpo del Buda" (Las Escrituras Mayores de Nichiren Daishonin, vol.7, p.112). Nichiren Daishonin nos enseña, en otros términos, que la vida de uno es el más grande tesoro. También escribe: "Nunca busque este Gohonzon fuera de usted. El Gohonzon sólo existe dentro de la carne del mortal común Nam-myoho-renge-kyo "(MW-1, 213). Esta realización, el Budismo lo llama la condición del esclarecimiento. Para llevar su mensaje, el Daishonin usó la teoría de un instante de vida que posee los tres mil mundos como base para la imagen gráfica del Gohonzon. El propio Gohonzon es el mundo de la budeidad en que todos los otros mundos se representan. Ésta es la pintura de posesión mutua. Abajo el centro del Gohonzon está escrito : Nam-myoho-renge-kyo-Nichiren.Esto ilustra la unidad de la persona y la ley, o que la vida del Daishonin él incluye la Ley Mística, cuando él escribe: "El alma de Nichiren no es otra cosa que Nam-myoho-renge-kyo" (MW-1, 120). También indica que nuestras vidas son fundamentalmente una misma con la ley de Nam-myoho-renge-kyo, cuando el Daishonin demostró a través de su vida. De manera que la inscripción de Nam-myoho-renge-kyo -Nichiren nos dice que nosotros tenemos las mismas cualidades de la vida del Buda original. Al grado que al esforzarnos por el kosen-rufu y orar con el mismo deseo que lo hiciera el Daishonin, nosotros mismos manifestaremos el valor, la esperanza y la sabiduría. A la izquierda y derecha de Nam-myoho-renge-kyo-Nichiren hay varias figuras budista que representan los diez estados en la vida de Nichiren Daishonin. El Daishonin los incluyó en el Gohonzon para indicar que inherentemente la vida del Buda contiene los demás nueve estados.En otros términos, estas figuras significan que los nueve mundos están contenidos dentro de la budeidad. (SGI-USA 1998)

Gohonzon: Los nombres de Aizen Myoo y Fudo Myoo están inscriptos debajo de Bishamonten y de Jikokuten, respectivamente, en siddham, gráfica sánscritorita del medioevo. Aizen Myoo representa el principio de que los deseos mundanos son la iluminación (bonno soku boda¡), y Fuda Myoo, el principio de que los sufrimientos del nacimiento y de la muerte son el nirvana (shoji soku nehan). Los nombres de los grandes maestros T'ien-t'ai y Dengyo están inscriptos en la parte inferior del Gohonzon, para representar a todos aquellos que trasmitieron el verdadero linaje del Budismo en el Día Medio de la Ley. Otros caracteres del Gohonzon incluyen a las deidades Hachiman y Tensho Daijin, y dos frases, inscriptas entre Bishamonten y Anryugyo, y entre Jikokuten y Muhengyo, respectivamente, que expresan la buena fortuna de aquellos que ofrendan al Gohonzon y la pérdida en la que incurren quienes se oponen. Abajo, a la derecha, está inscripta la siguiente declaración del Daishonin: «Éste es el supremo mandala nunca antes conocido en todo el mundo en más de 2.230 años desde que el Buda murió.

El Gohonzon es el Gohonzon de la verdadera entidad de todos los fenómenos, un espejo en el cual se refleja la verdadera entidad de todos los fenómenos dentro de la vida de cada ser viviente. La inscripción que hay en el centro del Gohonzon, "Nam-myoho-rengue-kyo-Nichiren", expresa la verdadera entidad; los caracteres correspondientes a los Diez Estados, escritos a izquierda y derecha, representan todos los fenómenos. La voz de la Ley Mística que emitimos al invocar dáimoku al Gohonzon de la verdadera entidad de todos los fenómenos hace brotar desde nuestro interior nuestra propia naturaleza de Buda. Cuando esta naturaleza aflora, busca manifestarse externamente. En consecuencia, ya sea que lo percibamos como un proceso consciente o no, el brillante sol de los "diez factores de la vida presentes en la Budeidad" asoma en nuestro corazón. El cielo límpido y despejado del ser eterno e inherente se despliega por los confines más vastos de nuestra vida".

Daisaku Ikeda y Haruo Suda en La sabiduría del Sutra del Loto: Diálogo sobre la religión en el siglo XXI, Sección 8, fascículo 4, pp. 42-43.

GOHYAKU DESHI JUKI

GOHYAKU DESHI JUKI: capítulo Gohyaku deshi juki: «Profecía de iluminación para los quinientos discípulos». El octavo capítulo del Sutra del Loto.

Al comienzo del capítulo, Purna se regocija por haber entendido la enseñanza de un solo vehículo al haber escuchado hablar al Buda en el capítulo séptimo, «Kejoyu», acerca de su pasada relación. cuando Shakyamuni era el decimosexto hijo del buda Daitsu en sanzen-jintengo. Shakyamuni predice que Purna logrará la iluminación en el futuro como un buda llamado Homyo (Luz Brillante). Luego, profetiza que mil doscientos discípulos arhat -incluso Kaundinyaen la asamblea también lograrán la iluminación.

Primero, confiere esta profecía a quinientos arhats y luego, a los setecientos restantes. Todos, los mil doscientos, dice, llegarán a ser budas con el mismo nombre, Fumyo (Esplendor Universal).

Para mostrar su comprensión de la enseñanza de un solo vehículo, estos quinientos arhats recitaron la parábola de la joya en el vestido.

GOHYAKU-JINTENGO

GOHYAKU-JINTENGO: También se pronuncia gohyaku-jindengo. Un período de tiempo increíblemente largo que se describe en el capítulo «Juryo» (décimosexto) del Sutra del Loto, que indica la cantidad de tiempo transcurrido desde la iluminación original de Shakyamuni.

Hasta el capítulo < Juryo», Shakyamuni enseñó que él había logrado la Budeidad, por primera vez, a los treinta años de edad, en la India; sin embargo, en el capítulo Jurvo», revela que, en realidad, había logrado la iluminación en un inconcebible remoto pasado. En este capítulo explica gohyaku jintengo así: «Supongamos que alguien redujera quinientos, mil, diez mil, cien mil nayuta (10″), asogi (105′) sistemas planetarios mayores a partículas de polvo, y luego las llevara hacia el este, dejando caer una partícula cada vez que atravesara quinientos, mil, diez mil, nayuta, asogi mundos. Supongamos que continuara viajando de este modo, hasta haber dejado caer todas las partículas. Supongamos que todos estos mundos, hayan recibido o no una partícula, fuesen una vez más reducidos a polvo.

Pensemos que una partícula representa un eón. Entonces, el tiempo que transcurrió desde que logré la Budeidad sobrepasa esto por cien, mil, cien mil, nayuta, asogi eones». Gohyaku (quinientos) significa los quinientos, mil, diez mil, cien mil, nayuta, asogi sistemas planetarios mayores que se habían reducido a polvo al comienzo de este cálculo. Jinten significa ubicar todas las partículas de polvo una al lado de la otra, y go, kalpa.

GOHYAKUMON RON

GOHYAKUMON RON: «Tratado de las quinientas preguntas». Obra en la que Miao-lo refuta el Hokke Genzan de Tz'u-en. Miao-lo afirmaba que aunque Tz'u-en alabara el Sutra del Loto, al interpretarlo desde el punto de vista de la escuela de Fa-hsiang (en japonés, Hosso), en realidad, distorsionaba su verdadero significado.

Este tratado consta de trescientas cincuenta preguntas, pero se redondean en quinientas en el título.

GOKURAKU JI

GOKURAKU JI: Templo de la escuela Shingon-Ritsu de Kamakura, cons truido por Hojo Shigetoki en 1259. Posteriormente, Hojo Nagatoki invitó a Ryokan a oficiar como sacerdote principal.

En 1281, Hojo Tokimune designó el templo como lugar oficial de oración del gobierno.

En 1332, el templo se unió a la corte imperial, y sus sacerdotes fueron

los responsables de orar por la paz del país y la buena salud del emperador. En 1433, un terremoto destruyó el edificio, pero, luego, éste fue
restaurado.

GOMYO

(750-834): Sacerdote de la escuela Hosso. A los diez años de edad, ingresó en el templo Konkomyo-ji en Shikoku, una isla al sur del Japón,
y estudió el Budismo con Doko. Luego, de Man'yo y Shogu, sacerdotes del templo Gango-ji de Nara, aprendió la doctrina de la Conciencia
única. De Fa-chin, proveniente de la China, recibió los preceptos en el
templo Toshodai-ji.

En 827, se lo designó administrador de monjes (en japonés, sojo). En
818, Dengyo obtuvo del emperador un permiso para construir un santuario Mahayana en el monte Hiei. Al año siguiente, Gomyo, en una
petición al trono, condenó como calumnioso el proyecto.

También compitió con Dengyo en la oración por la lluvia, pero fue derrotado.

GONGYO

GONGYO: Literalmente, «práctica asidua». En general, gongyo significa recitar los sutras budistas delante de un objeto de veneración, aunque difieren, según la escuela budista, el ritual exacto y el método de
práctica.

En el Budismo de Nichiren Daishonin, gongyo significa invocar Nam-
myoho-renge-kyo y recitar parte del segundo capítulo, < Hoben» y la
totalidad del decimosexto capítulo «Juryo» del Sutra del Loto, delante
del Gohonzon. Esta se considera la práctica fundamental, y se realiza
por la mañana y por la tarde.

El gongyo comprende dos partes: la práctica primaria, o invocación de
Nam-myoho-renge-kyo, y la práctica suplementaria, o recitado de los
capítulos < Hoben» y «Juryo». La práctica suplementaria ayuda a manifestar los beneficios de la práctica primaria.

GONJIKINYO SUTRA

GONJIKINYO SUTRA: « Sutra de la mujer color plata». Sutra traducido
al chino por Buddhashanta, de la dinastía Wei del norte, que expone los
beneficios de practicar la caridad.

Según este sutra, en una existencia pasada, el buda Shakyamuni fue
una mujer llamada Gonjikinyo (mujer color plata), que dio sus pechos
a otra mujer que estaba preñada y famélica. Como resultado de esa
buena acción, se convirtió en hombre y fue elegido rey.

En esa existencia siguiente como rey, nació hijo de un hombre rico y ofreció su propia carne para alimentar a bestias y pájaros hambrientos. Renació en una familia brahamánica y, nuevamente, ofreció su cuerpo a un tigre famélico.

El sutra afirma que nunca lamentó sus acciones caritativas.

GONPA

GONPA : (Tibetano). Un templo o monasterio; una lamasería.

GONSO

(758-827): Sacerdote de la escuela Sanron. Como supervisor sacerdotal, administró los templos Todai-ji y Saidai-ji, en Nara, y en 826 fue designado supervisor general del clero de su escuela.

"Los Principales escritos de Nichiren Daishonin" Glosario Vol. I - II 1995 - 1998 SGIAR.

GORROS AMARILLOS

GORROS AMARILLOS: Nombre dado a la secta lamaísta Geluk Pa, fundada por Tson Kha Pa durante el siglo XV.

Se llamaba así sor el color del bonete que cubría las cabezas de sus adeptos.

GOTRA-BHU

GOTRA-BHU: (Pali). Entre los budistas, es el que está dispuesto para la iniciación a la entrada del Sendero

(P. Hoult).

GOTRA-BHÛMI

GOTRA-BHÛMI: (Pali). Entre los budistas, uno de los períodos de la vida de un zrâvaka (discípulo, oyente)

(P. Hoult).

GRADUAL

GRADUAL: Palabra del budismo zen que se refiere a los seguidores de la escuela Ch'an del norte, que meditan sobre el vacío y no piensan acceder al Despertar mas que después de varías etapas.

GRAN DÍA

GRAN DÍA: Término equivalente a Manvantara, Kalpa o Día de Brahmâ. El significado de la expresión: Gran Día "Sé con nosotros", no es tan fácilmente revelado a un público no familiarizado con las místicas enseñanzas del Ocultismo, o mejor dicho, del Budhismo o Sabiduría esotérica

Es una expresión peculiar del Budhismo, y es tan vaga y confusa para el profano como la de los egipcios, que la denominaron: el Día "Ven a nosotros", que es idéntica a la primera, si bien la palabra "Sé", en este sentido, pudiera aun mejor sustituirse con una de estas dos: "permanece" o "queda con nosotros", puesto que se refiere a aquel largo período de Reposo conocido con el nombre de Paranirvâna

(Doctrina Secreta, I, 159).

GRAN LEY PURA

GRAN LEY PURA : En jap.: daibyakuho. Ley de Nam-myoho-renge-kyo que impregna todos los fenómenos y seres vivientes del universo. El término se utiliza de manera contrapuesta al de Ley Pura, que se refiere al Budismo de Shakyamuni. Nichiren Daishonin reveló la Gran Ley Pura que yace en las profundidades del capítulo "Juryo" del Sutra del Loto.

"Los Principales escritos de Nichiren Daishonin" Glosario Vol. I - II 1995 - 1998 SGIAR.

GRAN MAESTRO

GRAN MAESTRO: En jap.: Daishi. Título honorífico que la Corte Imperial otorgaba a los sacerdotes de virtud, usualmente después de que estos fallecían.

En 866, Saicho recibió el nombre póstumo de Dengyo Daishi (gran maestro Dengyo) y Kukai, el de Kobo Daishi.

Estas fueron las primeras ocasiones en que se utilizó el título honorífico Daishi (gran maestro) en el Japón.

"Los Principales escritos de Nichiren Daishonin" Glosario Vol. I - II 1995 - 1998 SGIAR.

GRAN RENUNCIA

GRAN RENUNCIA: Es la renunciación a la eterna y suprema bienaventuranza del Nirvâna, a que uno se ha hecho acreedor por sus propios méritos, para coadyuvar a la salvación de la humanidad

"El Bodhisattva que ha ganado la batalla, que en su mano tiene el galardón de la victoria, y sin embargo dice en su compasión divina: "En provecho de otros abandono este gran premio", efectúa la mayor Renunciación

Es un "Salvador del mundo"

(Voz del Silencio, II y III)

Véase: Buddhas de Compasión y Nirmânakâya.

GRAN RUEDA

GRAN RUEDA: La duración total de nuestro ciclo de existencia, o Makâkalpa, esto es, la revolución completa de nuestra cadena especial de siete globos o esferas, desde el principio hasta el fin. -También se designa con el nombre de "Gran Rueda" el Universo.

GUKETSU

GUKETSU: Abreviatura de Maka Shikan Bugyoden Guketsu. Comentarios de Miao-lo sobre el Maka Shikan (Gran concentración y discernimiento).

"Los Principales escritos de Nichiren Daishonin" Glosario Vol. I - II 1995 - 1998 SGIAR.

GYN

GYN: (Tibetano). Conocimiento adquirido por medio de la enseñanza de un maestro o Guru adepto.

GYOBO BONJI

GYOBO BONJI: (En sánscrito.: Dharma-arthin.) Shakyamuni, en una existencia anterior, cuando buscó la doctrina budista como bodhisattva.

De acuerdo con el Daichido Ron de Nagarjuna, un demonio disfrazado de brahmán apareció ante Gyobo Bonji y le dijo: "Te hablaré de la enseñanza del Buda, si estás dispuesto a escribirla usando tu piel como papel, tus huesos como pluma y tu sangre como tinta".

Cuando Gyobo Bonji demostró su espíritu de búsqueda con su obediencia, el demonio desapareció. En respuesta a la ferviente actitud de Gyobo, apareció un buda real y le enseñó la Ley.

"Los Principales escritos de Nichiren Daishonin" Glosario Vol. I - II 1995 - 1998 SGIAR.

H

HACHIMAN

HACHIMAN: Originariamente, reverenciado como deidad de la cosecha y, más tarde, honrado como deidad de la guerra. A fines del siglo xii, el fundador del gobierno de Kamakura le erigió un santuario, y la veneración de esta deidad pronto se hizo popular en todo el Japón. Con frecuencia se la llama (Gran) bodhisattva Hachiman.

En el Budismo se lo considera como una de las deidades que protegen al devoto del Sutra del Loto.

"Los Principales escritos de Nichiren Daishonin" Glosario Vol. I - II 1995 - 1998 SGIAR.

HAKUIN

El más grande de todos los maestros del zen japonés (1685-1768) después de Dogen.

Es considerado como la persona que sentó las bases para el desarrollo del zen moderno. Tras una etapa de estudio y formación bajo el cuidado del maestro Etan, el año 1716 Hakuin se estableció permanentemente en el templo Shoinji, y lo convirtió en el centro budista más fuerte del período Tokugawa.

Defendía los tres estados místicos: gran duda, gran iluminación y gran alegría.

HAMBRE

HAMBRE: Segundo de los Diez Estados. Uno de los tres malos caminos y de los cuatro malos senderos.

Estado en el que uno está gobernado por un insaciable deseo de comida, riqueza, fama, poder, etcétera. En esa condición, se vive atormentado física y espiritualmente por un deseo vehemente e implacable.

Las causas se atribuyen a tendencias como la avaricia, la mezquindad y los celos. En el Budismo temprano, se creía que el hambre era un mundo físico, situado a quinientos yojana bajo tierra.

En el Abidatsuma junshori ron se describen tres clases de espíritus hambrientos, cada una, a su vez, dividida en tres; y en el Sutra Shobonenjo (Sutra de la Meditación Sobre la Ley Verdadera) se mencionan treinta y seis clases.

HAMBRE: codicia, ansiedad, deseo constante El estado del hambre (japonés, gaki). " avaricia es el mundo del hambre.

"El hambre es una condición caracterizada por un deseo insaciable para el alimento, ropas, abundancia, placer, fama, acciona y así sucesivamente. Uno en este estado es tormentado por anhelar implacable y por su inhabilidad al sumergirse en él. (Study materials compiled by SGI-EEUU)

HETU

HETU: Término budista que se emplea para designar un condicionamiento radical, es decir, un estado primario favorable o desfavorable, que condiciona el pensamiento y la acción.

Hay seis hetu:

— Moralmente desfavorables: deseo o lobha; odio o dosa; ilusión o moha.

— Moralmente favorables: generosidad o alobha; ausencia de odio o adosa; ausencia de ilusión o amoha.

HIEI MONTE

HIEI MONTE: Montaña que se encuentra entre Kyoto y el lago Biwa, donde está situado el Enryaku'ji, el templo principal de la escuela Tendai. Dengyo fue a vivir al monte Hiei en 785 y, en 788 construyó allí un pequeño templo llamado Hieisan-ji, que en 823 recibió el nombre de Enryaku-ji. Fue el emperador Saga quien lo denominó de esa manera.

El edificio principal se llamó Ichijo Shikan-in.

HIJA DEL REY DRAGÓN

HIJA DEL REY DRAGÓN: Ryunyo (en sánscrito.: Nagakanya), hija de uno de los ocho grandes reyes dragones.

Se dice que mora en un palacio en el fondo del mar. Históricamente, parece que el dragón era el símbolo de una tribu costera. Según el capítulo "Devadatta" del Sutra del Loto, Ryunyo comenzó a buscar la iluminación cuando escuchó al bodhisattva Monju predicar el Sutra del Loto en el palacio de su padre.

Más tarde, al escuchar el sermón de Shakymuni en el Pico del Águila, inmediatamente obtuvo la iluminación.

Las enseñanzas previas al Sutra del Loto sostenían que las mujeres no podían lograr la Budeidad y que incluso los hombres tenían que practicar austeridades durante muchos eones para poder hacerlo. Tales ideas fueron refutadas con el ejemplo de Ryunyo.

"Los Principales escritos de Nichiren Daishonin" Glosario Vol. I - II
1995 - 1998 SGIAR.

HIKE SUTRA

HIKE SUTRA: (en sánscrito, Karuna -pundarika- sutra): Sutra de la misericordiosa flor de loto blanca. Sutra traducido al chino por Dharmakshema de la dinastía Liang septentrional.

El sutra dice que Shakyamuni, por su misericordia inmensurable, nació en el problemático mundo saha y no, en la tierra pura, para poder salvar a la gente. Por eso se lo compara con la blanca flor de loto, y a los otros budas, en sus respectivas tierras puras, con flores menores.

Existe una versión diferente, el sutra Daijo Hifundari, de traductor desconocido.

HIKI YOSHIMOTO

(1202-1286) Maestro oficial del Confucianismo para el shogunato de Kamakura. Su nombre completo fue Hiki Daigaku Saburo Yoshimoto, y se lo conoció también como Daigaku Saburo.

En Kyoto, estudió la doctrina de Confucio, y se cree que fue hijo de Hiki Yoshizaku, un personaje importante dentro del gobierno de Kamakura. Según la tradición, Yoshimoto se convirtió a las enseñanzas de Nichiren Daishonin luego de haber leído un bosquejo del Rissho Ankoku Ron.

Tanto él como su esposa fueron firmes creyentes. Yoshimoto construyó el templo Myohon-ji en Hikigayatsu en Kamakura, ingresó en el sacerdocio y tomó el nombre de Nichigaku.

HIMATALA

HIMATALA: Soberano del antiguo reino de Tukhara en la India septentrional, que reinó seiscientos años después de la muerte de Shakyamuni, aproximadamente.

Según el Daito Saiiki Ki, el rey Krita de Cachemira prohibió el Budismo y persiguió a monjes y monjas budistas. Himatala, al oír esto, marchó hacia Cachemira al mando de tres mil guerreros, de los que seleccionó quinientos para que lo acompañaran al palacio.

Allí, con el pretexto de ofrecer regalos al rey Kitra, se aproximaron al soberano con espadas escondidas bajo la ropa y lo mataron.

Después de aquel episodio, se dice que el Budismo, nuevamente, prosperó en Cachemira.

HINAYANA

HINAYANA: Término budista utilizado en la antigua India para designar uno de los medios o métodos para alcanzar la iluminación.

El Hinayana era utilizado sólo por unos pocos, en contraposición con el Mahayana que pretendía estar al alcance de todos.

Ver Vehículo Pequeño.

HIOUEN THSANG

HIOUEN THSANG: (Chino). Famoso escritor y filósofo chino que viajó por la India en el siglo VI, a fin de adquirir mayores conocimientos acerca del budismo, al cual se había consagrado.

HIYU CAPÍTULO

HIYU CAPÍTULO: "Parábola". Tercer capítulo del Sutra del Loto. Al comienzo de dicho capítulo, Shariputra danza alborozado por haber comprendido la enseñanza de Shakyamuni de "la verdadera entidad de todos los fenómenos" (en japonés, shoho jisso) en el capítulo anterior. "Hoben" y por haber percibido que él también podía lograr la Budeidad.

Entonces, Shakyamuni profetiza que, en un futuro distante, Shariputra será un buda llamado Keko "Luz de flor". Esa profecía es significativa, porque Shariputra representa a la gente de los dos vehículos, que, en las enseñanzas del provisionales Mahayana, queda excluida para siempre del logro de la Budeidad. Al predecir que Shariputra logrará la Budeidad, Shakyamuni verifica la afirmación del capítulo "Hoben" de que toda la gente puede llegar a ser un buda. Sin embargo, hasta ese punto del sutra, sólo Shariputra captó lo que el Buda había expuesto. En consecuencia, Shakyamuni relata la parábola de las tres carretas y la casa incendiada, para ilustrar que los tres vehículos de Saber, Comprensión Intuitiva y Bodhisattva son simples medios para conducir a la gente al vehículo único del Buda.

La última parte del capítulo enfatiza la importancia de la fe y señala que, incluso Shariputra, conocido como el más sabio, "consiguió acceder mediante la fe" (ishin tokunyo) y no, por su propio entendimiento.

El capítulo "Hiyo" también describe las terribles consecuencias de calumniar el Sutra del Loto.

HIZO HOYAKU

HIZO HOYAKU: "La llave alhaja del almacén de los misterios". Obra de Kobo.

Alrededor de 830, cuando el emperador Junna ordenó e, diversas escuelas budistas presentar por escrito sus enseñanzas fundamentales, Kobo lo hizo con el Jujushin Ron y estableció así los principios del Shingon.

El Hizo Hoyaku es una versión condensada de dicha obra.

En ésta, Kobo recapitula los diez estados de la mente y sostiene que las enseñanzas esotéricas son superiores a las exotéricas.

HOA HAO

HOA HAO: Movimiento vietnamita sincretista cuyo nombre proviene de una aldea situada a orillas del río Vam Nao, fundada por Huynh Phu So a mediados de siglo.

Los seguidores de esta secta se proclaman adeptos del budismo, pero no del budismo clásico, sino de un budismo renovado, que pasa por eliminar las supersticiones y las herejías, suprimir todas las ceremonias y prácticas religiosas demasiado complicadas y simplificar el culto, negándose incluso a adorar las estatuas de Buda y las imágenes santas, y abstenerse de hacer ofrendas a las bolas de arroz.

No obstante también cuenta con elementos confucianistas.

El fiel hoahao debe intentar purificarse sin tener que someterse a prácticas demasiado ascéticas o ayunos demasiado prolongados. El iniciado tiene que actuar en una doble dirección, hacia el bien y hacia el intelecto.

Hacia el bien esforzándose por emplear todas sus posibilidades en la práctica de buenas obras siguiendo los preceptos de Buda y los consejos del propio Huynh: "Seguir la vía en su más verídico sentido, es tratar de realizar las más altas virtudes, empleando todos los procedimientos capaces de procurar la felicidad a otro".

Hacia el intelecto incrementando su nivel, para lo que debe tratar de ayudarse a si mismo a fin de que luego Buda venga en su ayuda. Deberá recitar las oraciones en nombre de Amithaba, letanías que deben ser repetidas con fe y convicción hasta que el creyente logre adquirir una serenidad de alma y una tranquilidad de espíritu inaccesible a todo deseo malsano. Compaginando estas dos acciones el adepto llegará a desembarazarse de todos sus vicios y pasiones, y entonces podrá pasar a vivir en un mundo mejor.

HOBEN CAPÍTULO

HOBEN CAPÍTULO: "Medios hábiles". Segundo capítulo del Sutra del Loto, en el que el buda Shakyamuni declara que todos los Budas aparecen en este mundo solo con el fin de despertar en toda la gente la sabiduría de Buda, para ayudar-la en el descubrimiento y el logro de la Budeidad. Es el capítulo principal de la enseñanza teórica, o la primera mitad del Sutra del Loto, y, junto con el capítulo "Juryo" (decimosexto), uno de los dos capítulos esenciales de todo el sutra.

Al comienzo de este capítulo, Shakyamuni despierta de la meditación en la que había entrado; tal como se explica en el Sutra Muryogi, prólogo del Sutra del Loto, el Buda se dirige a Shariputra y declara que la sabiduría de todos los budas es infinitamente profunda e inmensurable, más allá de la comprensión de los hombres de Aprendizaje y Comprensión Intuitiva. Solamente los budas, dice, pueden darse cuenta de la verdadera entidad o el verdadero aspecto de todos los fenómenos (en japonés, shoho jisso), que consiste en: apariencia, naturaleza, entidad, fuerza, influencia, causa interna, relación, efecto latente, efecto manifiesto y consistencia del principio al fin.

Esta revelación, de que toda vida está dotada con el mismo verdadero aspecto o modelo de existencia, llamado "los diez factores de la vida", establece una base teórica para la afirmación subsecuente de que toda la gente tiene el potencial para lograr la Budeidad. T'ien-t'ai usó este pasaje como base doctrinaria para establecer el principio de ichinen sanzen. Shakyamuni, luego, revela que todos los budas advienen al mundo por "una gran razón": permitir que toda la gente logre la misma iluminación que ellos. Aparecen, específicamente, para "despertar en todos los seres la sabiduría de Buda para revelarla, para que todos la conozcan y entren en ella" (kai ji go nyu).

Continúa afirmando que los tres vehículos de Aprendizaje, Comprensión Intuitiva y Bodhisattva no son fines en sí mismos, tal como había enseñado en los sutras provisionales, sino simples recursos mediante los cuales él conduce a la gente al vehículo único de Buda. Este concepto se refiere a "reemplazar los tres vehículos por el solo vehículo" (kaisan ken'ichi).

El capítulo "Hoben" muestra que la sabiduría o el potencial de la Budeidad es inherente a la vida de cada persona y revela que todo mortal común de los nueve estados tiene el potencial para lograr la Budeidad.

"Si nuestra fe es poderosa, los factores negativos se transforman inmediatamente en factores positivos, y los resultados adversos se convierten en méritos.

Para la persona de fe, todo lo que ocurre en la vida pasa a ser un beneficio. Sean cuales fueren nuestras circunstancias en este momento, cada cosa que ocurre es una escena vital en el guión de nuestra existencia actual por el logro de la Budeidad, que es sinónimo de la revolución humana. Todo es un medio hábil (los nueve estados) para revelar la verdad (el estado de Budeidad).

Esta es la función del medio secreto y místico". (Daisaku Ikeda en La sabiduría del Sutra del Loto: Diálogo sobre la religión en el siglo XXI, Sección 6, fascículo 3, p. 40)

"En el Hokke Mongu (Palabras y frases del Sutra del Loto), T'ien-t'ai identifica tres clases [de medios hábiles]: 1) los medios funcionales de la enseñanza (hoyu hoben); 2) los medios que son un portal a la verdad (notsu hoben) y 3) los medios secretos y místicos (himyo hoben).

De los tres, T'ien-t'ai dice que son los últimos los que corresponden al capítulo 'Medios hábiles'. Los medios funcionales de la enseñanza son las diversas enseñanzas expuestas según la capacidad de la gente; sirven para brindar beneficios apropiados a cada persona. Los medios que son un portal a la verdad son enseñanzas que actúan como un pórtico para entrar en la verdad, como lo indica su nombre. Sin embargo, ninguno de estos dos tipos de medios hábiles son aquellos a los que alude el título del capítulo. Son dos aspectos de los medios hábiles enseñados en las enseñanzas anteriores al Sutra del Loto.

Los primeros representan el aspecto del beneficio inmediato, mientras que los segundos representan el aspecto de conducir a la gente a la verdad". (Katsuji Saito en La sabiduría del Sutra del Loto: Diálogo sobre la religión en el siglo XXI, Sección 6, fascículo 3, pp. 34-35)

"Si exploramos la relación entre los medios hábiles y la verdad suprema, desde el punto de vista de las enseñanzas provisionales (anteriores al Sutra del Loto) y de la enseñanza verdadera (el Sutra del Loto), las enseñanzas provisionales (los medios hábiles) tienen un significado distinto antes y después que uno abraza la fe en Nam-myoho-rengue-kyo. Nichiren Daishonin dice que, antes de tener fe, ellas son 'enseñanzas provisionales fuera del cuerpo de la verdad', y después de que uno abraza la fe, son 'enseñanzas provisionales dentro del cuerpo de la verdad".

HODO SUTRAS

HODO SUTRAS: Término genérico para los sutras que se expusieron durante el período Hodo, el tercero de los cinco períodos en los que T'ien-t'ai dividió las enseñanzas de Shakyamuni. En general, estos sutras refutan el apego al Hinayana.

Entre ellos se pueden citar los Sutras Shrimala y Gejimmitsu, Konkom-yo, Vimalakirti, los tres sutras de la Tierra Pura y los tres sutras básicos de la enseñanza esotérica: Dainichi, Kongocho y Sohitsuji.

HOITOKUJOO

HOITOKUJOO: "Rey que supera la imponente excelencia de las gemas". También llamado buda Hoi. Buda que, se dice, vivió en la Tierra de la Pureza Mística (en japonés, Jomyo), en la parte oriental del universo. Maestro del bodhisattva Fugen.

En el capítulo "Fugen" (vigésimo octavo) del Sutra del Loto, el bodhisattva Fugen llega desde esta tierra de Buda, al mundo saha para escuchar la pré-dica de Shakyamuni.

HOKI-BO

(1246-1333) Hoki-bo Nikko, nombre budista que recibió Nikko Shonin, al hacerse discípulo de Nichiren Daishonin, en 1258.

HOKKE GENGI SHAKUSEN

HOKKE GENGI SHAKUSEN: "Anotaciones sobre el Hokke Gengi". Comentario deta-llado de Miao-lo sobre el Hokke Gengi del gran maestro T'ien-t'ai. Cuando Miao-lo disertó sobre el Hokke Gengi, en el monte T'ien-t'ai, respondió las preguntas que le hicieron.

Luego, al revisar la disertación, incorporó las respuestas que había dado y tituló su obra Hokke Gengi Shakusen.

En este escrito, Miao-lo, más adelante, clarifica las enseñanzas de T'ien-t'ai desde el punto de vista de la teoría y la práctica, y también introduce el principio de las diez unidades. En la tradición de T'ien-t'ai, él también enfatiza la supre-macía del Sutra del Loto, refutando los divergentes conceptos de las escuelas Hua-yen (en japonés, Kegon) y Fa-hsiang (Hosso), que estaban floreciendo en su época.

HOKKE GENGI

HOKKE GENGI: "Significado profundo del Sutra del Loto". Su título completo es Myoho-renge-kyo Gengi.

Conferencia que dio T'ien-t'ai, durante la dinas-tía Sui, compilada en diez fascículos por Chang-an. Una de las tres obras principales de T'ien-t'ai, junto con el Hokke Mongu y el Maka Shikan. Sobre la premisa que establece que la esencia de todo el sutra se expresa en el título, T'ien-t'ai trata el título del Sutra del Loto, Myoho-renge-kyo, a la luz de cinco principios esenciales: nombre, entidad, cualidad, función y enseñanza.

Desde el punto de vista del nombre, por ejemplo, da una interpretación exhaustiva de los cinco caracteres de Myo-ho-ren-ge-kyo. Esta explicación comprende una gran parte del Hokke Gengi. El Hokke Gengi fue expuesto en el templo Yu-ch'uan-ssu, en Ching-chou, en 593.

HOKKE GENRON

HOKKE GENRON: "Tratado sobre la profundidad del Sutra del Loto". Comentario sobre el Sutra del Loto de Chi-tsang de la dinastía Sui, escrito desde el punto de vista de la escuela San-lun (en japonés, Sanron).

En esta obra, Chi-tsang formula su opinión acerca de muchos sutras y tratados como el Sutra Kegon, el Sutra del Nirvana y el Daichido Ron, y su libro introduce el contenido de estos textos, así como su punto de vista sobre el Sutra del Loto.

HOKKE GENZAN

HOKKE GENZAN: "Alabanza de la profundidad del Sutra del Loto". Su título com-pleto es Myoho-renge-kyo Genzan.

Comentario sobre el Sutra del Loto escrito por Tz'u-en desde el punto de vista de la doctrina de la Conciencia Unica de la escuela Fa-hsiang (en japonés, Hosso).

Critica la interpretación de T'ien-t'ai del Sutra del Loto, afirmando que la doctrina de un solo vehículo expuesta en el sutra es un simple recurso, y que la doctrina de los tres vehículos representa la verdad.

HOKKE MONGU

HOKKE MONGU: Palabras y frases del Sutra del Loto, una de las tres obras principales de T'ien-t'ai.

En este comentario, dividió el Sutra del Loto en dos partes: la enseñanza teórica y la esencial, y dio una interpretación correcta y profunda de sus oraciones y frases.

"Los Principales escritos de Nichiren Daishonin" Glosario Vol. I - II 1995 - 1998 SGIAR.

HOMBRES DE APRENDIZAJE

HOMBRES DE APRENDIZAJE: (en sánscrito, shravaka). También, "los que escuchan la voz".

Discípulos del Buda que escuchan su prédica y se esfuerzan por lograr la iluminación. En sánscrito, shravaka (en japonés, shomon) significa "el que escucha la voz" y en el Budismo, originalmente, se denominó así a monjes o monjas que escucharon al Buda predicar las enseñanzas.

Posteriormente, se llamó personas de Aprendizaje a los monjes y monjas del Hi-nayana, quienes, al escuchar las enseñanzas de las cuatro nobles verdades, pro-curaron lograr el estado de arhat y, con el tiempo, el nirvana sin resto (muyo nehan), donde se extinguen el cuerpo y la mente, fuentes del sufrimiento.

HOMBRES DE COMPRENSIÓN INTUITIVA

HOMBRES DE COMPRENSIÓN INTUITIVA: (en sánscrito, pratyeka-buddha). Personas que perciben la verdad de la cadena de causalidad de doce eslabones o despiertan a la ley de la impermanencia al observar un fenómeno natu-ral. T'ien-t'ai reserva el término "hombres de Comprensión Intuitiva" o engaku ("iluminados mediante la percepción de relaciones causales") a aquellos pratyeka-buddhas que vivieron en la época del advenimiento del Buda y despertaron a la verdad de la cadena de causalidad de doce esla-bones, con lo cual se liberaron de la ilusión.

Y utiliza el término dokkaku ("ilumina-dos independientemente") para los pratyeka-buddhas que vivieron en una época en la que no había Buda y que, sin un maestro, despertaron a la verdad de la imperma-nencia, al observar un fenómeno natural.

HOMBRES DE INCORREGIBLE DESCREIMIENTO

HOMBRES DE INCORREGIBLE DESCREIMIENTO: ver icchantika. Hombres de incredulidad incorregible: (En jap.: íssendai, en sánscrito.: icchantika.)

Aquellos que, al no tener fe en el Budismo, no tienen posibilidades de lograr la iluminación.

"Los Principales escritos de Nichiren Daishonin" Glosario Vol. I - II 1995 - 1998 SGIAR.

HONRADO POR EL MUNDO

HONRADO POR EL MUNDO: (en sánscrito, Bhagavat). Uno de los diez títulos honoríficos del Buda.

En sánscrito, bhagavat se traducen, por lo ge-neral, como "el bendeci-do". En la versión china de las escrituras budistas, Bhagavat se tradujo como "El Honrado por el Mundo" (en japonés, seson).

Un buda también recibe este título por la reverencia que se le profesa en todo el mundo.

HOON SUTRA

HOON SUTRA: "Sutra de la retribución". Sutra de traductor desconocido, que explica la retribución de las deudas morales, desde un punto de vista mahayana.

Los brahmanes atacaron al buda Shakyamuni por considerar que su actitud filial no fue correcta al abandonar a sus padres para entrar en la vida religiosa.

El Sutra Hoon refuta esta crítica argumentando que si alguien renuncia al mundo y despierta a la verdad que conduce a toda la gente a la Budeidad, puede retribuir fehaciente-mente todas sus deudas con los demás.

HORYU-JI

HORYU-JI: Templo principal de la actual escuela Shotoku en Nara. Fundado en 607 por el príncipe Shotoku, en cumplimiento de un deseo de su padre, el empera-dor Yomei. En el templo, entronizó una imagen del buda Yakushi hecha por el escultor Kuratsukuri no Tori.

En 623, después de la muerte de Shotoku, también se entronizó una imagen del buda Shakyamuni como objeto de veneración.

Aunque el templo fue, en un principio, sede de estudios de la escuela Sanron, posteriormen-te se estudió allí la doctrina Hosso.

HOSO

HOSO: (en sánscrito, Ratnaketu): "Signo de joya". Futuro nombre de dos mil hombres de Aprendizaje que recibieron una profecía de iluminación de Shakyamuni en el capítulo "Profecías a adeptos y aprendices" (9) del Sutra del Loto.

HOSSHAKU KEMPON

HOSSHAKU KEMPON: Literalmente, "descartar lo transitorio y revelar lo verda-dero". La acción de un buda al descartar su estado provisorio o transitorio para revelar su verdadera identidad. El término se usa en dos instancias:

1) En el capítulo "Duración de la vida de El Que Así Llega" (16) del Sutra del Loto, Shakyamuni descarta su identidad provisoria como buda que, por primera vez en esta existencia, había logrado la iluminación bajo el árbol bodhi (en japonés, shijo shogaku), y revela su iluminación original en gohyaku-jintengo (kuon jitsujo).

2) En la persecución de Tatsunokuchi, Nichiren Daishonin descartó su estado transitorio como bodhi-sattva Jogyo y reveló su verdadera identidad como el Buda original de kuon ganjo, que advino en el Último Día de la Ley. Después del episodio de Tatsu-nokuchi, el Daishonin accionó en su carácter de Buda original, y corporificó su condición de vida iluminada en la forma del Gohonzon como el objeto de vene-ración para lograr la Budeidad en el Último Día.

HOSSHI CAPÍTULO

HOSSHI CAPÍTULO: "Maestro de la Ley". Décimo capítulo del Sutra del Loto. En él, el buda Shakyamuni, a través del bodhisattva Yakuo, se dirige a ocho mil grandes bodhisattvas que se habían reunido, provenientes de todas partes del universo, para escuchar su prédica.

En oposición a los capítulos precedentes, que revelan que los discípulos de shomon estarán seguros de lograr la Budeidad en el futuro, el "Hosshi" y los capítulos restantes de la enseñanza teórica se refieren a la práctica y a la propagación del Sutra del Loto, después de la muerte del Buda. Shakyamuni, por lo tanto, predica estos capítulos no a sus discípulos de shomon, sino a los grandes bodhisattvas, que trabajan como emisarios del Buda para salvar a la gente, exaltando el gran beneficio de abrazar y enseñar el Sutra del Loto. Declara que quien oiga tan solo un verso o frase del sutra, y aun en un solo momento de regocijo, le entregue su devoción, logrará sin falta la iluminación suprema.

Es más, a quien enseñe a otro incluso una sola frase del sutra deberá considerárselo un mensajero del Buda, enviado para desempeñar su tarea. Este capítulo establece las denominadas "tres reglas de prédica" (en japonés, sanki) del Sutra del Loto: para entrar en la morada del Tathagata, para vestir el manto del Tathagata y para sentarse en el trono del Ta-thagata. La morada del Tathagata significa profunda compasión; su manto es un corazón gentil y tolerante, y su trono es la percepción de la no sustancialidad de todo fenómeno (ku).

Este capítulo menciona también las cinco prácticas del Sutra del Loto: abrazarlo, leerlo, recitarlo, enseñarlo y transcribirlo.

HOSSHI KUDOKU CAPÍTULO

HOSSHI KUDOKU CAPÍTULO: "Los beneficios del Maestro de la Ley". Décimo noveno capítulo del Sutra del Loto.

Comienza afirmando que si una persona lleva a cabo las cinco prácticas de abrazar, leer, recitar, enseñar y transcribir el Sutra del Loto, puede purificar sus seis órganos sensoriales.

El capítulo argumenta sobre las virtudes que se obtienen mediante la purificación de los ojos, los oídos, la nariz, la lengua, el cuerpo y la mente.

Ver también "Purificación de los seis órganos sensoriales".

HOSSO ESCUELA

HOSSO ESCUELA: Escuela que intenta clarificar la realidad última mediante el análisis de los aspectos y las características de las cosas.

Hosso significa "características de los dharmas". Los textos básicos de la escuela comprenden seis sutras y once tratados, que incluyen el Sutra Gejimmitsu, el Joyuishiki ron y el Yugashiji ron.

La doctrina Hosso clasifica todos los fenómenos en cinco cate-gorías, que, a su vez, se dividen en cien dharmas, o elementos de la existencia.

Además, sostiene que todo fenómeno surge de la conciencia alaya, y que sin la conciencia alaya, ningún fenómeno existiría. Las enseñanza de esta escuela provienen de la escuela de la Conciencia Única de Maitreya, Asanga y Vasubandhu, que fue introducida en China por Paramartha y Hsüan-tsang. Durante la dinastía T'ang, Hsüan-tsang fue a la India y trajo el Joyuishiki ron y, con la ayuda de su discípulo Tz'u-en, lo tradujo al chino. Basado en estas enseñanzas, Tz'u-en fundó la escuela Fa-hsiang (en japonés, Hosso).

Transmitió sus enseñanzas a Hui-chao y luego, a Chih-chou. La escuela prosperó durante la dinastía T'ang, pero poste-riormente declinó. Sus enseñanzas fueron introducidas en el Japón en cuatro oca-siones: por Dosho, quien fue en 653 a la China T'ang y estudió con Hsüan-tsang; por Chitsu y Chidatsu, que fueron en 658 y, también estudiaron con Hsüan-tsang y Tz'u-en; por Chiho, Chiran y Chiyu, que viajaron a ese país en 716 y estudiaron con Chih--chou.

En el Japón, Dosho es considerado el fundador de la escuela Hosso. Su línea, basada en el templo Gango-ji, se llama "la transmisión del templo meridional"; y mientras primó la línea de Gembo, basada en el Kofuku-ji, se denominó "la transmisión del templo septentrional".

HOSSO

HOSSO: Escuela del budismo japonés, "los criterios de las leyes y verdades", que fue introducida desde China por Dosho en el año 650 tras estudiar las doctrinas del Yogachara con el maestro Hsuan-tsang.

Su filosofía era intensamente analítica y consistía en una singular combinación de idealismo y realismo. Enseñó que la realidad definitiva se encuentra en la mente, "el alaya" o conciencia retenida de cada individuo.

Esta escuela elaboró la doctrina de las diez etapas de la contemplación mística por las que se llega finalmente a la captación inmediata de la naturaleza íntima de todo ser.

De este modo, la formación y la disciplina budista más rigurosa desemboca en el descubrimiento de la entidad última de la existencia cósmica en la contemplación, a través de la investigación de los caracteres específicos de toda existencia, y la captación de la naturaleza fundamental del alma en la iluminación mística.

HOTO CAPÍTULO

HOTO CAPÍTULO: "El surgimiento de la Torre de los Tesoros". Undécimo capítulo del Sutra del Loto, llamado así porque describe la Torre de los Tesoros del buda Taho, quien llegó para dar testimonio de la verdad del Sutra del Loto. Su título completo es "Ken Hoto". Después de los capítulos precedentes del Sutra del Loto, que proclamaban que los hombres de Aprendizaje y de Comprensión Intuitiva lograrían la Budeidad en el futuro, emerge, de la profundidad de la Tierra, hasta quedar suspendida en el aire, una espléndida torre de tesoros de una altura aproximada de quinientos yojana.

De su interior, surge una voz que alaba al buda Shakya-muni y declara que todo lo que él ha enseñando en el Sutra del Loto es verdad. Por intermedio de la persona del bodhi-sattva Daigyosetsu (en sánscrito, Mahapra-ti-bhana, Gran Alegría en la Prédica), la asamblea pregunta, para conocer el significado de tal acontecimiento. Shakymanuni explica que dentro de la torre existe el cuerpo de un buda llamada Taho (Muchos Tesoros), quien habitó, una vez, la Tierra de la Pureza del Tesoro, a una distancia de incalculable número de mundos hacia el este. Pese a haber entrado en el nirvana, muchísimo tiempo atrás, había prometido aparecer en la Torre de los Tesoros para atestiguar la verdad del Sutra del Loto, dondequiera que alguien lo predicara.

El bodhisattva Daigyosetsu, entonces, solicita ver al buda Taho. Shakyamuni responde que para poder abrir la puerta de la Torre de los Tesoros, primero tiene que reunir a todos aquellos budas que estén predicando la Ley, como emanaciones del propio Shakyamuni, a través de las diez direcciones; y comenzar a transformar la tierra tres veces (en japonés, sampen doden), de modo de hacerles lugar. Primero, él purifica el mundo saha pasando a otros mundos a todos los seres de Tranquilidad y Éxtasis, y no deja a ninguno que no sea la multitud allí reunida. Luego, utiliza sus poderes místicos para purificar doscientos billones de mundos nayuta en cada una de las ocho direcciones.

En estos mundos ya no existen más los seres de Infierno, Hambre, Animalidad o Ira, es decir, de ninguno de los cuatro malos caminos. Además, Shakyamuni envió a otros mundos, tierras purificadas aún no habitadas por nadie de los seis senderos, a todos aquellos de Tranquilidad y Éxtasis en la multitud. Luego, purifica, del mismo modo, otros doscientos billones de mundos nayuta en cada una de las ocho direcciones.

Una vez que el mundo saha y los otros dos grupos de mundos fueron transformados de esa manera en tierras de Buda, la totalidad de los budas reunidos provenientes de todo el universo, se sientan en tronos de león, bajo árboles de joyas. Congregados los budas, Shakyamuni abre la Torre de los Tesoros, y el buda Taho lo invita a compartir su asiento. Shakyamuni, mediante sus poderes místicos, alza la asamblea entera al espacio y comienza la Ceremonia en el Aire. Sentado al lado de Taho, en la Torre de los Tesoros, Shakyamuni insta a la multitud en tres pronunciamientos a propagar el Sutra del Loto después de su muerte. En el curso del tercer pronunciamiento, establece la conocida comparación sobre los seis actos difíciles y los nueve fáciles para enfatizar la gran dificultad de abrazar y propagar el Sutra del Loto después de su muerte.

HOZO

HOZO: en sánscrito, Dharmakara "Tesoro del Dharma". Nombre del buda Amida cuando se comprometió con la práctica del bodhisattva.

Según el Sutra Muryoju, originalmente, él fue un rey que había renunciado al mundo y comenzado su práctica budista con un buda llamado Sejizaio (en sánscrito, Lokeshavaraja, Rey de la Libertad del Mundo); en ese momento, adoptó el nombre de Hozo.

Durante esa época, realizó cuarenta y ocho votos concernientes al tipo de Tierra Pura que crearía después de haber logrado la iluminación.

HSI-MING-SSU

HSI-MING-SSU: Templo construido en Ch'ang-an en 658, por orden del emperador Kao-tsung de la dinastía T'ang. Fue fundado por Hsüan-tsang, y se dice que fue diseñado inspirado en el monasterio Jetavana de la India y constituyó uno de los treinta y seis palacios de la corte interina del cielo Tushita. De este templo salieron muchos monjes eminentes, y en él también estudiaron Tao-sui y Kobo.

HSING-MAN

HSING-MAN: Sacerdote de la escuela china T'ien-t'ai durante la dinastía T'ang. Estudió con Miao-lo las tres obras principales de T'ien-t'ai. Después de la muerte de aquel, vivió en el monasterio Fo-lung, en el monte T'ien-t'ai. Cuando Dengyo llegó a ese lugar desde el Japón en setiembre de 804, para continuar sus estudios, Hsing-man le enseñó la doctrina de T'ien-t'ai y le entregó comentarios sobre los Sutras del Loto y del Nirvana, así como del Hokke gengi shakusen, el Maka shikan, el Hokke mongu ki y otras obras, que hacían un total de ochenta y dos fascículos. Escribió el Nehangyo sho shiki (Comentario personal sobre el Nehangyo) y el Rokusoku gi (Significado de las seis etapas de la práctica).

HSIU-CH'AN-SSU

HSIU-CH'AN-SSU: Templo de la escuela de T'ien-t'ai en el monte T'ien-t'ai. Originariamente, fue el monasterio Fo-lung, fundado por T'ien-t'ai en 575. El monasterio fue protegido por el emperador Hsüan de la dinastía Ch'en, y en 578 se lo llamó Hsiu-ch'an-ssu, o Fo-lung-ssu.

El emperador Wu-tsung de la dinastía T'ang destruyó parte del templo, pero se lo reparó en 867. En la actualidad, ya no existe.

HSUAN-TSANG

(602-664) También se escribe Hsuan-chuang. Sacerdote chino de la dinastía T'ang y traductor de escrituras budistas. Entró en el sacerdocio a los trece años de edad y estudió el Budismo en el templo Chin--t'u-ssu en Lo-yang.

En 622, se lo ordenó formalmente y estudió el vinaya y otros tratados budistas como el Kusha ron y Jojitsu ron con varios maestros. Pero, perplejo por las diferencias que encontró en sus respectivos puntos de vista, partió, en 629, a la India, para estudiar el Budismo en sánscrito original; recorrió ese país y visitó muchos maestros en busca de una mayor comprensión. En el monasterio Nalanda en Magadha, estudió con Shilabhadra la doctrina de la Conciencia Única.

La fama de Hsuan-tsang se difundió por toda la India cuando disertó sobre la doctrina de la Conciencia Única para cuatro mil monjes del Mahayana y del Hinayana. En 645, regresó a China llevando consigo imágenes y más de seiscientos cincuenta textos budistas. En el Daito saiiki ki, la narración más comprensible de este tipo escrita en Oriente, relata sus diecisiete años de viaje por la India y el Asia Central. También tradujo al chino escrituras budistas en mil trescientos treinta y cinco fascículos, entre ellas, el Sutra Hannya en seiscientos fascículos.

Comenzó una nueva época en la historia de la traducción de los sutras, y sus versiones se denominan "nuevas traducciones", en comparación con las "viejas traducciones" o con todas aquellas que se hicieron con anterioridad a las de él. Hsuan-tsang pertenecía a la escuela de la Conciencia Única y, a menudo, se lo considera el fundador de las escuelas Fa-hsiang (en japonés, Hosso) y Chu-she (Kusha).

Entre sus tres mil discípulos, Tz'u-en, el más destacado y considerado su sucesor, estableció formalmente la escuela Fa-hsiang.

HUA YEN

HUA YEN: Escuela del budismo chino cuyas doctrinas de elevado tono metafísico se consideran cumbre de este pensamiento.

Fundamentó sus principales enseñanzas en el Hua yen Ching o Mahavaipulya Sutra, que se suponía el primer discurso pronunciado por Buda sobre su propia iluminación a los Bodhisattvas, situado más allá de toda posibilidad de comprensión por parte de los mortales a los que se limitó a predicar una doctrina más sencilla.

Se afirma que Tushun fue su primer maestro chino, al que habrían sucedido Chih yen y Fatsang.

Mientras que otras escuelas budistas enseñaron que el ser y el no ser son igualmente ilusorios, y, que se anulan en el vacío, el Hua Yen afirmaba que existe una mente eterna e inmutable que abarca todo el universo y que constituye la base de todas las manifestaciones fenoménicas.

HUAI-KAN

HUAI-KAN: Sacerdote de la escuela de la Tierra Pura en la China T'ang, durante el siglo VII. Vivió en Ch'ang-an en el templo Ch'ien--fu-ssu. Primero estudió las doctrinas Fa-hsiang (en japonés, Hosso) y los preceptos budistas; insatisfecho, regresó a la enseñanza de la Tierra Pura.

No obstante, al no poder creer que meditando en el buda Amida se pudiera renacer directamente en la Tierra Pura, buscó al tercer patriarca de esa escuela, Shan-tao, para confesarle sus dudas.

Así, siguiendo la orientación de Shan-tao, meditó en el buda Amida durante tres años, y se dice que comprendió la esencia de la Tierra Pura. Para esclarecer sus dudas acerca de dicha enseñanza, comen-zó a escribir el Shaku jodo gungi ron, pero murió antes de poder terminarlo. Su obra póstuma fue compilada por Huai-yun.

HUI YUAN

HUI YUAN: Maestro de doctrinas budistas que fundó el monasterio de Tung-lin.

Inspirado en los sutras el año 402 creo la Sociedad del Loto Blanco, para lo que reunió a los monjes y laicos de su comunidad ante una imagen de Amitabha y subrayó la importancia del culto, el uso de imágenes en la meditación y la devoción hacia Amitabha.

En una época posterior se tomó este acontecimiento como punto de partida de la secta del País Puro en la que Hui Yuan es considerado como primer patriarca.

HUI-K'O

(487-593) Segundo patriarca del Budismo Ch'an (en japonés, Zen) en la

China. En su juventud, estudió el Confucia-nismo, la filoso-fía de Lao Tzu y Chuang Tzu, y las escrituras budistas.

Entró en la orden budista en el monte Hsiang, bajo la guía de Pao-ching.

Después practicó en diversos lugares y a los treinta y dos años de edad regresó al monte Hsiang.

A los cuarenta, fue al templo Shao-lin-ssu en el monte Sung para buscar la orientación de Bodhidharma. Se dice que cuando le fue negada la admisión en la sala de Bodhidharma, Hui--k'o se amputó el brazo como demostración de su sinceridad. Hui-k'o practicó durante seis años en Shao-lin-ssu, y Bodhidharma le confió las enseñanzas zen.

Al morir Bodhidharma, Hui-k'o se fue a Yeh, la capital de la dinastía oriental Wei, donde propagó las enseñanzas zen. La oposición de otras escuelas budistas y la persecución del empera-dor Wu de la dinastía meridional Chou a los budistas, forzaron a Hui-k'o al exilio y lo obligaron a retirarse al monte Wan-kung. Allí lo asistió Seng-ts'an, a quien le transfirió las enseñanzas.

HUI-KUAN
(368-438) Sacerdote del período de las dinastías septentrional y meridional en la China. Estudió con Hui-yüan en el monte Lu. Al saber que Kumarajiva había ido a Ch'ang-an, en 401, se convirtió en su discípulo y, junto a él, trabajó en las traducciones.

Escribió el Hokke shuyo jo (Introducción a la esencia del Sutra del Loto), por el que mereció un elogio entusiasta de su maestro. Después de la muerte de Kumarajiva, Hui-kuan, siguiendo la exhortación de aquél de ir al sur a propagar el Budismo, fue primero a Ching-chou y, después, a Chien-k'ang, donde, se dice, colaboró en la traducción del Sutra Kegon con Buddhabhadra. Junto con Hui-yen y otros, revisó las dos traducciones chinas existentes del Sutra del Nirvana y elaboró Nambon nehangyo o "versión meridional" del sutra, e ideó una clasificación comparativa de las enseñanzas del Buda en cinco períodos.

Contrariamente a Tao-sheng, un discípulo anterior de Kumarajiva, quien sostuvo que la iluminación se lograba de pronto y por completo, Hui-kuan afirmó que la iluminación era un logro gradual en el transcurso de la práctica. Entre sus escritos se encuentran: Benshu ron (Discriminación de las enseñanzas), Ron tongo zengo gi (Tratado de las doctrinas sobre el logro inmediato y gradual de la iluminación) y otros.

HUI-KUANG
(468-537) Fundador de la escuela Ssu-fen-lu (en japonés, Shibun Ritsu)

en la China, durante el período de las dinastías meridional y septentrional.

A los trece años, renunció a la vida secular para estudiar, en especial, el vinaya o las reglas de la disciplina monástica. Bregó por la promoción de los preceptos establecidos en el Shibun Ritsu, el vinaya de la escuela Dharmagupta.

Cuando Bodhiruchi y Ratnamati tradujeron al chino el Jujikyo ron, Hui-kuang compartió el trabajo de traducción y escribió un comentario sobre dicho tratado. En consecuencia, también se lo considera fundador de la escuela Ti-lun (Jiron), ya que esta adoptó su tratado como texto básico.

Posteriormente, se lo designó supervisor nacional de monjes con el título de maestro de disciplina de la nación. Vivió justo antes del advenimiento de T'ien-t'ai; y del grupo de las tres escuelas del sur y de las siete del norte, fue uno de los siete maestros del norte. Entre sus obras pueden citarse: el Ninno-kyo sho (Anotaciones sobre el Sutra Ninno), Shibun Ritsu sho (Anotaciones sobre el Shibun Ritsu) y Juji ron sho (Anotaciones sobre el Juji-kyo ron).

HUI-KUO

(746-805) Sacerdote chino de la dinastía T'ang y séptimo patriarca del Budismo esotérico.

De niño fue discípulo de Amo-ghavajra, de quien recibió a los veinte años las doctrinas esotéricas de la Matriz del Mundo y del Mundo de Diamante. Luego, fue designado para servir en el altar del palacio imperial y vivió en el templo Ch'ing-lung-ssu, en Ch'ang-an. La gente lo reverenciaba por su virtud, y tuvo muchos discípulos. Uno de ellos fue Kobo, el fundador de la escuela japonesa Shingon.

HUI-NENG

(638-713) Sexto patriarca del Budismo Ch'an (en japonés, Zen) en la China. También conocido como el gran maestro Ts'ao-ch'i, porque vivió en el templo Pao-lin-ssu, en Ts'ao-ch'i. Fue discípulo de Hung-jen y nombrado su sucesor, por superar al principal discípulo de su maestro, Shen-hsiu. Entonces, Hui-neng dejó al maestro y fue a Pao-lin, al sur, donde se consagró a forjar discípulos. Después de la muerte de Hung-jen, la escuela Zen se dividió en dos: la escuela septentrional, dirigida por Shen-hsiu, y la meridional, por Hui-neng. Las palabras de Hui-neng se conservan en una obra denominada Rokosu dankyo o "Sutra de los Designios del Sexto Patriarca".

HUI-TSUNG

(1082-1135): Octavo emperador de la dinastía Sung septentrional, en la China.

Ascendió al trono en 1100, pero mostró poco interés en gobernar, por lo que dedicó su tiempo a la caligrafía y a la pintura. Fue seguidor del Taoísmo e intentó prohibir el Budismo.

"Los Principales escritos de Nichiren Daishonin" Glosario Vol. I - II 1995 - 1998 SGIAR.

HUI-WEN

HUI-WEN: Sacerdote de la dinastía septentrional (550-577) en la China. Estudió el Chu ron y el Daichido ron de Nagarjuna. Se dice que Hui-wen, devoto de la práctica de la meditación, logró unificar las tres verdades en un solo pensamiento. Transfirió sus enseñanzas a Nan-yüeh. Según un punto de vista, Hui-wen es el fundador de la escuela T'ien-t'ai; Nan-yüeh, el segundo patriarca, y T'ien-t'ai, el tercero. Otro parecer considera segundo patriarca a Hui-wen y, fundador, a Nagarjuna.

HUI-YÜAN

1) (334-416) Sacerdote chino de la dinastía oriental Chin. A los veintiún años, entró en el sacerdocio y estudió con Tao-an. Luego, en 402, fue al monte Lu y fundó un grupo religioso denominado Pai-lien-she (Sociedad del Loto Blanco), compuesto por ciento veintitrés monjes que, a fin de renacer en el paraíso occidental, se consagraron a las prácticas de la Tierra Pura. Este fue el origen de la escuela de la Tierra Pura en la China. Hui-yüan también tradujo sutras y escribió numerosos comentarios.

Afirmaba que los monjes budistas que renunciaban al mundo, no tenían que rendir los gestos acostumbrados de pleitesía al soberano.

Hui-yüan

2) (523-592) Sacerdote de la escuela Ti-lun (en japonés, Jiron) en la dinastía Sui en la China. Reconvino al emperador Wu, de la dinastía septentrional Chou, cuando este amenazó con abolir el Budismo en 578. Durante la dinastía Sui, Hui-yüan fue tratado favorablemente por el emperador Wen, quien buscó restaurar el Budismo. Hui-yüan escribió alrededor de cincuenta comentarios, entre ellos, el Jujikyo ron sho (Anotaciones sobre el Jujikyo ron), Kegongyo sho (Anotaciones sobre el Sutra Kegon), Negangyo sho (Anotaciones sobre el Sutra del Nirvana) y Daijogi sho (Conceptos budistas según el punto de vista Mahayana).

Vivió sus años postreros en el templo Ching-ying-ssu.

Hui-yüan

3) Sacerdote de la escuela Hua-yen (en japonés, Kegon) del siglo octavo durante la dinatía T'ang. Discípulo de Fa-tsang, el tercer patriarca de Hua-yen y muy versado en las doctrinas de la escuela. Fa-tsang, al argüir sobre la supremacía del Sutra Kegon, estableció un sistema de clasificación comparativa que dividía los sutras en cinco clases de enseñanzas:

a) Hinayana,

b) Mahayana elemental,

c) último Mahayana,

d) enseñanza súbita y

e) enseñanza perfecta. Hui-yüan criticó este sistema demasiado influenciado por la escuela T'ien-t'ai y formuló una clasificación de cuatro clases de enseñanzas sobre la base del Hosho ron, una obra de Saramati. Razón por la cual su escuela lo consideró no ortodoxo. Los cuatro tipos de enseñanza son:

a) las escuelas de quienes están descarriados,

b) las escuelas de shravakas y pratyekabudhas,

c) las escuelas de los bodhisattvas novicios y

d) las escuelas de los bodhisattvas completamente desarrollados.

HUNG-JEN

(601-674): Quinto patriarca del Budismo Ch'an (en japonés, Zen) en la China.

A los siete años, fue discípulo del cuarto patriarca Tao-hsing y practicó treinta años bajo su guía. Posteriormente, recibió la transmisión de las enseñanzas de su maestro.

Luego de la muerte de Tao-hsing Hung-jen vivió en el monte Huang-mei, hizo prosperar el Budismo Zen y tuvo muchos discípulos. Entre ellos, Hui-neng, quien llegó a ser el sexto patriarca. Shen-hsiu, otro discípulo destacado, fundó la escuela Zen septentrional y la enseñanza de Hui-neng se conoció como la escuela meridional.

HYAKU RON

HYAKU RON: (en sánscrito, Shata-shastra). "Tratado de los cien versos". Tratado compuesto por cien versos atribuidos a Aryadeva y traducidos al chino por Kumarajiva.

Es uno de los tres tratados básicos de la escuela San-lun (en japonés, Sanron) junto con el Chu ron y el Junimon ron de Nagarjuna.

El tratado reafirma la doctrina de la no sustancia-lidad (ku) expuesta en el Chu ron. Refuta, además, según las enseñanzas del Budismo a Samkhya (Enumeración), Vaisheshika (Características particulares), Naiyayika (Análisis) y otras escuelas de la filosofía hindú.

I

I TSIN

Famoso peregrino budista chino (634-713) que salió de China rumbo
a la India, Sumatra y Java, permaneciendo por espacio de veinticinco
años fuera de su país.

Se preocupó fundamentalmente de observar y registrar con toda minuciosidad las normas del vinaya y las prácticas de los monjes indios,
sobre todo de la escuela del sarvastivada.

I-IUNG

I-IUNG: Maestro calígrafo de la China Antigua. Según el Hokke Denki
(El Sutra del Loto y sus tradiciones), Wu-lung, padre de I-lung, tam
bién calígrafo destacado, pero acérrimo creyente del Taoísmo, detesta-
ba tanto el Budismo, que, en su lecho de muerte, prohibió al hijo transcribir escrituras budistas, en especial, el Sutra del Loto.

No obstante, por orden del soberano, Ping-chou, I-lung se encontró
obligado a escribir los sesenta y cuatro caracteres chinos que componen
los títulos de los ocho volúmenes del Sutra del Loto.

Aquella misma noche, soñó que los sesenta y cuatro caracteres que había escrito se convertían en budas y salvaban a su padre, Wu-lung, del
estado de Infierno en el que estaba sumido.

ICCHANTIKA

ICCHANTIKA: (sánscrito) En su acepción de origen, "hedonista o persona que atesora sólo valores seculares". En las enseñanzas budistas,
el término designa a quienes carecen de fe en el Budismo, no aspiran
a la iluminación, y, por ende, su expectativa de lograr la Budeidad es
nula. A veces, se traduce "icchantika" como "aquellos de incorregible
descreimiento".

Algunos sutras sostienen que icchantika es una condición inherente y
que determina para siempre la imposibilidad de lograr la iluminación,
mientras que otros, particularmente, los sutras de las postrimerías del
Mahayana, enuncian que la Budeidad puede ser lograda, incluso, por
el icchantika. (Argentina Seikyo N° 944 - 20/10/2000)

ICHINEN SANZEN

ICHINEN SANZEN: "Cada momento de la existencia posee tres mil estados". Sistema filosófico establecido por T'ien-t'ai en el Maka shikan.
Fundamentado en el Sutra del Loto, esclarece la relación mutuamente

inclusiva entre la verdad última y el mundo fenomé-nico. "Ichinen" (una mente, un momento dentro de la existencia o esencia de vida) es la vida que se manifiesta a cada momento dentro del mortal común, y "sanzen" (tres mil), los diversos aspectos y fases que la vida asume. En referencia a la "verdadera entidad de todo fenómeno" (en japonés, shojo jisso), "ichinen" corresponde a la "verdadera entidad" —naturaleza verdadera de la vida o realidad última—, y "sanzen", a "todo fenómeno".

La expresión "tres mil" es una integración de los Diez Estados, su posesión mutua, los diez factores y los tres ámbitos de la existencia. Las cifras multiplicadas (10 x 10 x 10 x 3) dan como resultado tres mil. Esos componentes principales equivalen a las tres mil condiciones según las cuales la esencia de la vida se manifiesta como fenómeno.

Mediante ese principio, T'ien-t'ai muestra la integración de todo fenómeno —cuerpo y mente, ser y ambiente, lo sensible y lo insensible, la causa y el efecto— en cada momento de la existencia del mortal común. Las enseñanzas anteriores al Sutra del Loto, por lo general, propugnaban que la mente era la base de todo fenómeno, y que estos surgían de la mente; pero el principio de ichinen sanzen, fundamentado en el Sutra del Loto, enseña que la mente y todos los fenómenos son "dos, pero no dos", y que no son independientes uno del otro. T'ien-t'ai describió la relación de ichinen y sanzen en el Maka shikan y estableció dos significados de "ichinen sanzen": incluir y penetrar. Los tres mil estados del universo están incluidos en un momento de la existencia, y, simultáneamente, un momento de la existencia penetra los tres mil estados. T'ien-t'ai sustentó este principio en un pasaje del capítulo "Hoben" (segundo) de la enseñanza teórica del Sutra del Loto, que menciona los diez factores aplicados a la verdadera entidad de la vida o aspecto de todo fenómeno. En un sentido estricto, la enseñanzas teórica indica sólo los Diez Estados, su posesión mutua y los diez factores.

El ámbito del entorno se señala mediante el principio místico de la "verdadera tierra", en el capítulo "Juryo" (decimo-sexto) con lo cual se completa ichinen sanzen. De ese modo, T'ien-t'ai, al incorporar el contenido del capítulo "Juryo", establece la teoría de ichinen sanzen. Ichinen sanzen se clasifica en ichinen sanzen teórico (ri no ichinen sanzen) e ichinen sanzen verdadero (ji no ichinen sanzen). El ichinen sanzen teórico corresponde a la vida del mortal común de los nueve estados, donde el estado de Budeidad permanece latente. El ichinen sanzen verdadero es la vida del Buda, en que el estado de Budeidad está plenamente activo y manifiesto.

Generalmente, el ichinen sanzen revelado en el capítulo "Hoben" de la enseñanza teórica del Sutra del Loto se llama "teórico", porque explica la Budeidad como un potencial inherente al mortal común de los nueve estados, mientras que el ichinen sanzen en el capítulo "Juryo" de la enseñanza esencial se llama "verdadero", ya que explica la Budeidad como una realidad manifiesta en la vida de Shakyamuni. Sin embargo, incluso el ichinen sanzen del capítulo "Juryo" toma sólo el punto de vista del efecto —la iluminación— como algo logrado por el Buda en un cierto período del remoto pasado. No se refiere a la verdad última en sí. La Ley o causa que posibilitó a Shakyamuni lograr la iluminación en el remoto pasado es la verdad última sin principio ni fin. Nichiren Daishonin la definió como Nam-myoho-renge-kyo de las Tres Grandes Leyes Secretas.

La Ley Mística es el verdadero ichinen sanzen en sentido fehaciente, y, comparados con esta Ley, tanto el ichinen sanzen de la enseñanza teórica como el ichinen sanzen de la enseñanza esencial se consideran teóricos. El Buda que corporifica el verdadero ichinen sanzen, el Buda original desde el tiempo sin comienzo, advino como Nichiren Daishonin en el Último Día de la Ley. Nichiren Daishonin corporificó su propia vida o la verdad de ichinen sanzen en la forma del Gohonzon u objeto de veneración, y enseñó que toda persona que abraza el Gohonzon puede manifestar la Budeidad inherente a su vida y lograr la iluminación. (Argentina Seikyo N° 944 - 20/10/2000)

ICHINEN

ICHINEN: Literalmente, "una sola mente". Momento de la existencia, realidad última que en todo instante se manifiesta en el mortal común. T'ien-t'ai expuso la doctrina de ichinen sanzen, que enseña que todos los fenómenos —clasificados como los Diez Estados, los diez factores y los tres ámbitos de la existencia— son inherentes al momento existencial del mortal común.

Eso significa que la vida de la Budeidad es inherente, de manera universal, a todos los seres, y que la diferencia entre un mortal común y un buda es solo fenoménica. En el Último Día de la Ley, Nichiren Daishonin corporificó la vida del Buda de ichinen sanzen en la forma de un mandala llamado Gohonzon y enseñó que al abrazar el Gohonzon se puede, en todo momento de la existencia, manifestar la Budeidad inherente. (Argentina Seikyo N° 944 - 20/10/2000)

Ichinen: Determinación.

La traducción literal de ichinen es "un pensamiento" o "una mente"; ichinen es, por lo tanto, el verdadero aspecto o realidad última de la vida, que se manifiesta en cada momento de la existencia de los mortales comunes. También la palabra "postura" se refiere a ese estado interior de la vida que denominamos ichinen.

Esto es lo que decide a qué habremos de consagrar la existencia, cuál será la oración fundamental en la que basamos la vida. Lo que determina todas las cosas es aquello en lo cual ponemos nuestro corazón. Por corazón debemos entender ichinen, es decir la determinación. ¿Hacia dónde está dirigida la vida de uno? ¿A qué consagramos el Namu de Nam-Myoho-rengue-kyo? ¿A qué consagramos nuestra vida? El Dai-shonin recalca la importancia de la decisión. Decidir que uno va a vivir como un buda desde que se levanta hasta que se duerme, desde hoy hasta el último instante de nuestra vida manifiesta es lo fundamental. La decisión de ser devotos del Sutra del Loto puede generarse en muchos niveles: hay decisiones que surgen de la mente, y otras que son un "único deseo puro y sincero, aunque nos cueste la vida". Pero el solo hecho de que el ser humano pueda decidir que va a cumplir su misión es prueba de la posesión mutua de los diez estados y es prueba de que el corazón de la Budeidad palpita en nosotros.

Abrir el corazón ante el Gohonzon es abrir el corazón para la lucha hacia la gente. La postura de una persona es invisible, pero se manifiesta en el momento crucial. Y no sólo eso, sino que controla todos los aspectos del individuo, a cada instante del día, todos los días. Es el determinante fundamental de nuestra vida.

ID AL ADHA
ID AL ADHA: La Gran Fiesta (al-id al kabir) parte esencial de los ritos de peregrinación musulmana, que se celebra el 10 de Dhul Hijja.

Recuerda el sacrificio que Abrahám estaba dispuesto a hacer con su hijo Ismael en el monte Mina.

ID AL FITR
ID AL FITR: La Pequeña Fiesta (al-id al-saghir) que se celebra al término del ayuno observado el 1 de Shawwal, cuando finaliza el Ramadán.

IDDHI
IDDHI: Poder físico de los budistas que alude a uno de los poderes superiores que confiere el abhiñña.

Quien lo posee puede asumir diversas apariencias externas, resultando inmune a cualquier daño físico.

IGNORANCIA
IGNORANCIA: Es la causa de los males y tormentos que afligen a la humanidad, porque nos hace apreciar lo que es indigno de aprecio, por

lo que no debiera afligirnos, tener por real lo que no es sino ilusorio, y pasar nuestra vida corriendo de pos de objetos indignos, descuidando lo que en realidad es lo más valioso

Además, según el Dhammapada, la ignorancia es el peor de todos los estigmas que puede el hombre arrojar sobre sí mismo

(Olcott, Catecismo búdico, 42da. Edic.).

IGUALDAD

IGUALDAD: Dice Nichiren Daishonin: "Los sutras provisionales enseñan la desigualdad; el Sutra del Loto postula la igualdad". (...) El Daishonin también nos dice que el Ultimo Día de la Ley es "el periodo de la vasta propagación del Gran Vehículo, de la Ley según la cual todas las cosas son iguales, de Nam-myoho-rengue-kyo".

Ninguna persona es "especial" ante el Gohonzon.

Cada ser humano es entidad de la Ley Mística y es un sujeto dotado esencialmente de la Budeidad. En la sociedad, explica sensei, muchas veces impera un sentido de "falsa igualdad". "Cuando hablo de falso igualitarismo me refiero a un sentido negativo de la igualdad que exige a todos nivelarse "para abajo". [...] Esta clase de igualdad superficial produce en las personas un sentimiento de envidia que las hace querer derribar a todo el que se destaque de la mayoría. [...] La igualdad genuina comienza por reconocer que cada persona es irrepetible; cada árbol frutal florece de un modo único: el cerezo, como cerezo; el peral, como peral; el ciruelo, como lo que es... La igualdad significa que cada persona pueda manifestar plenamente la naturaleza individual. La democracia debería otorgar a todos, en forma imparcial, esta misma oportunidad. Si se evalúa a las personas con una serie de criterios rígidos en nombre de la democracia, los que no satisfacen eficazmente dichas pautas no tienen cabida en el sistema".

La igualdad del Budismo es la de la Budeidad, todos somos budas por igual. No hay ninguna persona a la que le esté vedado el logro de la Budeidad.

Ser iguales no significa ajustarnos todos a un molde ni recortar nuestra individualidad, sino, al contrario, que cada uno desarrolle su vida en libertad, con la certeza de que posee el potencial supremo de la Budeidad, y que ese estado de Buda, que es el mismo en todas las personas, se va a manifestar con características únicas en cada ser humano.

Daisaku Ikeda en La sabiduría del Sutra del Loto: Diálogo sobre la religión en el siglo XXI, Sección 7, fascículo 4, p. 13.

ILUSIONES DEL PENSAMIENTO Y DEL DESEO

ILUSIONES DEL PENSAMIENTO Y DEL DESEO: Véase "Tres categorías de ilusión".

"Los Principales escritos de Nichiren Daishonin" Glosario Vol. I - II 1995 - 1998 SGIAR.

INA PERSECUCIÓN DE

INA PERSECUCIÓN DE: Persecución sufrida por los creyentes de Nichiren Daishonin en Ina, provincia de Shinano, durante el período Edo (1600-1867). Mozaemon, un granjero de Ina, abrazó las enseñanzas de Nichiren Daishonin y, regocijado, comenzó a propagarlas.

Corno resultado de sus esfuerzo, mucha gente abrazó la fe, y tres templos de otras escuelas de la zona se quejaron al Comisionado de Entronizaciones y Templos en 1784. Mozaemon y dos creyentes más, pese a haber sido encarcelado y torturados, permanecieron firmes en su fe.

INABA-BO

INABA-BO: También Inaba-bo Nichiei. Vivió en Shimoyama, provincia de Kai. Creyente, en un principio, del Nembutsu; por intermedio de Nikko Shonin, se convirtió al Budismo y en discípulo de Nichiren Daishonin.

Cuando Inaba-bo intentó convertir a su padre (según algunas versiones, su señor), Shimoyama Matsumoto, administrador de Matsumoto, encontró una enconada oposición. Fue para entonces que el Daishonin le dirigió uno de sus diez principales escritos: "Shimoyáma Goshosoku" (Carta a Shimoyama).

Después de la muerte de Nichiren Daishonin, Inaba-bo abandonó a Nikko Shonin y se unió a Minobu Niko.

INDRIYA

INDRIYA: Término de gran importancia en la ética budista, derivado de Indra, y referido a los principios dominantes y a las fuerzas orientadoras.

Hay un total de veintidós, agrupados en cuatro apartados:

— dominantes de la percepción sensible: ojo, oído, nariz, lengua y cuerpo.

— dominantes de la mente: feminidad, masculinidad, vitalidad, sentimientos, placer físico, dolor físico, gozo, tristeza e indiferencia.

— dominantes espirituales: fe, energía, atención, concentración y sabiduría.

— dominantes supramundanos: convicción, conocimiento superior y arahant.

INFIERNO AVICHI

INFIERNO AVICHI: Véase "Infierno del sufrimiento incesante".

"Los Principales escritos de Nichiren Daishonin" Glosario Vol. I - II 1995 - 1998 SGIAR.

INFIERNO DEL SUFRIMIENTO INCESANTE

INFIERNO DEL SUFRIMIENTO INCESANTE: (En sánscrito.: avici.) El peor de los ocho infiernos ardientes.

Estado de sufrimiento sin consuelo que, según se dice, experimentan aquellos que cometen las cinco faltas cardinales o actúan contra el Budismo.

"Los Principales escritos de Nichiren Daishonin" Glosario Vol. I - II 1995 - 1998 SGIAR.

INGEN

INGEN: Nombre japonés del maestro de zen chino Yin Yuan, fundador de la secta Obaku en Japón.

Cuando tenía más de sesenta años, respondiendo a una serie de invitaciones abandonó China y llegó al Japón en compañía de veinte discípulos.

Ver Obaku.

INSENSIBLES, SERES

INSENSIBLES, SERES: Aquellos seres u objetos que no tienen emociones o conciencia, como árboles y piedras.

El término se usa en oposición a "seres sensibles", o aquellas formas de vida que poseen percepción, emoción o conciencia. Ver también "iluminación de las plantas".

INVISIBLE BENEFICIO

INVISIBLE BENEFICIO: Beneficio que se acumula durante un cierto período pero no es inmediatamente reconocible.

El término se usa en oposición a "beneficio conspicuo" o beneficio que aparece de un modo claramente reconocible. En "Kyo Gyo Sbo Gosbo" (Enseñanza, práctica y prueba), Nichiren Daishonin explica el beneficio conspicuo como el beneficio del Budismo de la cosecha y el beneficio invisible como el beneficio del Budismo de la siembra. Quienes lograron la Budeidad durante la vida de Shakyamuni, durante los Días Primero y Medio de la Ley, ya habían recibido de Shakyamuni, en el pasado, la semilla de la Budeidad y, a través de muchas existencias, la fueron nutriendo, hasta que estuviese totalmente madura su capacidad para la iluminación, y fueran propicias sus condiciones para transitar el último escalón, por así decirlo, de las enseñanzas de Shakyamuni. Por lo tanto, se denomina beneficio conspicuo a la iluminación claramente manifiesta en aquel tiempo.

En el último Día de la Ley,, la gente recibe la semilla de la Budeidad por primera vez. En esta época, el beneficio de la iluminación no se reconoce de inmediato. Por lo tanto, el beneficio del Budismo de la siembra se llama beneficio invisible. En realidad, los beneficios conspicuos e invisibles no son dos tipos diferentes de beneficios, sino dos modos en que el beneficio se manifiesta. El beneficio invisible de la gente del último Día de la Ley, finalmente, encuentra expresión en forma conspicua.

Con respecto al beneficio invisible, el `Junyoze Hi' (Los diez factores de la vida) afirma: "En primavera, el otoño parece lejano, pero, como ha de volver, según el ciclo anual de las estaciones, usted no duda en esperarlo. De igual modo, aunque parezca que lleva mucho tiempo comprender esta enseñanza y manifestar la Budeidad, será en esta existencia que usted lo hará, tomándose un buda dotado de las tres propiedades iluminadas".

IONNO

IONNO: (en sánscrito, Bisbmagarjitasvararaja) "Rey del Sonido Imponente". Buda mencionado en el capítulo "Fukyo" (Vigésimo) del Sutra del Loto.

Según este capítulo, en el remoto pasado, dos mil millones de budas aparecieron uno tras otro, todos, con el mismo nombre, Ionno El bodbisattva Fukyo apareció durante el Día Medio de la Ley, después de la muerte del primer buda Ionno, y reverenció a toda la gente por su naturaleza inherente de Buda, motivo por el cual fue perseguido por monjes, monjas y laicos arrogantes.

IPPEN

Predicador y misionero sobresaliente en la fe de Amita-Buda (1239-1289) conocido en Japón con el sobrenombre de "Santo Itinerante" por el peculiar método elegido para propagar el budismo, que no era otro que viajar por todo el país.

Sus discípulos crearon a su sombra una secta conocida por el nombre de Jishu o "doctrina del tiempo", que inculcaba la práctica de centrarse en piadosos pensamientos durante todo el día y entregarse seis veces a un servicio religioso también a diario.

IRA

(En jap.: shura.) Cuarto de los Diez Estados.

En él, uno es consciente del yo, y su vida es impulsada por el espíritu competitivo de dominar, pero no puede comprender las cosas como son y, por lo tanto, no respeta la dignidad de los demás. Ver también "Diez Estados".

"Los Principales escritos de Nichiren Daishonin" Glosario Vol. I - II 1995 - 1998 SGIAR.

IRA: enojo, perversidad, conciencia de si. El estado de la cólera (japonés, shura). " Perversidad es el mundo de la ira.

" Es una condición dominada por un yo egoísta. Uno en este estado es obligado por la necesidad de ser superior a otros en todas las cosas, desdeñándolas y valorándose solamente. Nichiren Daishonin " Jippokai Myoinga Sho " (causalidad dentro de los diez estados de la vida) indica como sigue: " el primer volumen del Maka Shikan lee, ' él que esté en el mundo de la ira, motivado por el deseo de ser el mejor entre todos y por encima de los demás. Él es como un halcón que barre el cielo en la búsqueda de la presa. Él puede mostrar exteriormente benevolencia, rectitud, la sabiduría y la buena fe, e incluso posee un sentido moral rudimentario, pero sigue habiendo en su corazón en la maldad "

El infierno, el hambre, la animalidad y la ira colectivamente se llaman los cuatro caminos malvados (japoneses, shiakushu). (Study materials compiled by SGI-USA).

IRA

Personificación de este pecado capital en forma de figura femenina que cabalga un oso, o un jabalí; otros símbolos: el perro, el erizo.

ISHIKAWA NO HYOE NYUDO

ISHIKAWA NO HYOE NYUDO: Seguidor de Nichiren Daishonin y administrador de Omosu, en el distrito Fuji, provincia de Suruga.

Su esposa era la hermana mayor de Nanjo Tokimitsu, y se cree que a través de esa reiación familiar, Ishikawa se convirtió a las enseñanzas de Nichiren Daishonin.

ISIPATANA

ISIPATANA: Explanada próxima a Benares donde se dice que Buda predicó su primer sermón, descrito más tarde como puesta en marcha de la rueda del Dhamma.

ISSAIKYO ONGI

ISSAIKYO ONGI: Pronunciación y significado de las escrituras budistas.

1) Diccionario budista compilado por Hsuan ying de la dinastía T'ang. Proporciona la trasliteración y la definición chinas de los términos budistas en sánscrito que aparecen en cuatrocientos cincuenta y ocho textos udistas. Es el diccionario budista más antiguo que existe.

2) Diccionario budista compilado por Hui-lin de la dinastía T'ang, basado en el diccionario de Hsuan-ying del mismo nombre. Define términos que aparecen en mil doscientos veinte textos.

ITAI DOSHIN

ITAI DOSHIN: Unión de personas con una causa común. Itai (literalmente, 'cuerpos diferentes') apunta a la necesidad de que existan muchas personalidades y capacidades diferentes para lograr un propósito determinado. Doshin (un mismo propósito) indica la importancia de unirse con el mismo espíritu o de sostener un ideal común para tener éxito. En el Budismo del Daishonin, itai doshin significa que las personas avanzan juntas para alcanzar su meta común, el kosen-rufu, con el mismo espíritu que Nichiren Daishonin, y, al mismo tiempo, respetan la individualidad, situación y personalidad de los demás, mientras despliegan al máximo sus propias cualidades únicas.

"Los Principales escritos de Nichiren Daishonin" Glosario Vol. I - II 1995 - 1998 SGIAR.

ITYUKTA

ITYUKTA: (Sánscrito). En el budismo, se llama así una leyenda o tradición recogida; colección de relatos o explicaciones de la Ley.

IZU, EXILIO A

IZU, EXILIO A: Sentencia de destierro impuesto a Nichiren Daishonin desde el 12 de mayo de 1261 hasta el 22 de febrero de 1263. En agosto de 1260, un grupo de creyentes de la escuela Nembutsu, enfurecidos por las críticas a la escuela de la Tierra Pura que el Daishonin había redactado en el "Rissho ankoku ron" (Tesis sobre la pacificación de la tierra mediante la propagación del Budismo verdadero), atacó su vivienda en Matsubagayatsu con la intención de asesinarlo. El Daishonin apenas si escapó y se dirigió a Shimosa, a la casa de Toki Jonin. Cuando, en la primavera de 1261, volvió a presentarse en Kamakura y emprendió nuevamente la propagación, el gobierno lo arrestó y, sin investigación alguna, ordenó exiliarlo a Ito, en la península de Izu. El barquero encargado de transportarlo, aparenemente, no lo llevó hasta Ito, sino que lo abandonó en una playa llamada Kawana, donde lo encontró un pescador llamado Funamori Yasaburo. se hombre y su esposa, durante treinta días, lo alimentaron y cobijaron en secreto. Por ese entonces, el administrador de lto, Ito Hachiro Zaemon, cayó gravemente enfermo. Al saber que el Daishonin había sido exiliado a Ito, lo invitó a quedarse con él para que orase por la recuperación de su salud. Nichiren Daishonin aceptó, con la condición de que antes, él abrazara la fe en el Sutra del Loto. El señor feudal lto se recuperó y se convirtió en seguidor de Nichiren Daishonin. Aproximadamente dos años más tarde, el Daishonin fue absuelto y regresó a Kamakura. Sus escritos durante este exilio incluyen "Shion sho" (Las cuatro deudas de gratitud), "Kyo ki ji koku sho" (Enseñanza, capacidad, tiempo y lugar) y "Ken hubo sho" (esclarecimiento de la calumnia).

J

JAKUNICHI-BO

Discípulo de Nichiren Daishonin, también llamado Jakunichi-bo Nikke. Hijo del lord de Okitsu del distrito Isumi, provincia de Kazusa. Cuando Nichiren Daishonin propagaba sus enseñanzas por esa zona, a comienzos de la era Bun'ei (1264-1275), Jakunichibo y su familia se convirtieron en sus seguidores. En 1279, Jakunichibo recibió del Daishonin "Jakunichi-bo gosho" (Carta a Jakunichi-bo). Más adelante, fundó el templo Tanjo-ji en Kominato, lugar de nacimiento del Daishonin.

JAMÁS DESPRECIAR

JAMÁS DESPRECIAR: Fukyo. Bodhisattva que aparece en el vigésimo capítulo del Sutra del Loto. Después de la muerte del buda Ionno (Imponente Rey Saludable) en el pasado remoto, propagó una enseñanza expresada en su esencia por veinticuatro caracteres chinos, y mostró respeto por todas las personas, porque consideraba que tenían la naturaleza de buda innata. Muchas personas lo ridiculizaron y lo atacaron con varas y piedras, pero él continuó su práctica. Los que lo calumniaron cayeron en el Infierno, pero, después de expiar sus ofensas, renacieron junto a Jamás Despreciar y se salvaron mediante la práctica del Sutra del Loto.

"Los Principales escritos de Nichiren Daishonin" Glosario Vol. I - II 1995 - 1998 SGIAR.

JAMBUDVIPA

JAMBUDVIPA: Uno de los cuatro continentes situados en las cuatro direcciones, cuyo centro es el monte Sumeru, según la antigua cosmovisión de la India. Jambudvipa (en japonés, Embudai o Sembushu), según la creencia, estaba situado en el Sur. Jambu (o jambú) es el nombre de un árbol que florece en abril y mayo, y da un fruto color púrpura.

Árboles de ese tipo, al parecer, proliferan en Jambudvipa; de ahí su nombre. Dvipa significa 'continente'. La parte septentrional es amplia, y la meridional, angosta.

Esa descripción sugiere, originalmente, a la India misma. Dentro de dicha área existían dieciséis reinos principales, quinientos reinos intermedios y cien mil reinos menores.

De los tres continentes, Jambudvipa es donde reina menos regocijo más escaso porque lo puebla genfe de mal karma.

Se dice, entonces, que el Budismo aparece y se propaga allí para poder salvar a esa gente.

JAÑANA

JAÑANA: Una de las nueve secciones del tratado budista sarvastiva-din Abhidarma Kosa. correspondiente a los tipos de conocimiento.

Las otras ocho son:

- dhatu los elementos.

- indriya las facultades.

- loka el mundo.

- karma la acción.

- anusaya las inclinaciones.

- pugdana-marga etapas de supresión de impurezas.

- samadhi tipos de meditación.

- pugdala-vinischaya revisión teorías sobre las personas.

Fue un importante instrumento en la propagación del budismo en China.

JATAKA

JATAKA: Género literario budista que significa literalmente "Relato del nacimiento" Con este nombre se designa un relato sobre Buda o sobre algún personaje destacado de los comienzos del budismo en algunas de sus existencias anteriores o nacimientos.

El protagonista puede aparecer como hombre, demonio, o como animal, lo que es más frecuente.

El canon pali contiene una colección de 547 de estas historias que forman parte del Khuddaka Ni kaya

JÂTAKAS

JÂTAKAS: (Sánscrito). Tratados búdicos relativos a los nacimientos de los Budas y Bodhisattvas. La parte del tratado de astrología referente a los nacimientos.

JAYATA

JAYATA: Vigésimo de los veinticuatro sucesores de Shakyamuni. Nativo del norte de la India.

Según el Fuhozo innen den y el Busso toki, recibió de Kumarata las enseñanzas del Buda y las transmitió a Vasubandhu.

JETAVANA, MONASTERIO

JETAVANA, MONASTERIO: en sánscrito, Jetavanavihara. Monasterio en Shravasti donde, al parecer, Shakyamuni vivió y enseñó durante los últimos veinticinco años de su vida, durante la estación de las lluvias.

Fue construido como ofrenda de Sudatta en la tierra otorgada por el príncipe Jetri.

El Monasterio Jetavana junto con el Monasterio Bosquecillo de Bambú en Rajagriha, fue para el Buda uno de los centros principales de su actividad de propagación. La historia del Monasterio Jetavana se relata en el Zo-agon kengu (El sabio y el ignorante) y en otros sutras. Sudatta, rico mercader, en busca del lugar más adecuado donde construir un monasterio para el Buda y sus discípulos, intentó comprar una extensión de tierra llamada Jetavana (Bosquecillo de Jetri).

Como el príncipe no deseaba desprenderse de aquella tierra, le dijo a Sudatta, en son de burla, que se la vendía si lograba cubrir de oro el área en cuestión.

Al ver a Sudatta comenzar a hacerlo, realmente, quedó estupefacto y cuando supo el propósito que lo asistía, Jetri le dio la tierra, el bosque y lo ayudó a erigir el monasterio.

JETAVANA

JETAVANA: (Sánscrito). Monasterio y templo búdicos célebres de Zravastî.

JETRI

JETRI: Hijo de rey Parsenajit de Shravasti en la antigua india.

Procuró la tierra en la que Sudatta construyó el Monasterio Jetavana (Bosquecillo de Jetri) como ofrenda al buda Shakyamuni.

Posteriormente, Jetri fue asesinado por su hermano menor Virudhaka.

JHAANA

JHAANA: Palabra budista que designa el avance a través de diversos estados espirituales, cuya culminación es una experiencia especial de vitalidad psíquica reforzada.

Para llegar a conseguir este avance hay que cumplir cuatro etapas: Concentración de la mente en un solo objeto; gozo y bienestar mentales y físicos; sentimiento de solo bienestar; y por último, sentimiento de claridad y ecuanimidad perfectas.

Estas cuatro jhaanas son descritas en cierto número de pasajes del canon pali, como por ejemplo en el Samañña pjala Sutta.

JÍGAGE

JÍGAGE: Sección en verso con la cual concluye el capítulo "Juryo" (décimosexto) del Sutra del Loto.

Se denomina así porque los versos (en japonés, ge) comienzan con la frase ji ga toku but rai ("Desde que logré la Budeidad"). El Jigage expone, nuevamente, la enseñanza de la eternidad de la iluminación del Buda revelada en la precedente sección en prosa del mismo capítulo.

Explica que el Buda siempre está en el mundo, pero utiliza la muerte como recurso para despertar la sed por la Ley en la gente. Si las personas anhelan ver al Buda hasta el punto de ofrendar gustosos la vida, de inmediato, él aparece y les enseña. El Buda recurre a ese medio con el solo propósito de permitir a todos los seres vivientes lograr, sin demora, la suprema iluminación.

JIGTEN GONPO

JIGTEN GONPO: (Tibet). Uno de los nombres de Avalokitezvara, o Chenresi-Padmapâni, el "Protector contra el Mal".

JIHI

JIHI: significa solidaridad o empatía benevolentes, la acción del Buda de salvar a las personas del sufrimiento y conducirlas a la felicidad. Literalmente, "ji" significa "confortar", mientras que "hi" es "erradicar la miseria o el sufrimiento".

La esencia del jihi según el budismo es conducir a los demás al establecimiento de la condición de iluminación dentro de sus vidas, de manera tal que puedan desarrollar su poder inherente para vivir una vida plena. La solución fundamental del sufrimiento proviene del conocimiento de "cómo vivir" con sabiduría, convicción y coraje.

Las personas enfrentan obstáculos cuando trabajan por un objetivo de elevado propósito, pero la constante lucha contra estos obstáculos desarrolla en nosotros una tremenda vitalidad.

Triunfar constituye un acto de jihi. En última instancia, las acciones de Nichiren Daishonin, que poseía las tres virtudes de soberano, maestro y padre, representan el más alto grado de jihi.

El Pte. Ikeda enumeró los requisitos esenciales del jihi:

    1. Tener buena salud

2. Permanecer joven de espíritu a lo largo de toda la vida

3. Poseer dignidad y buena fortuna, las cuales son desarrolladas por el daimoku

4. Utilizar la sabiduría

5. Tener pasión

6. Aumentar la autoconfianza a través de tomar consciencia de la propia misión

7. Vencer: si no logramos vencer no podemos ayudar a otros a hacerlo

Todos estos aspectos configuran la naturaleza del hombre, cuya esencia es el jihi. Más aún, el jihi es el verdadero significado de Nam-myoho-renge-kyo, la Ley del Universo.

El jihi difiere del concepto cristiano del amor o la compasión. El amor se manifiesta como un acto de simpatía o gentileza, pero en el fondo representa una condición relativa basada en la emotividad humana, que es inestable y, por tanto, débil. El amor romántico, que fácilmente se puede transformar en odio o celos, es un buen ejemplo de la inconstancia de este sentimiento. El amor a la patria puede volverse odio hacia otras naciones. Hasta el amor de una madre por sus hijos es egoísta cuando se lo compara con el jihi, ya que a veces es fuente de competencia o comparación con niños de otras familias y sus padres.

Los sentimientos de simpatía o amor sólo pueden llegar al sufrimiento de la vida de otra persona cuando son respaldados por una fuerte decisión de cambiar la causa de sufrimiento: el karma individual. La fuente de renovación de esta determinación se encuentra en la práctica del Budismo. Con el objetivo de hacer lo mejor con nuestras vidas, generamos causas que perfeccionan y templan nuestro carácter. Ésta es la Revolución Humana o establecimiento de la felicidad absoluta.

Para vencer al sufrimiento, uno debe ser fuerte, por lo que el acto de jihi es, frecuentemente severo y a veces hasta doloroso. La vigorosa acción del shakubuku hace emerger la vitalidad necesaria para vencer cualquier dificultad personal. Alentamos a otros a que comiencen a practicar el Budismo por su propio beneficio, pero en realidad el hecho de asumir la responsabilidad por la vida de otros constituye el supremo beneficio en sí mismo de nuestra Revolución Humana.

Es sumamente difícil ejercer el jihi, pero aún en los comienzos de la práctica de cada uno, el coraje funciona como sustituto del jihi. El coraje de introducir a otros en la práctica del Budismo es el camino fundamental hacia el logro de su felicidad y de nuestra propia revolución humana.

¿Cuál es la diferencia entre la mera simpatía y el jihi? Las cualidades de la Budeidad que fortalecemos día a día a través de la invocación de Nam-myoho-renge-kyo son sabiduría, coraje y fuerza vital. De las tres, el jihi es la más frecuentemente malinterpretada.

Según la "definición de diccionario", la misericordia significa "virtud que nos hace sentir pena por los males ajenos". Como Richard Causton explica en su libro "El Buda en la vida cotidiana", el concepto de jihi conlleva implícito la idea de un énfasis en la acción. El jihi no equivale a piedad, lástima o simpatía. No es que esté mal que experimentemos tales emociones, pero no son un requisito para ejercer nuestro jihi como budistas. Lo que cuenta es que removamos el sufrimiento y lo reemplacemos por felicidad, no importa cuáles sean nuestros sentimientos personales. Es aquí dónde yace la potencia del concepto.

La misericordia que revela el Budismo es completamente imparcial: se ejerce con absolutamente cualquier persona, incluso aquéllas que no nos gustan o que nos han hecho algún daño. Esto es más fácil de decir que de llevar a la práctica. A veces tenemos que tener coraje para decirle a otro algo que no quiere escuchar (por esto necesitamos fuerza vital y coraje). Debemos encontrar las palabras precisas, el tono de voz o, de lo contrario, sólo lograremos lastimarlo sin lograr nada (necesitamos tener sabiduría de Buda). Debemos también poseer la energía de continuar nuestra acción y de estar completamente seguros de que estamos motivados por el jihi y no por la ira, el resentimiento o la venganza o nuestro propio ego (nuestro verdadero corazón se manifestará, no importa cómo lo disfracemos). En otras palabras, necesitamos echar mano de cada precioso elemento de nuestro Verdadero Yo que está contenido en la Budeidad.

La prueba del éxito de nuestra acción es preguntarnos: "¿He logrado remover el sufrimiento de esta persona y preparado el camino de su felicidad fundamental?". Si la respuesta es afirmativa, he actuado con jihi. No importa cuan loables sean nuestras intenciones, lo que cuenta es el resultado. A veces se dice que "uno debe tratarse con misericordia a sí mismo antes que todo" como un paso previo hacia sentir verdadera misericordia hacia los demás. Frecuentemente somos muy duros con nosotros mismos y es necesario que comprendamos que esto nos condiciona bastante. Pero, así como puede ser un acto de jihi decirle a otro algo que no le gusta enfrentar, ser misericordioso con nosotros mismos también puede implicar elevar nuestras propias aspiraciones y metas y tomar la determinación de cambiar aquello que ha generado y genera sufrimiento en nuestras propias vidas.

JIIKOKUTEN

JIIKOKUTEN: en sánscrito, Dhritarashtra: También Jikoku.

Uno de los cuatro reyes celestiales, que mora a mitad de camino de la región este del monte Sumeru y protege el sector oriental. En el capítulo "Dharani" (vigésimo sexto) del Sutra del Loto, promete proteger a los que abrazan el sutra.

JINJO

JINJO: Monje coreano que introdujo la escuela budista Kegon en japón.

JINRIKI CAPITULO

JINRIKI CAPITULO: Los poderes místicos del Tathagata. Capítulo vigésimo primero del Sutra del Loto, en el que Shakyamuni transfiere la esencia del sutra a los Bodhisattvas de la Tierra, guiados por Jogyo. Su título completo es "Nyorai jinrikf'.

En el comienzo del capitulo, los Bodhisattvas de la Tierra se comprometen a propagar ampliamente el sutra después de la muerte del buda Shakyamuni. Antes de transferirles la esencia del sutra, el Buda despliega sus poderes místicos. Entonces Shakyamuni afirma que, aunque los poderes místicos del Buda son vastos y grandes, el beneficio de la Ley indicado en el sutra los supera; luego declara a los Bodhisattvas de la Tierra: "He descripto, brevemente, en este sutra todas las leyes del Buda, todos los poderes místicos invencibles del Buda, todos los conocimientos secretos del Buda y todas las prácticas profundas del Buda". Después de esta afirmación, transfiere la esencia del sutra al bodhisattva Jogyo y a los otros Bodhisattvas de la Tierra. Basándose en este pasaje, T'ien-t'ai formuló cinco principios fundamentales; posteriormente, Nichiren Daishonin definió e1 fragmento como una indicación de las Tres Grandes Leyes Secretas.

Según su interpretación, "todas las leyes del Buda" señala, como totalidad, las Tres Grandes Leyes Secretas; "todos los poderes místicos invencibles del Buda", corresponde al supremo santuario del Budismo verdadero; "todos los conocimientos secretos del Buda" representa el objeto de veneración del Budismo verdadero, y "todas las prácticas profundas del Buda" denota el daimoku del Budismo verdadero. T'ien-t'ai se refiere a la transferencia del capítulo `JinríkP como a la transmisión de la esencia del Sutra del Loto (en japonés, ketcho fuzoku)

.También se denomina transmisión específica (betsu fuzoku), porque se realizó, específicamente, para el bodhisattva Jogyo y los otros Bodhisattvas de la Tierra, en contraste con la transmisión general (so fuzoku) del sutra destinada a toda la asamblea de bodhisattvas, que se efectúa en el siguiente capítulo"Zokurui" vigésimo segundo.

JISSO-JI

JISSO-JI: Templo en Iwamoto, en la ciudad de Fuji, prefectura de Shizuoka. Fundado por Chiin a mediados del siglo XII, perteneció a la rama Jimon de la escuela Tendai.

En 1258, Nichiren Daishonin visitó la biblioteca de sutras del templo para realizar estudios mientras preparaba el "Ríssho ankoku ron".

JISUI

JISUI: Renombrado médico que aparece en el Sutra Konkomyo. Según dicho sutra, vivió incontables eones atrás, en el Día Medio de la Ley de un buda llamado Hosho, durante el reinado del rey Tenjizaiko, creyente en las enseñanzas del Buda. Jisui, gran conocedor de la medicina, curó a innumerables personas.

Cierta vez, cuando Jisui era ya demasiado anciano para ejercer la profesión, una epidemia arrasó el país.

No obstante, aquel le enseñó a su hijo Rusui las artes secretas de la medicina, y este, en lugar de Jisui, pudo salvar a la gente.

JIVAKA

JIVAKA: Médico sobresaliente y devoto budista del estado de Magadha, en la India. Sirvió, como ministro, al rey Ajatashatru.

Obtuvo renombre por tratar al rey Bimbisara y al buda Shakyamuni. Disuadió a Ajatashatru de matar a su madre y luego persuadió al Rey de que buscara las enseñanzas del Buda, cuando aquel enfermó y el cuerpo se le cubrió de llagas pestilentes.

"Los Principales escritos de Nichiren Daishonin" Glosario Vol. I - II 1995 - 1998 SGIAR.

JIZO

JIZO: Divinidad budista del Japón que se representa como un benévolo y anciano peregrino que cuida especialmente de las moje--es, los niños y los viajeros.

Son frecuentes sus estatuas en las encrucijadas de los caminos.

JO-AGON, SUTRA

JO-AGON, SUTRA: Coleccion de los largos sutras Agon". uno de los cuatro sutras chinos Agon (en sánscrito, Agama). Conformado por treinta sutras fue traducido al chino por Buddhaya y chu-fo-nien. El Sutra Zensho (El Suira Zensbo del laico) es uno de los treinta sutras. Trata de la conducta de los creyentes laicos. El Sutra Bondo (Sutra (le la Captura por la Red (le Brahma) refuta sesenta y dos puntos de vista heréticos. El Sutra Sbamonka (Sutra de la

Recompensa de los Monjes Budistas) establece la práctica correcta para los monjes hudistas y señala la retribución que a partir de ella se acumula.

El Sutra Seki (Sutra del Origen del Mundo), que es el último de la serie, explica la cosmología budista. El Sutra,jo-agon también contiene el Sutra Yuyo (Sutra de la Travesía por la Prédica), que describe los viajes del buda Shakyamuni durante el año anterior a su muerte.

Este sutra corresponde al texto palinés Mabaparinibbana-suttanta (Sutra del Gran Nirvana).

El mismo Sutra Jo-agon corresponde al texto palinés Digha-nikaya.

JODO

JODO: Nombre japonés de la escuela budista china Ching Tu, Tierra Pura o País Puro.

Fue desarrollada por Shiran en el siglo XII proclamando la doctrina del esfuerzo ajeno o de la salvación por la fe y la gracia.

Fomentaba la práctica de la repetición constante del nombre de Amida para lograr el renacimiento en el paraíso.

Existen en Japón cuatro sectas de jodo que guardan mínimas diferencias entre si: Shinsu, Yuzunembutsu, Ji y la propia Jodo.

JOJITSU

JOJITSU: Movimiento budista introducido en Japón desde Pikche (Corea) por los monjes coreanos Kwanroku y Ekwan, hacia el año 625.

Sus doctrinas nihilistas derivan de los patriarcas hinduístas Nagarjuna y Deva, así como las enseñanzas del monje chino Hoyan Tsang.

Crearon una escuela analítica dedicada al estudio de los problemas cosmológicos y psicológicos, que circularon libremente por el país durante el período Nara, terminando de fusionarse con el Sanron.

Enseñaba que tanto el Yo como todos los dharmanes eran una pura ilusión, que el futuro no existe y el presente se destruye apenas se produce.

JORAKU GAJO

JORAKU GAJO: significa establecer una felicidad auténtica y duradera en el mundo donde vivimos.

Las enseñanzas provisionales enseñan el concepto de un paraíso u otro mundo situado al oeste, lejos de esta tierra. Dichas doctrinas postulan que esta vida terrenal que llevamos los hombres es transitoria e ilusoria. Pero Nichiren Daishonin explica que la vida eterna y la Budeidad (a veces llamada felicidad) no se encuentran fuera de nosotros mismos. La felicidad no es sólo una condición espiritual: existe en el mundo de todos los días. Esto es el significado de jo.

Raku se refiere a la felicidad. Pero no significa la dicha pasajera, que depende de las circunstancias cambiantes, sino a una felicidad profunda y duradera. Los hombres tenemos la tendencia a buscar placeres fugaces que satisfacen momentáneamente y luego desaparecen, para dejar un sentimiento de vacío y de frustración. El presidente de la SGI, Daisaku Ikeda, ha dicho al respecto: "La gente busca gratificaciones que la hacen dichosa transitoriamente. Muy a menudo, esta actitud genera posteriores sufrimientos. Una persona y los seres que integran su ambiente deberían sentir la profunda felicidad de haber nacido en este mundo y tener conciencia de que la vida es un don maravilloso".

Ga es la vida, en sí, que experimenta la felicidad y la infelicidad. La vida se ve inundada de sentimientos, especialmente el sentimiento constante de búsqueda -típico del hombre-, que se ve estimulaado por la realidad circundante. El Budismo Hinayana plantea como meta la supresión del deseo, pero con ello niega la vida misma y la alegría de vivir. Nichiren Daishonin explica, por el contrario, el principio de bonno soku bodai, según el cual los deseos conducen a la iluminación.

Es natural que el hombre desee mejorar las condiciones de vida, que aspire a gozar de lo bueno que depara la existencia en este mundo. Podría decirse como han postulado el Psicoanálisis y otras disciplinas que la vida, por definición, apunta constantemente a la satisfacción de los deseos, como actividad básica. Pero la satisfacción de los deseos puede efectuarse en diferentes estados de la vida y de ello depende que sea causa de felicidad profunda o de gratificación temporal.

Si deseamos vivir con auténtico humanismo, expresando lo mejor de la especie humana, nuestras acciones no deben jamás ser egoístas e irreflexivas. Ser sabio Implica encontrar la forma de encauzar los deseos personales dentro de un orden que signifique también la felicidad de los demás. Cuando los actos individuales se orientan a bienestar de las otras personas, es posible experimentar una profunda felicidad duradera, adornada con el triunfo de concretar todos los deseos.

Jo significa 'pureza'. Es una de las cuatro propiedades del estado de Buda y este estado de Buda es nada menos que Nam-myoho-renge-kyo.

Por eso, cuando respetamos el Gohonzon estamos abriendo la condición de máxima pureza que posee nuestra vida. Estamos purificando nuestra forma de vivir, y por eso somos capaces de concebir la felicidad de una forma genuina y profunda.

La paz mundial no será posible, en la medida que el individuo no logre establecer dentro de su vida ese estado de jo raku ga jo, a través de la revolución humana, gracias a la práctica de la Ley Mística.

Por lo tanto, el Budismo propone al hombre que no escatime esfuerzos en la búsqueda de su felicidad indestructible, con independencia, dignidad y sabiduría. Practicar esta filosofía significa asumir el desafío de ser las personas más felices, en este mundo en que nos toca vivir.

JU GAKU MUGAKU NINKI, CAPÍTULO

JU GAKU MUGAKU NINKI, CAPÍTULO: "Profecías conferidas a aprendices y adeptos" abreviado, a menudo, como capítulo "Ninki"

Noveno capítulo del Sutra del Loto, en el que Shakyamuni profetiza sobre la futura iluminación de Ananda, Rahula y dos mil discípulos de Aprendizaje

Primero, Shakyamuni predice que Ananda se convertirá en un buda llamado Sengaie Jijaitsuo (Rey del Poder Irrestricto de la Sabiduría de la Montaña de Mar) y Rahula, en un buda cuyo nombre será Toshi-ppoke (Avanzar sobre Siete Tesoros de Flores). Luego, él pronuncia una profecía sobre la futura iluminación de los dos mil discípulos sho-mon, tanto para los aprendices (en japonés, gaku) como apara aquellos que habían dominado la iluminación shomon, habían logrado el estado de arharts y no tenían ya nada más que aprender (mugaku)

Los dos mil discípulos, declara Shakyamuni, serán budas, y se los llamará "Hoso" (Signo de Joya)

El capítulo concluye con la enseñanza de Shakyamuni de reemplazar los tres vehículos por un solo vehículo (kaisan ken'ichi)

Los capítulos subsiguientes tratan de la práctica y la propagación del sutra después de la muerte del Buda y la transmisión a las generaciones futuras.

JUAN CHI

JUAN CHI: 210-263 Renombrado poeta de la dinastía Chin occidental, en la China.

"Los Principales escritos de Nichiren Daishonin" Glosario Vol. I - II 1995 - 1998 SGIAR.

JUDO

JUDO: (En sánscrito.: Manavaka.) Nombre del buda Shakyamuni cuando practicó las austeridades budistas como bodhisattva en una de sus existencias pasadas

Le ofreció lotos en flor al buda Nento (Dipamkara) y, debido a esto, se aseguró el logro de la Budeidad en el futuro.

"Los Principales escritos de Nichiren Daishonin" Glosario Vol. I - II 1995 - 1998 SGIAR.

JUJI, SUTRA

JUJI, SUTRA: (en sánscrito, Dashabhumika-sutra) "Sutra de los diez niveles"

Traducción del capítulo "Juji" (Diez niveles) del Sutra Kegon, que se estableció como un sutra independiente

Trata de las diez etapas de desarrollo o del cuadragésimo primero hasta el quincuagésimo de los cincuenta y dos niveles de la práctica del bodhisattva

La traducción fue realizada por Shiladharma, de la dinastía T'ang, quien llegó de Khotan, en el Asia central.

JUJIKYO RON

JUJIKYO RON: "Tratado sobre el Sutra Juji"

Obra de Vasubandhu, traducida al chino por Bodhiruchi

Es un comentario sobre el capítulo "Juji" (Diez niveles) del Sutra Kegon, que establece la práctica del bodhisattva para lograr la sabiduría de Buda

Es un texto básico de la escuela Ti-lun (en japonés, Jiron), una de las tres escuelas de la China, reconocida también por la escuela Huayen (Kegon).

JUJU RITSU

JUJU RITSU: "Diez divisiones de las reglas monásticas"

Vinaya o reglas disciplinarias de la escuela Sarvastivada, obra traducida del sánscrito al chino por Punyatara y Kumarajiva

Divide las reglas monásticas en diez categorías y enumera doscientos cincuenta preceptos y otras normas para los monjes. (Argentina Seikyo NÂ° 965 20/06/2001)

JUJUSHIN RON

JUJUSHIN RON: Tratado sobre los diez niveles de la mente, escrito alrededor de 830 por Kobo

En esta obra, él sitúa al Sutra del Loto y al Sutra Kegon en el octavo y en el noveno nivel, respectivamente

Y en el décimo nivel, a un seguidor de las enseñanzas del Shingon, por considerar que esa persona ha llegado a captar la enseñanza esotérica.

"Los Principales escritos de Nichiren Daishonin" Glosario Vol. I - II 1995 - 1998 SGIAR.

JUKETSU SHU

JUKETSU SHU: "Colección de las enseñanzas transmitidas oralmente"

Obra de Chisho (814-891), quinto sacerdote principal de la escuela Tendai, quien, durante su estadía en la China, recopiló las enseñanzas que en forma oral le confirió Liang-hsu, del templo Ch'an-lin-ssu, en el monte T'ien-t'ai

Esta obra es considerada el texto fundamental por la escuela Jimon de Tendai. (Argentina Seikyo NÂ° 965 20/06/2001)

JUKI, CAPÍTULO

JUKI, CAPÍTULO: "Otorgamiento de la profecía"

Sexto capítulo del Sutra del Loto. Juki denota una profecía del buda Shakyamuni de cuándo, dónde y con qué nombre sus discípulos se tornarán budas

En este capítulo, Shakyamuni profetiza que los cuatro grandes hombres de Aprendizaje: Mahakashyapa, Maudgalyayana, Subhuti y Katyayana lograrán la iluminación

En la enseñanza teórica del Sutra del Loto, Shakyamuni declara que la meta de la práctica budista es el supremo vehículo de la Budeidad y no, los tres vehículos de Aprendizaje, Comprensión Intuitiva y Bodhisattva

Este principio se denomina "sustituir los tres vehículos por el vehículo único" (en japonés, kaisan ken'ichi)

El Buda explica este principio de tres modos: en el capítulo "Hoben" (segundo), doctrinalmente, mediante la revelación de la verdadera entidad de todo fenómeno (shoho jisso); en el capítulo "Hiyu" (tercero), con la parábola de los tres carruajes y la casa en llamas; y en el capítulo "Kejoyu" (séptimo), al esclarecer la relación establecida en el pasado entre él y sus discípulos

El Buda emplea estas tres maneras de predicar para que a los tres grupos de discípulos shomon —los de capacidad grande, mediana y pequeña— les sea posible comprender, respectivamente, el principio de la enseñanza del vehículo único

El capítulo "Juki" predice la iluminación de aquellos de mediana capacidad que comprenden la verdadera intención del Buda al escucharlo relatar la parábola de los tres carruajes y la casa en llamas

Primero, Shakyamuni profetiza que Mahakashyapa logrará la Budeidad en el futuro, como el Buda Komyo (Luz Brillante)

Luego predice que Subhuti, Katyayana y Maudgalyayana lograrán la iluminación, y sus nombres serán respectivamente: Buda Myoso (Forma Maravillosa), Buda Embunadai Konko (Luz Dorada Jambunada), y Buda Tamarabatsu Sendanko (Fragancia de Sándalo Tamalapattra)

Concluye el capítulo proclamando que, próximamente, revelará la relación, en una existencia anterior, entre él y sus discípulos. (Argentina Seikyo NÂ° 965 20/06/2001)

JULAI
JULAI: Nombre chino de Tathâgata, título aplicado a todos los Buddhas. (Voz del Silencio, II).

JUNIMON RON
JUNIMON RON: en sánscrito, Dvadasha-dvara-shastra: "Tratado de los doce portales"

Obra de Nagarjuna traducida al chino por Kumarajiva en la última dinastía Ch'in

Solo existe la versión china

Constituye uno de los tres tratados fundamentales de la escuela San lun (en japonés, Sanron), junto con el Chu Ron y el Hyaku Ron

Esta obra describe doce puntos de vista de la realidad y concluye que todos los fenómenos son de naturaleza no substancial (ku). (Argentina Seikyo NÂ° 965 20/06/2001)

JURASETSU

JURASETSU: También Jurasetsu-nyo o Diez Deidades

Diez demonios hembra, que suelen citarse junto a Kishimojin

En el capítulo "Darani" del Sutra del Loto, estas demonios juraron proteger al devoto del Sutra del Loto.

"Los Principales escritos de Nichiren Daishonin" Glosario Vol. I - II 1995 - 1998 SGIAR.

JURYO, CAPÍTULO

JURYO, CAPÍTULO: "La existencia del Tathagata"

Decimosexto capítulo del Sutra del Loto, en el que Shakyamuni revela su iluminación original en un pasado distante

El título completo es "Nyorai Juryo". T'ien-t'ai lo cataloga como el capítulo clave de la enseñanza esencial

Comienza con un ritual de intercambio llamado "las tres exhortaciones y las cuatro súplicas", en el que el Buda amonesta tres veces a la multitud para que crea y entienda sus palabras, y la asamblea le ruega cuatro veces que predique

"Escuchad bien", dice entonces Shakyamuni, "el secreto del Tathagata y su poder místico". Y procede a explicar que, mientras todos los dioses celestiales, hombres, asuras y otros seres piensan que él ha logrado por primera vez la iluminación en aquella existencia, bajo el árbol bodhi, en realidad, la ha logrado en un tiempo incalculablemente remoto

Para indicar lo inmensurable de ese lapso, explica el concepto de goh-yaku-jintengo

Refuta la creencia de que ha alcanzado la iluminación por primera vez en la India y revela su iluminación original en el remoto pasado

Esto se denomina "abrir lo cercano y revelar lo distante" (en japonés, kennon)

"Existencia" en el título del capítulo significa la duración de la vida de Shakyamuni como buda, el tiempo que estuvo iluminado

Siempre, desde aquel tiempo, continúa, ha estado en este mundo predicando la Ley, apareciendo como muchos budas diferentes y empleando diversos medios. Aunque dice entrar en el nirvana, toma la muerte como un simple medio con el fin de despertar en la gente el anhelo de buscar al Buda

Luego, ilustra esa idea con la parábola del médico excelente y sus hijos enfermos

El capítulo concluye con una sección en verso llamada "Jigage", que reafirma nuevamente las enseñanzas importantes de la sección anterior en prosa

En contraste con el capítulo "Hoben" (segundo) de la enseñanza teórica, que discurre sobre la Budeidad como potencial inherente en la vida de la gente, el capítulo "Juryo" muestra la Budeidad como una realidad manifiesta en la vida del buda Shakyamuni

Al afirmar que desde su iluminación en el remoto pasado él ha estado "constantemente en este mundo, exponiendo la Ley e instruyendo (a la gente)" indica que no existe una tierra de Buda fuera del mundo saha

Mientras el capítulo "Hoben" enseña que la Budeidad es inherente en los nueve estados (kukai soku bukkai), el capítulo "Juryo" enseña que los nueve estados existen dentro de la Budeidad (bukkai soku kukai)

En el Hokke Gengi, T'ien-t'ai interpreta el capítulo "Juryo" como revelador de los tres principios místicos de la Verdadera Causa (la causa para la iluminación original de Shakyamuni), el Verdadero Efecto (su iluminación original) y la Verdadera Tierra (el lugar donde el Buda vive y enseña)

Interpreta el pasaje: "Una vez, yo también practiqué las austeridades del bodhisattva.

." como el estado de no regresión, o la undécima de las cincuenta y dos etapas de la práctica del bodhisattva, que define como la Verdadera Causa que posibilitó a Shakyamuni lograr la Budeidad

En respuesta a la pregunta de qué fue lo que practicó Shakyamuni para lograr el estado de no regresión, Nichiren Daishonin enuncia que es Nam-myoho-renge-kyo de las Tres Grandes Leyes Secretas, que él menciona como "la suprema Ley escondida en las profundidades del capítulo Juryo". (Argentina Seikyo NÂ° 965 20/06/2001)

JYOGYO

JYOGYO: Ver "Cuatro (Grandes) Bodhisattvas".

"Los Principales escritos de Nichiren Daishonin" Glosario Vol. I - II 1995 - 1998 SGIAR.

K

K'UEI-CHI

K'UEI-CHI: Véase "Tz'u-en".

"Los Principales escritos de Nichiren Daishonin" Glosario Vol. I - II 1995 - 1998 SGIAR.

KAKUTOKU

KAKUTOKU: Sacerdote que aparece junto con el rey Utoku en el Sutra del Nirvana

Considerable tiempo después de la muerte de un buda llamado Kangi Zoyaku Nyorai (literalmente, 'Buda de la exaltación creciente'), el Budismo estuvo a punto de perecer

Kakutoku intentó proteger las enseñanzas budistas ortodoxas y fue duramente perseguido por muchos sacerdotes descarriados y sus seguidores

El rey Utoku luchó contra estas personas calumniadoras para proteger a Kakutoku y murió en la batalla

Se dice que debido a su devoción al Budismo, el rey Utoku renació como el buda Shakyamuni, y el sacerdote Kakutoku, como el buda Kashyapa.

"Los Principales escritos de Nichiren Daishonin" Glosario Vol. I - II 1995 - 1998 SGIAR.

KALACKRA

KALACKRA: Uno de los elementos esenciales del budismo mahayana es la rueda del tiempo, lo mismo que de los sistemas tántricos más elevados.

Es una práctica del yoga que incluye a la vez un método y una sabiduría con vistas a la realización final.

Paul Paupard en su estudio de las religiones habla en esta perspectiva de la existencia de tres formas de kalacakra:

1. Externo, que representa los elementos del universo en que vivimos.

2. Interno, que representa los conjuntos psicológicos y la capacidad sensorial y psíquica de los seres vivos.

3. Kalacakra de doble método, que propone, según los casos, ya sea el método generador o productor, que permite la maduración del pensamiento, ya sea el método de perfección para los que están ya maduros.

KALPA
En el lenguaje budista es un determinado periodo de tiempo que se supone de una increíble duración.

KALPÂDHIKÂRINS
(Sánscrito). "Señores de los Kalpas". Véase: Gana-devas.

KALPAKCHAYA
(Sánscrito). Período de declinación o fin de un Kalpa.

KALPÂNTA
(Kalpa-anta) (Sánscrito). Fin de un Kalpa; disolución de un universo, que se resuelve en Brahmâ. -Véase: Pralaya.

KALPA DE LA CONTINUIDAD
Período durante el cual se mantiene la existencia de un mundo y de sus habitantes; una de los cuatro etapas del ciclo de formación, continuidad, declinación y desintegración que, se dice, experimentan los mundos en forma cíclica.

"Los Principales escritos de Nichiren Daishonin" Glosario Vol. I - II 1995 - 1998 SGIAR.

KAMA
KAMA: Niveles de existencia en el budismo y en el hinduismo, que obstaculizan el progreso espiritual, en el primer caso, y que se identifica con uno de los cuatro fines de la vida (amor, ganancia, virtud y liberación), en el segundo.

KÂMÂVACHARAS
KÂMÂVACHARAS: (Sánscrito). Entre los budistas, los dioses del primer cielo. (Véase: Kâmadhâtu).

KAMMA
KAMMA: Término pali que en el budismo, al igual que en todo el pensamiento indio, es la ley universal de la acción y sus consecuencias.

En sánscrito es Karma.

Ver Karma.

KANADEVA

KANADEVA: (En jap.: Daiba o Kana-daiba.) Hijo de una familia brahmánica del sur de la India, que vivió en el siglo in

Estudió el Budismo con Nagarjuna y lo propagó ampliamente

Refutó a los maestros del Brahmanismo en un debate religioso y fue asesinado por uno de sus discípulos

Fue el decimoquinto sucesor de Shakyamuni.

"Los Principales escritos de Nichiren Daishonin" Glosario Vol. I - II 1995 - 1998 SGIAR.

KANDY

KANDY: Ciudad de Sri Lanka (Ceilán) famosa por el gran templo budista de Da-lada Malagawa que alberga el colmillo izquierdo de Buda.

Según la tradición, este colmillo llegó a la isla de forma milagrosa hacia el año 350.

Está guardado por seis cajas en forma de campana y es objeto de culto cotidiano por parte de los monjes.

KANICHKA

KANICHKA: (Kanishka) (Sánscrito). Un rey de Tochari que floreció cuando se celebró en Cachemira el tercer Concilio budista., o sea a mediados del último siglo antes de JC.

Gran protector del Budismo, erigió los más bellos stûpas o dagobas en el norte de la India y Kabulistán.

KANISHKA

KANISHKA: Monarca budista del imperio kushana que celebró un concilio budista en el año 144 para intentar zanjar las disputas existentes entre las distintas escuelas del budismo.

KANKHA

KANKHA: palabra del sánscrito que significa la duda, pudiendo ser intelectual, crítica, ética o psicológica.

Se diferencia de victkiccha (representa el veneno de la "duda", como duda escéptica) en que la primera no constituye un obstáculo kármico, mientras que la segunda sí, por tratarse de un escepticismo acerca de la Doctrina y sus concomitancias.

Otro enfoque destaca que existen dos tipos de dudas, en tanto obstaculizan o favorecen el desenvolvimiento espiritual:

1. La que nace de la ilusión; es la escéptica, y mantiene en la ignorancia.

2. La que surge de la investigación de la Doctrina, e incrementa la sabiduría.

Con respecto a las preguntas que una persona puede formularse, existen cuatro tipos distintos:

1. Aquéllas que pueden ser contestadas con sí. Por ejemplo: ¿El hombre es mortal?

2. Aquéllas que pueden ser contestadas con si o no. Por ejemplo: ¿Reencarna el hombre?

3. Aquéllas que requieren una repregunta o condición para ser respondidas. Por ejemplo: ¿Es el hombre fuerte? Aquí es necesario saber en relación a qué se formula la pregunta de su fortaleza.

4. Aquellas preguntas cuya respuesta debe dejarse de lado.

Esta última categoría recibe el nombre de sthapaniya, y el Buda en el Potthapada Sutra se expresó así acerca de ella:

"Esta cuestión no está calculada para dar provecho, no concierne a la Doctrina, no contribuye a la recta conducta, ni al desapego, ni a la purificación de la lujuria, ni a la quietud, ni a la tranquilidad del corazón, ni al verdadero conocimiento, ni a la intuición interior de las más elevadas etapas del Sendero, ni al Nirvana. Por esta razón no expreso opinión alguna".

Existen catorce problemas metafísicos a los cuales, según el Buda, no es posible dar una respuesta definitiva, adoptando por ello una actitud agnóstica.

Estos temas son:

1. El yo y el mundo son temporalmente infinitos.

2. El yo y el mundo son temporalmente finitos.

3. O finitos o infinitos.

4. Ni finitos ni infinitos.

5. El mundo es espacialmente infinito.

6. El mundo es espacialmente finito.

7. O finito o infinito.

8. Ni finito ni infinito.

9. El alma y el cuerpo son lo mismo.

10. Son diferentes.

11. Los Budas no existirán después de la muerte.

12. Existirán.

13. O existirán o no existirán.

14. Ni existirán ni no existirán.

La negativa a responder ciertas preguntas de parte del Buda especialmente aquéllas que reflejan dudas escépticas o incontestables- está fundamentada en una parábola.

"Imagina -le dijo el Buda a Malunkyaputta- alguiien que, herido por una flecha envenenada, y llevado ante un médico dijera: 'No dejaré que se me saque esta flecha hasta saber quién la disparó, a qué casta pertenece, su nombre y cuál puede ser su familia, si es alto o bajo, de qué color es su cutis y de qué pueblo viene. No permitiré que se me saque esta flecha hasta que conozca el tipo de arco utilizado, el tipo de madera usada para fabricar la flecha. etc., etc.'. Malunkyaputta, ese hombre se moriría sin llegar a saber ninguna de esas cosas. Así, si alguien dice: Yo no llevaré la vida sagrada hasta que el Bendito me responda á preguntas tales como si el Universo es eterno o no, etc., etc.', también éste moriría sin que el Buda le contestara."

KANNON

KANNON: (En sánscrito.: Avalokitesvara.) Bodhisattva que aparece en el capítulo "Fumon" del Sutra del Loto

De acuerdo con el sutra, él adopta treinta y tres formas diferentes para salvar al pueblo

En el Sutra Kammuryoju, él y el bodhisattva Seishi (Mahasthama-prapta) aparecen como asistentes del buda Amida

('Escuchar los Sonidos del Mundo') También conocido como Kanzeon

Bodhisattva que aparece en el capítulo "El pórtico universal del bodhisattva Escuchar los Sonidos del Mundo" (25) del Sutra del Loto

Según este sutra, Kannon puede asumir treinta y tres formas diferentes, y aparecer en cualquier parte para salvar a las personas. En los sutras Muryoju y Kammuryoju, Kannon aparece junto al bodhisattva Seishi, como asistente del buda Amida.

"Los Principales escritos de Nichiren Daishonin" Glosario Vol. I - II 1995 - 1998 SGIAR.

KAPILAVASTU

KAPILAVASTU: (Sánscrito). La ciudad donde nació el Señor Buddha, llamada "mansión amarilla"; capital del rey Zuddhodana, padre de Gautama Buddha

[Estaba situada a orillas del río Rohinî

Véase: Buddha Siddhârta.]

KAPILAVATTHU

KAPILAVATTHU : Ciudad situada en las estribaciones del Himalaya, en Nepal, considerada el hogar paterno de Gautama.

KARMA Y LIBRE ALBEDRÍO

KARMA Y LIBRE ALBEDRÍO: De acuerdo con el Budismo, el hecho de que la gente nazca en diferentes circunstancias con cualidades distintas es el resultado de su karma de vidas pasadas

Sin embargo, estos no son los únicos factores que determinan el tipo de vida que uno tiene

Que hace la gente con estas condiciones dadas es igualmente importante El karma y el libre albedrío son ideas complementarias

Como el bien y el mal, el uno no puede existir sin el otro

Por el libre albedrío es que uno crea su propio karma, tanto bueno como malo. Ese karma pone restricciones en la vida de tuno, pero su libre albedrío continúa existiendo

Por supuesto, la voluntad de uno no puede ser, totalmente libre, porque uno debe decidir o elegir dentro del contexto de las condiciones dadas. Pero si no hubiera libre albedrío, entonces todo lo que uno piensa, dice o hace debería estar predeterminado, por lo que uno carecería de responsabilidad sobre sus acciones. Aquí es donde el karma se diferencia bastante del determinismo

Al respecto, podemos decir que hay dos tipos extremos de religión. Una enseña que los seres humanos son débiles, y por eso deben confiar en un ser supremo para lograr su salvación

El otro insiste en que la iluminación existe en la mente humana y por ello el hombre no debe buscar a ningún ser o cosa en que apoyarse

El primer tipo está representado por el Cristianismo y por la secta budista de la Tierra Pura

El segundo, por el Budismo Zen

El Budismo de Nichiren Daishonin representa un tercer punto de vista. Percibe tanto la debilidad como la fortaleza de los seres humanos y deposita la condición de vida iluminada en un mandala con el cual la gente puede exteriorizar su naturaleza inherente de Buda

En sus escritos Nichiren Daishonin nos insta a profundizar nuestra fe y nuestra práctica de manera cada vez más diligente para obtener la Budeidad

Esto se debe a que él confiaba en la voluntad del hombre y en su deseo de superación. (Material de Estudio SGIAR 1998)

KÂRMIKA

KÂRMIKA: (Sánscrito). Partidario de la acción. Con este nombre se designa una escuela de filosofía búdica.

KARSHVARS

KARSHVARS: (Zendo). Las "siete Tierras" (nuestra cadena septenaria), sobre las cuales rigen los Amesha Spentas, los Arcángeles o Dhyân-Chohâns de los parsis

Son las siete tierras, de lsa cuales una sola Hvaniratha (nuestra tierra) es conocida de los mortales

Las Tierras (esotéricamente), o siete divisiones (exotéricamente), son nuestra propia cadena planetaria, como se enseña en el Buddhismo Esotérico y en la Doctrina Secreta

Dicha doctrina se halla claramente expuesta en el Fargard XIX, 39, del Vendidad

[Véase: Hvanuatha.]

KARUNA

Concepto budista que ocupa un lugar muy importante como una de las cuatro moradas espirituales.

La compasión o actitud desinteresada es la virtud propia de los budas y de los bodhisattvas hacia los mortales, ya que resume junto con la sabiduría o prajna toda la actividad budista.

KARUNÂ-BHÂVANÂ

(Sánscrito). Meditación sobre la piedad y compasión en el Yoga.

KASHYAPA

KASHYAPA: Bodhisattva a quien Shakyamuni dirigió el capítulo "Kasho bosatsu" del Sutra del Nirvana

En este sutra, Kashyapa le hace a Shakyamuni treinta y seis preguntas.

"Los Principales escritos de Nichiren Daishonin" Glosario Vol. I - II 1995 - 1998 SGIAR.

KATHA VATHU

KATHA VATHU: En la escuela del budismo theravada es el nombre de uno de los siete libros del Abhidhamma-pitaka pali.

Consta de 23 capítulos y contiene el examen y la refutación de 219 doctrinas distintas.

KEGON

KEGON: Escuela introducida en Japón por el monje coreano Jinjo durante el siglo VIII, que desempeñó un gran papel durante el período budista Nava.

Basada en los Avamtamsaka sutras, con una doctrina clara de la condición búdica de todos los seres sensitivos, defendía que el objetivo de la religión era anular el error del Yo individual y distinto.

Tuvo también una cierta influencia en el desarrollo del zen.

KHANDA

KHANDA: El individuo humano se descompone según el budismo en cinco conglomerados de factores que integran su personalidad o khandas:

— rupa, que es lo físico o corpóreo

— vedana, que es la sensación o sentimiento

— sanna, la percepción

— sankarha, el principio formativo

— vinnana, la conciencia

Cada khanda está integrada por un conjunto de elementos en continua fluctuación, ya que en el individuo no existe nada que sea permanente, el cambio es constante, lo absoluto no es aplicable a la existencia del hombre.

KHUBILKHAN

KHUBILKHAN: (Mogólico) o Shabrong. En el Tibet son los nombres dados a las supuestas encarnaciones de Buddha

Santos predestinados

[Véase: Chubilgan y Chutuktu.]

KHUDDAKA

KHUDDAKA: Relación de escritos canónicos budistas que constituyen la quinta sección del Sutta Pitaka o canon pali.

Está integrado por quince piezas cortas:

1. Khuddaka-patha colección de listas de normas morales, cuestiones catequísticas y fórmulas piadosas.

2. Dhammapada proverbios o sentencias sobre la vida de Buda.

Udana colección de sentencias solemes de Buda.

4. Itivuttaka colección de versículos relativos a la moral.

5. Sutta Nipata analogía sobre las primeras formulaciones de las teorías budistas.

6. Vimana-Vatthu vida de los devas.

7. Petavatthu descripción de la suerte de quienes expían en el ámbito espiritual sus malas acciones pasadas.

8. Thera gatha poemas de monjes famosos por su virtud.

9. Theri gatha canciones de monjes antiguos.

10. Jataka conjunto de relatos.

11. Niddesa comentario a una parte del Sutta Nipata.

12. Patisambhida-magga . tratado analítico al estilo del Abhidhamma.

13. Apadana relatos sobre varios monjes y monjas.

14. Buddhavamsa la estirpe búdica.

15. Chariyapitaka selecciónd e Jatakas.

KHUMBHÂNDS

KHUMBHÂNDS: (Sánscrito). Divinidades de cierto orden en el Budismo.

KILESA

KILESA: Dentro del canon budista es el nombre genérico de las diez impurezas mencionadas por el Theravada: concupiscencia, odio, ilusión, engaño, opiniones especulativas, duda, pereza mental, inquietud, desvergüenza e indiferencia moral.

KISHIMOJIN

KISHIMOJIN: (En sánscrito.: Hariti.) Demonio hembra. Tuvo quinientos hijos (algunas fuentes dicen mil o diez mil)

Debido a que, según se dice, alimentó a sus hijos con los bebés de otros, simboliza la naturaleza egoísta de la mujer que protege a sus propios hijos, pero que no se preocupa por los de las demás madres

Sin embargo, en el capítulo "Darani" ella y las llamadas Diez Demonios prometieron proteger a los devotos del Sutra del Loto.

"Los Principales escritos de Nichiren Daishonin" Glosario Vol. I - II 1995 - 1998 SGIAR.

KIYOMORI

1118-1181 Taira no Kiyomori, guerrero y líder del clan Heike

Después de lograr la superioridad política, dominó ala corte imperial y, finalmente, instaló a su hijo como Emperador

Es el protagonista de la más destacada crónica épica del Japón: el Cuento de los Heike.

"Los Principales escritos de Nichiren Daishonin" Glosario Vol. I - II 1995 - 1998 SGIAR.

KLEZA

KLEZA: (Sánscrito). Amor a la vida, pero literalmente, "dolor y miseria". Apego a la existencia, y casi lo mismo que Kâma

[Amor al placer o a los goces mundanos, lícitos o ilícitos. -Voz del Silencio, III

Kleza significa también: dolor, aflicción, tristeza, angustia, afán, turbación; obstáculo; distracción

En el Budismo se designa con este nombre toda imperfección producida por el mal moral: hay ocho especies, que son los pecados capitales, o diez, entre los budistas de Ceilán

Véase: Pañchaklezas.]

KOAN

Ejercicio dirigido por un maestro zen para que el discípulo logre romper sus limitaciones intelectuales y alcance la intuición repentina que le llevará a la iluminación o satori.

Existen unas 1700 colecciones de koans empleadas en los diferentes monasterios chinos y japoneses.

KOAN

Técnica perteneciente a la escuela de zen Rinzai que consiste en un tipo de ejercicio dirigido a romper el proceso lógico de la mente, y lograr así una forma de intuición más sutil, que pueda conducir al Satori o iluminación.

El koan es básicamente un problema o pregunta, de características aparentemente absurdas, que el maestro formula al discípulo, y que éste ha de resolver marginando toda elaboración lógica.

Existen colecciones de koans que se emplean tanto en los monasterios zen, como en cualquier medio en el que se practique en profundidad esta doctrina budista.

KOBO DAISHI

Santo budista del siglo VIII (774-835) fundador de la secta shingon, cuyo nombre verdadero era Kukai.

Clasificó las diversas formas de la vida religiosa, incluido hinduismo, confucionismo y taoísmo, en diez grados de desarrollo que culminan en el panteísmo místico del shingon, en el que se realiza la plenitud de la bienaventuranza de la condición búdica.

Enseñó un sincretismo total de carácter eminentemente místico que culmina con el panteísmo del shingon.

Fundó un monasterio sobre el monte Koya que se convirtió en la sede central de la secta.

KOBO

774-835: Fundador de la escuela Shingon en el Japón

También conocido como Kukai. Kobo Daishi fue su nombre y su título póstumos

Fue ordenado en 793, a los veinte años, y, en 804, fue a la China, donde estudió las doctrinas y rituales del Budismo esotérico

Volvió al Japón en 806 y se dedicó a la propagación del Shingon, aseverando la supremacía del Sutra Dainichi por sobre todos los demás.

"Los Principales escritos de Nichiren Daishonin" Glosario Vol. I - II 1995 - 1998 SGIAR.

KOKALIKA

KOKALIKA: (En jap.: Kugyari.) Enemigo de Shakyamuni

Nació en el clan Shakya

Al principio se convirtió en discípulo del Buda, pero más tarde se alió con Devadatta y atacó a los seguidores de Shakyamuni

Se dice que cayó en el Infierno aún con vida.

KOKUJO

KOKUJO: Segundo de los ocho infiernos ardientes

Se dice que el sufrimiento en kokujo es diez veces peor que en tokatsu

Ver también "tokatsu".

"Los Principales escritos de Nichiren Daishonin" Glosario Vol. I - II 1995 - 1998 SGIAR.

KOMOKU

KOMOKU: Dai Komoku-Tenno (sánscrito : Virupasksha) Es uno de los Cuatro Reyes Celestiales, se dice que viven a mitad de camino entre las cuatro laderas del monte Sumeru

Komuko que se encuentra al Oeste, como posee una vista divina que discierne el mal su función es castigar aquellos que lo cometen y proveer de esclarecimiento

En el capítulo Dharani (cap. 26) del Sutra del Loto, juraron proteger a aquellos que abrazaran el sutra

Los nombres de los dioses budistas incluyen las palabras: Dai es un término honorífico que significa grande y Tenno que significa rey celestial

(Los Cuatro Reyes Celestiales están ubicados cardinalmente en el Gohonzon, cubriendo las cuatro esquinas). (WORLD LINKS SOKA GAKKAI - USA 1999)

KONGOSATTA

KONGOSATTA: (En sánscrito.: Vajrasattva.) Segundo de los primeros ocho patriarcas de la escuela Shingon

Se dice que recibió la enseñanza esotérica directamente de Dainichi o buda Mahavairochana.

"Los Principales escritos de Nichiren Daishonin" Glosario Vol. I - II 1995 - 1998 SGIAR.

KOSEN-RUFU

KOSEN-RUFU: Literalmente significa 'enseñar y propagar (el Budismo) ampliamente'

También, asegurar la paz y la felicidad duraderas para toda la humanidad, mediante la propagación mundial del Budismo

El término kosen-rufu aparece en el capítulo "Yakuo" del Sutra del Loto.

"Los Principales escritos de Nichiren Daishonin" Glosario Vol. I - II 1995 - 1998 SGIAR.

"La verdadera entidad de todos los fenómenos es, en sentido fundamental, un principio referido a la transformación del presente

No buscamos alejarnos de la realidad, aún cuando esté sembrada de sufrimientos

No intentamos huir de ella. La verdadera entidad de todos los fenómenos es la sabiduría que permite a la persona extraer y hacer surgir el estado de Budeidad desde el interior de su vida, para concretar un mundo donde prevalezcan la paz y la tranquilidad dentro de la realidad de todos los días

Tal vez podríamos decir que comprender la verdadera entidad de todos los fenómenos es, en el orden individual, manifestar la Budeidad en esta existencia

Y, en el orden social, sería lograr una sociedad pacífica mediante las enseñanzas del Budismo".(Daisaku Ikeda y Takanori Endo en La sabiduría del Sutra del Loto: Diálogo sobre la religión en el siglo XXI, Sección 8, fascículo 4, p. 41)

KUAN YIN

KUAN YIN: Nombre chino del bodhisattva Avalokitesvara que sigue a Amitaba, "el que oye el grito".

Divinidad más popular de las sectas mahayanistas.

Este culto fue introducido en China hacia el siglo V Está representado con mil ojos y brazos, y once cabezas.

Es la divinidad más popular China y cuenta con innumerables templos dedicados en todo el país.

KUDOKU

KUDOKU: Beneficio etimológicamente significa: bien que se hace o que se recibe, es sinónimo de utilidad, provecho o mejora.

En Budismo se definiría como bien que se recibe a través de la práctica.

En idioma japonés se denomina kudoku, ku es igual a realización y logro, y doku es igual a virtud o poder de las cosas para producir o causar efectos.

¿Qué es prácticamente un beneficio en budismo? ¿Comprar una casa.. es beneficio? ¿Cambiar el coche viejo por uno nuevo... es beneficio? ¿Conseguir un buen trabajo... es beneficio? ¿Encontrar una buena pareja es beneficio? ¿Restaurar la felicidad o armonía en el hogar... es beneficio? ¿Encontrar estacionamiento para el auto en el centro... es beneficio? ¿Encontrar dinero en la calle es beneficio?

Claro que son beneficios, pero entonces enseguida surge la reflexión. Esto no solo le pasa a los budistas, sino que también le ocurre a la gente común.

La gente común también obtiene beneficios, y los atribuye a "la suerte", a la "buena estrella" o a la "casualidad", y hace cábalas para seguir obteniendo beneficios.

Los Budistas se diferencian porque obtienen beneficios a través de la práctica, invocando NAM-MIOHO-RENGUE-KYO y a través de ese efecto siguen practicando para seguir obteniendo beneficios. Esto se conoce en Budismo como Bono Soku Bodai, que sería transformar los deseos mundanos en iluminación. Cada vez que logramos satisfacer un deseo o alcanzar un objetivo, afianzamos más nuestra fe y buscamos objetivos cada vez más elevados, hasta llegar a desear el objetivo fundamental, que es la búsqueda del estado de buda.

Esta búsqueda alude a la facultad del BUDA de percibir y comprender la LEY del Universo, a la vez que ejercitar la Sabiduría para utilizar esta LEY en sus actos.

Esto no se puede lograr si se sufre la angustia de la soledad, la amenaza de divorcio, la desesperación de la bancarrota, la enfermedad de un ser querido, las tristes circunstancias que nos acosan. Y las personas que así sufren no pueden relacionarse con la explicación teórica del BUDA, necesitan una pareja, un amigo, un abogado, un médico, un trabajo o cualquier solución, en resumen necesitan BENEFICIOS.

La gente que enfrenta obstáculos NECESITA SOLUCIONES REALES, esta búsqueda demanda que nos desarrollemos paso a paso sobre una base, estos pasos intermedios se llaman beneficios, y son los que nos llevan a la iluminación. Cada logro nuevo es una prueba para profundizar la fe en la práctica budista. Esta prueba se conoce como JIMYO JOBEN (Jimyo Joben: igual a medio para cambiar la vida cotidiana).

Mientras que otras filosofías pretenden la benevolencia de la protección y el bienestar físico, el budismo de Nichiren Daishonin señala la necesidad del bienestar en CADA fase de la vida.

Nichiren Daishonin define los beneficios (kudoku) como los resultados de purificar las seis raíces de la. vida: los OJOS, los OÍDOS, la NARIZ, la LENGUA, el CUERPO y la VOLUNTAD. Explica que ku quiere decir disminuir el mal, y doku quiere decir el bien complaciente. También dice que kudoku simboliza el hecho de poder conseguir la iluminación tal como uno es (Sokushin Yobutsu), contando con los potenciales ya inherentes y sin esperar ninguna transformación milagrosa.

Es decir, que el iluminado no tiene aureola, ni cambia su cuerpo o su cara más bonita, sigue siendo tal cual es. Por ejemplo, un equipo de fútbol que está perdiendo el partido por un tanto y siente de pronto un ímpetu de unión y se esfuerza por llegar a la victoria. Ese espíritu perdedor se ha convertido en ganador, nada ni nadie ha cambiado, la cancha es la misma, la. hinchada es la misma, el director técnico es el mismo, los jugadores son los mismos, esto es Shokushin Yobutsu y el catalizador es el beneficio, o sea, la victoria. Y es muy importante, el iluminado no se vuelve más bello o mejor, sigue siendo igual.

Volviendo a las seis raíces, vemos que representan los cinco sentidos y se agrega la voluntad. Si a nosotros nos gusta algo, lo deseamos, si no nos gusta lo rechazamos. Los deseos vienen a través de los sentidos, o sea de las seis raíces. Por ejemplo, si vemos una chica linda por la calle... la deseamos, no? Pero si en vez de la chica, está la mamá de la chica... ya no, no es cierto?

Por eso es importante que, nosotros purifiquemos nuestros sentidos, o sea las seis raíces como dice Nichiren Daishonin.

¿Ustedes saben por qué se hacen chocar los vasos cuando brindamos? Cuando brindamos estamos alegres y tenemos que satisfacer los sentidos, los ojos ven el color del vino o cerveza, el olfato capta el olor de la bebida, el gusto saborea el sabor de la bebida, y la voluntad las ganas de beber, sólo falta el oído por eso chocamos los vasos.

Bueno, ahora yo les pregunto ¿es bueno suprimir los deseos? ¿es malo desear? No, de ninguna manera, eso sería una negación de la naturaleza humana y es imposible, sólo los santos y los muertos no desean y aquí no creo que haya un santo ni tampoco ustedes están muertos.

La purificación de las seis raíces se refiere al proceso de definir a nuestros deseos, elevarlos a un nivel más constructivo. Significa desarrollar una fuerza vital más fuerte.

El desafío de un partido de fútbol, un matrimonio o una enfermedad, ya es en sí un beneficio esencial. Pero una obsesión por beneficios pequeños puede obstruir el impulso que hemos establecido hacia nuestros objetivos de largo alcance. Pero también es bueno desear, porque el placer momentáneo y las utilidades son grandes esparcimientos, y su satisfacción nos lleva a buscar beneficios más altos.

Lo más importante es que comprendamos que nuestros deseos en sí, y de por sí, no son ni buenos ni malos, sino neutros, cuenta hacia dónde nos dirigimos. Si los canalizamos en forma constructiva, recibiremos beneficio.

Si nuestra mente nos controla, entonces estaremos a la deriva, pero si nosotros controlamos nuestra mente, entonces haremos cosas constructivas y en eso nos ayuda la práctica del Budismo de Nichiren Daishonin.

Los beneficios se originan de la transformación de la vida humana, de lo negativo a lo positivo. Una persona que aprovecha el Budismo de Nichiren Daishonin, puede luchar contra la adversidad y desarrollar el potencial de su propia vida, de experimentar un gran cambio.

Una persona en una situación desenvuelta y cómoda, disfruta lo que tiene y no se somete a una transformación mayor, no busca. Por eso debemos estar felices de no tener cosas y desearlas, porque entonces buscamos. Eso nos pasa a todos y podemos estar felices de haber encontrado a GOHONZON, eso es también un gran beneficio, y también aprenderemos a desafiar y lograr lo mismo que otras personas.

Pongamos un ejemplo, dos negociantes, el señor A y el señor B, que en la actualidad tienen las mismas cosas: casa linda, buena esposa, coche, dinero, etc., de todo igual. Pero el señor A nació en casa grande, con padre con dinero, estudió sin necesidad de trabajar. El señor B se crió en un orfanato, tuvo que trabajar para poder estudiar en un colegio nocturno. Si compararnos sus logros, son los mismos, pero con diferencias en sus maneras de reaccionar ante una crisis, el señor A se ha criado en la comodidad, no se curtió en el esfuerzo de sus objetivos y sufrirá una experiencia aplastante frente a una crisis, mientras que el señor B, acostumbrado a desafiarse, luchará y vencerá como en otras dificultades. Esto es el entrenamiento real, el beneficio mayor, la facultad de desafiar y sobrepasar la adversidad. Los que basan su sabiduría en la experiencia de las privaciones son los más aptos para abordar un problema.

Si bien es cierto que en el mundo existe mucha gente decidida y competitiva, por lo común nos encontramos que sus desafíos los han cejado insensibles y amargados, aprendieron pocas lecciones sobre sus vidas en la batalla por la supervivencia. Sin una filosofía que elucide su vida, su lucha por la victoria asume una desafortunada connotación animalística. Por eso son un beneficio las sabias enseñanzas de la práctica del

Budismo de Nichiren Daishonin.

KUKAI

KUKAI: Nombre real del santo budista japonés conocido como Kobo Daishi, fundador de la secta budista shingon.

Ver Kobo Daishi.

KUMARAJIVA

Monje budista (343-413) partidario de la Doctrina Media que intervino en la propagación de la escuela madhayamika en China, donde recibió el nombre de Fa Hu,.

KUON GANJO

KUON GANJO: Budeidad o iluminación que existe en los seres humanos de manera inherente

"Buda de kuon-ganjo" se aplica al Buda original o verdadero que ha estado iluminado desde el tiempo sin comienzo.

"Los Principales escritos de Nichiren Daishonin" Glosario Vol. I - II 1995 - 1998 SGIAR.

KUSHA

KUSHA: Escuela budista japonesa que fue introducida en Japón desde China por dos monjes Chitsu y Chiatatsu, en el año 658.

Sus doctrinas elevadamente metafísicas, se basan en el Abhidharma Kosa.

KUSHINAGARA

KUSHINAGARA: Uno de los cuatro lugares santos del budismo donde se sitúa la muerte de Buda.

De acuerdo con el relato legendario Kushinagara era una población insignificante de la tribu Malla que se encontraba establecida en medio de la selva.

Actualmente lleva el nombre de Kasia, está entre los ríos Rapi y Gondak,en el distrito de Gorakhpur, al sur de la frontera del Nepal.

El cuerpo de Buda fue llevado a través de todo el pueblo, desde la puerta norte hasta la este, incinerado extramuros, en un santuario de los mallas y las cenizas depositadas en un stupa de la localidad que recibe el nombre de Mukutabandhana

KUSÎNARA

KUSÎNARA: (Sánscrito). La ciudad cerca de la cual murió Buddha

Se halla situada en las inmediaciones de Delhi, si bien algunos orientalistas pretenden localizarla en Assam.

KWAN ON

KWAN ON: Denominación japonesa del gran Buda, que es el más venerado de Japón, y al que están consagrados numerosos templos.

Su culto se remonta a la introducción del budismo en las islas niponas

KWAN-SHAI-YÎN

KWAN-SHAI-YÎN: (Chino). El Logos masculino de los budistas del norte y de los de la China; el "Dios manifestado".

KYO Y CHI

KYO Y CHI: Kyo significa 'realidad o verdad objetiva' y chi, 'sabiduría subjetiva para comprender la verdad'

En el Sutra del Loto, kyo indica la verdad objetiva de que todas las cosas, vivientes o no vivientes, son entidades de la Ley Mística

Kyo también indica la realidad objetiva de la Budeidad dentro de la propia vida

Chi se refiere a la sabiduría de buda para comprender la verdad

La fusión de kyo y chi (kyochi myogo) significa la manifestación de la Budeidad, darse cuenta de que uno es un buda

Prácticamente, kyo representa el Gohonzon y chi, la persona que cree en él

Invocar Nam-myoho-renge-kyo es la única manera de manifestar la Budeidad en el último Día de la Ley.

"Los Principales escritos de Nichiren Daishonin" Glosario Vol. I - II 1995 - 1998 SGIAR.

L

LAGHIMA

LAGHIMA: Poder de levitación propio de los yoguis y los lamas del Tíbet.

Esta facultad está propiciada por la ruptura de la ley de la gravedad y la ascensión del cuerpo.

LAGO MUNETCHI

LAGO MUNETCHI: (En sánscrito.: Anavatapta.) Literalmente, 'lago sin calor'

De acuerdo con el Kusha Ron de Vasubandhu, el Munetchi está situado al norte de los montes Himalaya y está rodeado de playas enjoyadas

Este lago, habitado por un rey dragón llamado Anavatapta, provee agua fresca y clara que fertiliza la tierra de Jambudvipa (en jap.: Embudai), el continente situado al sur del monte Sumeru.

"Los Principales escritos de Nichiren Daishonin" Glosario Vol. I - II 1995 - 1998 SGIAR.

LAKCHANA

LAKCHANA: (Lakshana) (Sánscrito). Los treinta y dos signos corporales de un Buddha, o sean las señales por cuyo medio es reconocido. [He aquí otros significados de esta palabra; marca, señal, símbolo, atributo, signo característico o distintivo; carácter, nombre, designación; observación, vista, visión, etc.]

LAKKHANA

LAKKHANA: Denominación de las características de la existencia que de acuerdo con Buda son: transitoriedad, insatisfactoriedad y ayoidad.

LALITA VISTARA

LALITA VISTARA: Una de las obras más importantes del budismo mahayana, que ofrece una visión de la vida y obra de Buda como si se tratara del juego de un ser sobrenatural.

Se fecha en el siglo V antes de Cristo y está considerada como la principal fuente de la leyenda budista.

LALITA-VISTARA

LALITA-VISTARA: (Sánscrito). Célebre biografía de Zâkyamuni, el Señor Buddha, compuesta por Dharmarakcha en el año 308 de nuestra era.

LAM TE
LAM TE: Movimiento budista vietnamita contemporáneo, que pretende que el despertar viene de una manera repentina a aquellos que se esfuerzan por liberarse de sus ataduras.

LAMA
LAMA: Titulo dado a los monjes budistas del Tíbet, que significa instruido, maestro.

Los Lamas poseen poderes mágicos, fruto de un entrenamiento yógico y tántrico. Merced a técnicas especiales gozaban del conocimiento de la telepatía, levitación, bilocación y desplazamiento veloz de un lugar a otro.

El principal lama es el Dalai Lama, jefe supremo del budismo tibetano.

Ver Dalai Lama.

LAMAISMO
LAMAISMO: Rama del budismo que se ha desarrollado en el Tíbet durante el siglo VII basándose fundamentalmente en el carácter de los Lamas, y uniendo también aspectos tántricos con sistemas esotéricos.

Con Kha Pa instituyó en el año 1407 una jerarquía tibetana integrada por el novicio o trampa, el instruido o Lama y el abad superior o hutuktu.

A partir del siglo XVII aparecieron dos rituales distintos: el camino de la derecha y el camino de la izquierda, que obedecían a dos jefes diferentes, el Dalai Lama y el Tashi Lama. Ambos jefes espirituales se han mantenido, uno en el convento de Potala en Lhasa y el otro en el monasterio de Ta-shilhum-po.

Dejaron el Tíbet tras la invasión china.

Bajo estos jefes espirituales la jerarquía tántrica admitía ciento ochenta hutuktus, encarnaciones de las potencias divinas. Ambos caminos preparan por igual la llegada del dios futuro, aunque el de la izquierda no esperan sino en el Alma Universal y en las apariencias para reunir las energías cósmicas y suscitar a ese dios futuro; mientras que el de la derecha honra a un dios viviente.

LAMRIN
LAMRIN: (Tibet). Libro sagrado de reglas y preceptos escrito por Tsong-kha-pa "para el progreso del conocimiento".

LANKÂ

LANKÂ: (Sánscrito). Antiguo nombre de la isla actualmente llamada Ceilán. Es también el nombre de una montaña situada al Sur-Este de Ceilán, en donde, según cuenta la tradición, había una ciudad poblada por demonios, conocida con el nombre de Lankâpuri

La gran epopeya Râmâyana la describe diciendo que era de gran magneficencia y de extensión gigantesca, "con siete anchos fosos y siete estupendas murallas de piedras y metal"

Su fundación se atribuye a Vizvakarma, que edificó dicha ciudad para residencia de Kuvera, rey de los demonios, de quien fue tomada por Râvana, reptor de la bella Sîtâ

El Bhagavad-Gîtâ dice que Lankâ o Ceilán era primitivamente la cumbre del monte Merú, que fue arrancada por Vâyu, dios del viento, y precipitada en el océano

Desde entonces ha venido a ser la sede de la Iglesia búdica del Sur, la secta siamesa (dirigida actualmente por el sumo sacerdote Sumangala), representación del más puro budismo exotérico de esta parte de los Himalayas.

LANKAVTARA SUTRA

LANKAVTARA SUTRA: Texto del budismo mahayana que contiene la historia de la entrada del budismo en Ceilán (Sri Lanka).

La obra recoge una serie de conversaciones mantenidas por Buda con Ravanna, mítico señor de la isla, y con un bodhisattva llamado Mahamati.

LANU

LANU: Discípulo de un Lama o maestro espiritual tibetano.

LEY MÍSTICA

LEY MÍSTICA: (En jap.: myoho.) Ley suprema de la vida y del universo, ley de Nam-myoho-renge-kyo.

"Los Principales escritos de Nichiren Daishonin" Glosario Vol. I - II 1995 - 1998 SGIAR.

LEY PURA

LEY PURA: La verdadera enseñanza de un buda. La Ley Pura indica todas las enseñanzas de Shakyamuni, especialmente el Sutra del Loto

Ver también "Gran Ley Pura".

"Los Principales escritos de Nichiren Daishonin" Glosario Vol. I - II

LHA THO THO RI

Vigesimoctavo rey del Tíbet (173-293) considerado la encarnación del bodhisattva Juntu-Sangpo, "el que es bueno para con todos, en todas partes y siempre".

Los historiadores tibetanos hacen remontar hasta este rey la entrada del budismo en el Tíbet.

LHASA

LHASA: Capital del Tíbet y residencia del Dalai Lama hasta la invasión china.

En tibetano significa "la tierra de los dioses".

Los budistas del Tíbet, China, Mongolia, Butan, Nepal y Ladadkh la consideran como el lugar más sagrado después de Bodh Gaya donde Buda alcanzó la iluminación.

LHASSA

LHASSA: (Tibet). Ciudad donde reside el Dalai-Lama. Véase: Lha.

LIBERACION BUDISTA

LIBERACION BUDISTA: El budismo suele ser definido como más que una religión, como una forma de vida que se basa en un camino de liberación, ya que la vía búdica tiene todo su orientación en la toma de conciencia de la condición doliente del hombre.

El budista considera el sufrimiento como el problema número uno de la condición humana.

Esta liberación es el punto central del mensaje búdico, del primer sermón que Buda pronunció tras haber alcanzado la iluminación.

Mensaje que enuncia en su parte principal las Cuatro Verdades:

"He aquí, oh bhiksus (monje), la Noble Verdad sobre dukkha (el sufrimiento y el dolor). El nacimiento es dukkha, la vejez es dukkha, la enfermedad es dukkha, la muerte es dukkha, estar unido a lo que no se ama, es dukkha, estar separado de lo que se ama, es dukkha, no tener lo que se desea, es dukkha; en resumen, los cinco agregados de adhesión son dukkha. He aquí, oh bhiksus, la Noble Verdad sobre la causa de dukkha. Es esa sed que origina el volver a existir y el volver a devenir, que va unida a una apasionada avidez, y que encuentra un nuevo goce tan pronto aquí como allá; esto es, la sed de los placeres de los sentidos, la sed de la existencia y del devenir, y la sed de la no existencia.

He aquí, oh bhiksus, la Noble Verdad sobre la supresión de dukkha. Es la supresión completa de esa sed, abandonarla, renunciar a ella, liberarse de ella, desligarse de ella.

He aquí, oh bhiksus, la Noble Verdad sobre el camino que lleva a la supresión de dukkha. Es el Noble Camino Octuple: la vista justa, el pensamiento justo, la palabra justa, la acción justa, los medios de existencia justos, el esfuerzo justo, la atención justa, la concentración justa".

LIBRO DE DZYAN

LIBRO DE DZYAN: Este libro, cuyo nombre deriva de la voz sánscrita dhyân (meditación mística), es el primer volumen de los Comentarios sobre los siete folios secretos de Kiu-te, y un glosario de las obras públicas de igual nombre

En la biblioteca de cualquier monasterio pueden hallarse en posesión de los lamas gelugpa tibetanos, treinta y cinco volúmenes de Kiu-te para fines exotéricos y para uso de los laicos, y además, catorce libros de comentarios y anotaciones sobre los mismos, escritos por Maestros iniciados

Estos catorce libros de Comentarios, algunos de los cuales son de una antigüedad incalculable, contienen una recopilación de todas las ciencias ocultas

(Doctrina Secreta, III, 405).

LIBRO TIBETANO DE LOS MUERTOS

Libro de instrucciones y de preparación para la muerte y los ritos con los moribundos.

Se aplicaban sobre todo en el budismo tibetano en el que los enfermos se deben enfrentar a la muerte mirando de cara a la clara luz del vacío ayudados de un maestro; a la realidad misma de la muerte.

La finalidad es evitar volver a nacer o asegurarse un segundo nacimiento humano.

LIBRO TIBETANO DE LOS MUERTOS

Llamado también Bardo Thodol.

Es una guía espiritual en la que se describe el proceso por el que pasan las almas tras la muerte; una serie sucesiva de planos que conducen, en el caso de las almas más evolucionadas, a la fusión en la luz pura de la divinidad.

LOBHA

LOBHA: En el budismo es una de las tres raíces del estado miserable de la condición humana, "la concupiscencia".

Para erradicarla se debe emplear la disciplina ética y la oración, así como la práctica de la generosidad.

Las otras dos raíces son "dosa" y "moha", el odio y el engaño, respectivamente.

Ver Alobha.

LOHAN

LOHAN: Designación de quien ha logrado alcanzar la iluminación y la perfección búdica, que originariamente era aplicada a los dieciséis discípulos personales de Buda, que a partir del siglo X aumentaron en dos según la tradición china.

Sus imágenes se colocaron en las salas de los templos, donde se les venera como protectores y guardianes del budismo mundial.

LOKAJIT

LOKAJIT: (Sánscrito). Literalmente: "que ha vencido al mundo", esto es, las afecciones mundanas: un Buddha o un santo budista.

LOKÂNTARAS

LOKÂNTARAS: (Sánscrito). Término búdico que expresa los infiernos situados entre el mundo de aquí abajo y los mundos vecinos.

LOKESVARA

LOKESVARA: Entre los budistas de Camboya es un boddhisattva, llamado el "señor del Mundo", que combina rasgos de Avalokitesvara y de Siva.

LOKEZA

LOKEZA: (loka-îza) (Sánscrito). Literalmente: "Señor del mundo": Brahmâ; un santo budista que ha vencido al mundo. -Véase: Lokajit.

LOTO

LOTO: Planta acuática ninfácea que simboliza en el budismo la iluminación y que desempeña un papel muy importante en el hinduismo, como referencia a la tierra y al creador del universo.

Ha dado origen a posturas y actitudes religiosas diferentes. Por ejemplo se habla de la "postura del loto" como práctica de meditación que consiste en estar sentado con las piernas cruzadas y el cuerpo recto.

Imagen clásica de representación de Buda.

La localidad de Benarés se considera "el loto del mundo"...

LOTUS SUTRA

LOTUS SUTRA: Escritura budista mahayana compuesta por los sermones de Buda a los dioses, demonios, reyes y poderes cósmicos.

En él se encuentra la doctrina mahayana sobre la eternidad de Buda, la capacidad de llegar a su condición divina, la compasión y el poder de los Bodhisattvas.

Está considerada la base de la secta nicherenita japonesa.

LU TSUNG

LU TSUNG: Secta budista fundada por Tao Hsun (595-667) en el siglo VII. Está basada en el vinaya hinayanista y se preocupa más de la organización y el gobierno de los monasterios que de las sutilezas doctrinales.

LUMBINI

LUMBINI: Lugar del nacimiento de Buda, que es uno de los cuatro puntos a los que los budistas acuden en peregrinación.

Su descripción en la literatura budista es la de un parque situado en el territorio de la tribu sakya. Fue visitado por el emperador Asoka como atestigua una columna erigida por el monarca con la inscripción:

Cuando el rey Devanampiya Piyyadesi llevaba ungido veinte años, vino en persona y veneró (este lugar) porque aquí había nacido el Buda Sakyamuni. Mandó hacer una estela con un caballo y erigir una columna de piedra (a fin de demostrar) que el Bienaventurado había nacido aquí".

El lugar donde ha sido encontrada la columna es Rumindei, unos tres kilómetros al norte de Bhagavanpura en el Nepal.

LUQMAN

LUQMAN: Los musulmanes hablan de una figura legendaria que figura en el Corán dando nombre a la sura 31, "Sura de Luqman", en donde da una serie de consejos a su hijo.

La tradición posterior le ha atribuido algunas fábulas e incluso se le ha intentado identificar con un esclavo etíope.

"Agraciamos a Luqmán con la sabiduría, diciéndole: "Agradece a Dios". Mas, quien agradece ciertamente, lo hace en beneficio propio; en cambio, quien desagradece, ciertamente Dios es de suyo opulento, loable.

Recuérdate de cuando Luqman dijo a su hijo, exhortándole: Oh, hijito mío, no atribuyas coopartícipes a Dios, porque la idolatría es una grave iniquidad".

M

MADHYAMIKA

MADHYAMIKA: Escuela filosófica budista fundada por Nagarjuna en el siglo II.

Enseña la negación de todos los conceptos empíricos, tales como los dhammas.

Aunque este concepto de negación aparece en los textos del Prajnaparamita, es Nagarjuna quien lo formula de tal manera que lo convierte en fundamento de una nueva escuela filosófica budista.

La Madhyamika criticó el Theravada afirmando que el método de análisis desarrollado por el Abhidhamma, si bien se mantenía fiel a la doctrina de Buda en cuanto que rechazaba la noción de existencia real y eterna de la personalidad, descomponiendo al mismo tiempo el individuo humano en khandhas y éstos en elementos constitutivos de la existencia, no lograba alcanzar sus últimas consecuencias lógicas.

Eso suponia, según Nagarjuna, interrumpir arbitrariamente el proceso del análisis.

Los dhammas eran también conceptos que debían considerarse únicamente como un momento provisional en el proceso de análisis. Establece una doctrina del Absoluto que sólo podrá realizarse mediante la sabiduría o la intuición, el "prajña", que es en si mismo el Absoluto.

Esta secta atravesó por tres etapas evolutivas sucesivas.

Primero una división del Madhyamika en dos escuelas: Prasangika, representada por Buddhapalita, y Svatantrika, representada por Bhavaviveka; más tarde, a comienzos del siglo VII se reafirmó el Prasangika extremo o método de la reducción al absurdo como norma; por último aparece una sincretización del Madhyamika con la escuela del Yogachara.

Esta última forma se impuso en el Tibet como filosofía predominante.

MÂDHYAMIKAS

MÂDHYAMIKAS: (Sánscrito). Una secta mencionada en el Vichnu-Purâna

Según los orientalistas es una secta búdica, lo cual es un anacronismo

Probablemente era al principio una secta de indos ateos

En la China y el Tibet tuvo su origen una escuela posterior designada con este nombre, la cual enseñaba un sistema de nihilismo sofístico, que reduce cada proposición a una tesis y antítesis, y luego niega la una y la otra

Adopta algunos princípios de Nâgârjuna, que fue uno de los fundadores de los sistemas esotéricos Mahâyâna, no sus parodias exotéricas

La alegoría concerniente al Paramârtha de Nâgârjuna como un don de los Nâgas (Serpientes) prueba que él recibió sus enseñanzas de la escuela secreta de Adeptos, y que, por lo tanto, las verdaderas doctrinas se guardan secretas.

MADHYANTIKA

Discípulo de Ananda. Se lo considera el tercero de los veinticuatro sucesores del buda Shakyamuni.

"Los Principales escritos de Nichiren Daishonin" Glosario Vol. I - II 1995 - 1998 SGIAR.

MAESTRO DEL TRIPITAKA

MAESTRO DEL TRIPITAKA: Título honorífico dado a quienes eran versados en las tres divisiones del canon budista

Con frecuencia se lo confería a los monjes de la India y del Asia Central que iban a la China para traducir las escrituras budistas al chino.

"Los Principales escritos de Nichiren Daishonin" Glosario Vol. I - II 1995 - 1998 SGIAR.

MAGADHA

MAGADHA: Reino situado en la zona norte de la India existente en tiempos de Buda, que tuvo gran importancia en el desarrollo del budismo por haber sido la zona donde éste tuvo su origen.

Era uno de los cuatro grandes reinos indios en el siglo V antes de Cristo (Avanti, Kosala, Vamsas y Magadha).

MAHÂ-MÂYÂ

MAHÂ-MÂYÂ: (Sánscrito). La gran ilusión o manifestación. Este universo y todo cuanto hay en él en sus mutuas relaciones, es denominado Gran Ilusión, o Mahâ-mâyâ.

Este es también el título ordinario dado a la inmaculada madre de Gautama el Buddha, Mâyâdevî, o "Gran Misterio", como la denominan los místicos.

[El universo objetivo.

(Voz del Silencio).]

MAHABODHI SOCIETY

MAHABODHI SOCIETY: Sociedad budista que aparece en Ceilán (Sri Lanka) el año 1891 fundada por el monje cingalés Anagarika Dharmapala.

Defiende la restauración del templo de Maha Bodhi en el norte de la India, donde tuvo lugar la iluminación de Buda, y la revitalización del Buddha Sasana en la tierra que nació.

La Mahabodhi convocó una conferencia en Bouddha Gaya (Bengala) en octubre de 1891 con objeto de obtener el apoyo de todos los budistas. Pero la oposición británica, que gobernaba en aquel momento en la zona, hizo preciso que se recurriese a un largo proceso legal que no finalizó hasta que se proclamó la independencia, y que el nuevo gobierno aprobase el acta del templo de Buddha Gaya el año 1949.

El primer presidente de la sociedad, Ashutosh Mookerjee, logró en 1908 que se introdujera en la Universidad de Calcuta el estudio del pali, con lo que se reanudaron en la India las investigaciones sobre las escrituras canónicas del budismo theravada.

MAHABODHI VAMSA

MAHABODHI VAMSA: Libro budista pali, "La gran crónica del árbol bodhi", escrito en prosa y atribuído a Upatissa que narra la historia del árbol sagrado bajo el que Buda alcanzó la iluminación.

En la introducción se hace remontar el relato hasta los tiempos de un Buda anterior, Dipankara, y sigue después contando como fue llevado a Ceilán un esqueje del árbol.

MAHAKASHYAPA

MAHAKASHYAPA: Uno de los diez discípulos principales de Shakyamuni

Nació en una familia brahmánica, conoció a Shakyamuni en Magadha y se convirtió en su discípulo

Se lo conocía como el primero en prácticas ascéticas (dhuta) para purificar la mente y el cuerpo

Después de la muerte de Shakyamuni, Mahakashyapa, como titular de la orden, presidió el Primer Gran Concilio para recopilar los sutras

Luego, propagó las enseñanzas del Hinayana, durante dos décadas, como el primero de los veinticuatro sucesores de Shakyamuni

Murió, en el monte Kukkutapada, en Magadha, después de transferir las enseñanzas a Ananda.

"Los Principales escritos de Nichiren Daishonin" Glosario Vol. I - II 1995 - 1998 SGIAR.

MAHAKASSAPA THERA
MAHAKASSAPA THERA: Nombre de uno de los discípulos de Buda que aparece mencionado en diversos textos canónicos.

Se dice que vivió hasta edad avanzada.

MAHANIKAYA
MAHANIKAYA: Secta perteneciente al budismo theravada de Camboya y Taiñandia, cuya diferencia con la ortodoxia es tan mínima que se la ha comparado con una especie de orden religiosa al estilo católico.

MAHAPADANA-SUTTA
MAHAPADANA-SUTTA: Uno de los suttas (discursos) del canon pali donde se habla de los siete Budas que existieron antes de Gautama.

MAHÂPARINIBBÂNA SUTTA
MAHÂPARINIBBÂNA SUTTA: (Pali). Una de las más autoritativas escrituras sagradas de los budistas.

MAHAPARINIBBHANA SUTTA
MAHAPARINIBBHANA SUTTA: Libro del canon pali, uno de los más extensos, que relata los acontecimientos que vivió Buda durante su último año, su muerte, la incineración de su cuerpo y el reparto de sus reliquias.

MAHAPRAJAPATI
MAHAPRAJAPATI: Hermana menor de Maya, madre de Shakyamuni

Crió al Buda a partir de 1a muerte de Maya, producida poco después del parto

Fue la primera monja de la Orden budista

El capítulo "El aliento a 1a devoción" (13) del Sutra del Loto predice que llegará a ser una buda llamada "La Que Así Llega Vista con Deleite por Todos los Seres Vivientes".

"Los Principales escritos de Nichiren Daishonin" Glosario Vol. I - II 1995 - 1998 SGIAR.

MAHÂRÂJÂS

MAHÂRÂJÂS: o Mahârâjahs. Los Cuatro. (Sánscrito). Entre los budistas del Norte, son las cuatro grandes divinidades kármicas, colocadas en los cuatro puntos cardinales, para guardar la humanidad.

[Mahârâjâs o Devarâjâs son los cuatro regentes que presiden, respectivamente, los cuatro puntos cardinales, gobernando las Fuerzas cósmicas de dichos puntos, cada una de las cuales tiene una distinta propiedad oculta.

Estos seres son los protectores de la humanidad y se hallan relacionados con el Karma, del cual son agentes en la tierra, razón por la que se les designa también con el nombre de "dioses kármicos".

-Véase: Lipika, Señores del Karma, Cuatro Mahârâjâs, Inteligencias, etc.

-Con el nombre de Mahârâjah o Vallabhâchârya se designa una secta oriental que practica el más vergonzoso y desenfrenado culto fálico.

(Clave de la Teosofía, pág. 280.) -Véase: Goswâmi Mahârâjah y Vallabhâchârya.]

MAHASANGHIKAS

MAHASANGHIKAS: Uno de los grupos más importantes del budismo primitivo que se remonta al siglo IV antes de Cristo, y que representa el primer cisma de la historia del budismo.

Se trata de un grupo mucho más liberal, menos estricto en la interpretación de las reglas, que ponían en duda la pureza absoluta de los arhat.

Consideraban a Buda como un ser supramundano.

MAHASATIPATTHANA SUTTA

MAHASATIPATTHANA SUTTA: Obra budista pali considerada uno de los suttas (discursos) más importantes, que contiene el sermón que fue pronunciado por Buda ante los monjes de Kammassadamma sobre las bases de la concentración mental como medio para obtener el nirvana, y sobre las cuatro nobles verdades.

Su recitación se tiene por sumamente beneficiosa, especialmente a la hora de la muerte.

Incluidos en él están el Digha Nikaya, dividido en dos partes: Satipatthanna Sutta y Sacchavibhanga Sutta, y el Majjhima-Nikaya.

MAHAVANSA

MAHAVANSA: Es la gran crónica pali que cuenta la historia del budismo en la India hasta que fue introducido en Ceilán, así como los acontecimientos subsiguientes en la isla hasta la época del rey Mahasena.

Se suele atribuir su paternidad a Mahanarria en el siglo VI.

Su contenido es muy semejante al del Dipavamsa, aunque se diferencia de éste en que añade nuevos materiales y en que adopta la forma de poema épico.

Posee una continuación, Chulavamsa.

MAHÂVANSO

MAHÂVANSO: (Pali). Obra histórica búdica escrita por el bhikchu Mohânâma, tío del rey Dhatusma

Es una autoridad en la historia del Budismo y su difusión en la isla de Ceilán.

MAHAVASTU

MAHAVASTU: Es el "Gran tema" o el "Gran Acontecimiento", escrito budista en sánscrito que forma parte del Vinaya Pitaka de la escuela Lokottaravada del Mahasanghika.

Contiene una biografia de Buda conforme a la idea de esta secta, es decir a la exaltación de los Budas por encima del mundo o "lokuttara", y que únicamente de una manera convencional y externa se amoldan a la existencia mundana.

Esta idea representa un paso intermedio hacia el Mahayana plenamente desarrollado.

MAHAYANA PROVISIONAL

MAHAYANA PROVISIONAL: Todas las enseñanzas del Mahayana expuestas con anterioridad al Sutra del Loto

Son llamadas "provisionales" porque Shakyamuni las utilizó como medios para elevar la comprensión de sus discípulos hasta el punto en que ellos pudieran comprender el Sutra del Loto

"Los Principales escritos de Nichiren Daishonin" Glosario Vol. I - II 1995 - 1998 SGIAR..

MAHAYANA VERDADERO

MAHAYANA VERDADERO: El Sutra del Loto. Las enseñanzas Mahayana se dividen en dos categorías: provisionales y verdadera

El Mahayana provisional se expuso sólo como un medio para conducir a las personas gradualmente al Sutra del Loto

El Mahayana verdadero también es llamado así, porque revela plenamente la iluminación del Buda

"Los Principales escritos de Nichiren Daishonin" Glosario Vol. I - II 1995 - 1998 SGIAR.

MAHAYANA

MAHAYANA: Una de las principales escuelas del budismo.

Ver Vehículo grande.

MAHINDA

MAHINDA: Monje budista del siglo III antes de Cristo del que se dice que era hijo del emperador Asoka.

Dirigió una expedición budista a Ceilán que sirvió para conseguir la conversión del rey de la isla.

Murió a la edad de sesenta años.

MAHISAKA

MAHISAKA: Escuela budista del siglo IV, instalada en Ceilán donde apenas ha dejado algunos restos arqueológicos.

MAITREYA BUDDHA

MAITREYA BUDDHA: (Sánscrito). Lo mismo que el Kalkî Avatar de Vishnú (el Avatar del "Cabello Blanco"), y de Sosiosch y otros Mesías. La única diferencia está en las fechas de sus apariciones respectivas. Así, mientras que se espera que Vishnú aparecerá en su caballo blanco al fin del presente Kali-yuga "para exterminio final de los malvados, renovación de la creación y restablecimiento de la pureza, Maitreya es esperado antes

La enseñanza popular o exotérica, diferenciándose muy poco de la doctrina esotérica, afirma que Zâkyamuni (Gautama Buddha) visitó a Maitreya en Tuchita (una mansión celeste), y le comisionó para salir de allí y dirigirse a la tierra como sucesor suyo al expirar el término de cinco mil años después de su muerte (de Buddha)

Para que esto ocurra, no faltan aun 3.000 años

La filosofía esotérica enseña que el próximo Buddha aparecerá durante la séptima (sub)raza de esta Ronda

El hecho es que Maitreya era un secuaz de Buddha, un célebre Arhat, aunque no su discípulo directo, y que fue fundador de una escuela filosófica esotérica

Según declara Eitel (Diccionario Sánscrito-Chino), "se erigieron estatuas en honor suyo en una época tan lejana como el año 350 antes de JC". [Maitreya es el nombre secreto del quinto Buddha, y el Kalkî Avatara de los brahmanes, el postrer Mesías que vendrá a la culminación del Gran Ciclo

-En todo el oriente es una creencia universal que este Bodhisattva aparecerá con el nombre de Maitreya Buddha, en la séptima Raza

(Doctrina Secreta, I, 412, 510).]

MAITREYA

MAITREYA: Según los japoneses es el nombre dado al Buda de los tiempos futuros, al último salvador de la Humanidad.

Se le suele representar como un sonriente hombre gordo que da la bienvenida en los templos a todos los hombres.

Sostiene en una mano una sarta de cuentas de las cuales cada una representa mil años consagrados por él en existencias anteriores a las obras de bondad y misericordia; en la otra mano tiene un saco lleno de cosas buenas que serán repartidas en el futuro.

MAJJHIMA NIKAYA

MAJJHIMA NIKAYA: Colección de los suttas (discursos o sermones budistas) de extensión media, que comprende un total de 152 dispuestos en tres grupos de aproximadamente 50 suttas cada uno.

Fue trasmitido a un anciano llamado Sariputta en el primer concilio budista celebrado tras la muerte de Buda.

MAKA SHIKAN

MAKA SHIKAN: Gran concentración y discernimiento, una de las tres obras principales de T'ien-t'ai, recopilada por su discípulo Chang-an

Elucida el principio de ichinen sanzen, esencia del Sutra del Loto

"Los Principales escritos de Nichiren Daishonin" Glosario Vol. I - II 1995 - 1998 SGIAR.

MAN

MAN : (japonés - Arrogancia) Arrogancia es mostrar más de lo que realmente uno es. Existen siete clases de arrogancia:

1. MAN (Arrogancia) Frente a una persona inferior me considero superior y me muestro soberbio.

2. KA MAN (Arrogancia excedida) Siendo iguales, creo que soy superior y muestro mi soberbia, o aunque el otro es superior creo que

tengo la misma superioridad.

3. MAN KA MAN (Arrogancia excedida de arrogancia) Tanto en el mundo de la fe, como en el de la sociedad a pesar de que el otro es muy superior, deseo mostrar mi propia ilusión de que soy mucho más superior que él.

4. GA MAN (Arrogancia del Yo) Me apego obsesionadamente a mi propia opinión, no pienso en mi alrededor, ni escucho las opiniones de otros e insisto que estoy en lo correcto.

(Esta persona es realmente uno oveja negra y seguramente dentro de vuestro medio ambiente se encontrarán con muchas de ellas).

5. ZO JYO MAN (Más allá de la arrogancia) A pesar de que todavía no domino a este Gran Budismo, pienso que ya lo domino y me comporto como una gran personalidad. (Esta palabra la usamos con mucha frecuencia. Seguramente Uds. verán a muchas personas con esta postura).

6. HI MAN (Arrogancia innoble) Aunque el otro es mucho más excelente y superior que yo, no puedo confiar en él ni respetarlo y creo que soy solamente un poco menos inferior que él.

7. JA MAN (Arrogancia malvada) Pese a que no tengo virtud, ni gozo del respeto y confianza de los demás, manifiesto la soberbia de que tengo una virtud y hago ostentación de ella, mostrando una apariencia majestuosa.

De todo esto, la arrogancia (MAN), hace que no tengamos ni espíritu de búsqueda ni tampoco Fe para poder desarrollarnos más. Las personas que tienen Fe, siempre tienen agradecimiento, espíritu de búsqueda, pueden encontrar a aquellos que los guiarán por el camino de la virtud. Las personas arrogantes carecen de esto: desde el comienzo hasta el fin viven de la critica, la calumnia y la vanidad y no van a poder estar en el mundo armonioso de la Fe. (Argenina Seikyo 1996 - Este es un extracto de la orientación del Pte. Ikeda sobre la arrogancia)

MANAS-KÂMA

MANAS-KÂMA: (Sánscrito). Literalmente: "la mente del deseo [o pasional]". Entre los budistas, es el sexto de los chadâyatanas (véase esta palabra), o sean los seis órganos de percepción o conocimiento, y de ahí el más elevado de éstos, sintetizados por el séptimo, llamado Klichta, la percepción espiritual de lo que vicia este Manas (inferior), o por otro nombre el alma humano-animal, como la denominan los ocultistas

Así como el Manas superior o el Ego está directamente relacionado con el Vijñâna (el décimo de los doce nidânas), que es el conocimiento perfecto de todas las formas de conocimiento, sea referente al objeto o al sujeto con el nidânico encadenamiento de causas y efectos, el inferior, el Kâma-Manas es sólo uno de los indriyas u órganos (raíces) de sentido

Muy poco puede decirse aquí del Manas dual, por cuanto la doctrina que trata de este punto sólo se halla expuesta debidamente en las obras esotéricas

Así es que únicamente pueden mencionarse de un modo superficial.

MANAS-TAIJASA
MANAS-TAIJASA: (Manas taijasi) (Sánscrito). Literalmente: el "Manas radiante"; un estado del Ego superior que sólo los más grandes metafísicos son capaces de concebir y comprender

[Es el alma humana (Manas) iluminada por la radiación del Buddhi.]

MANIFESTACIONES DEL BUDA
MANIFESTACIONES DEL BUDA: Budas. Manifestaciones separadas del buda Shakyamuni, de quien se decía que dividía su cuerpo una cantidad infinita de veces y aparecía en innumerables mundos al instante, para salvar a las personas de ese lugar

"Los Principales escritos de Nichiren Daishonin" Glosario Vol. I - II 1995 - 1998 SGIAR.

MANJUSHRÎ
MANJUSHRÎ: [Manjusri o Mandjusri] (Tibet). El dios de la Sabiduría. En filosofía esotérica es cierto Dhyân Chohan. [Bodhisattva humano

Doctrina Secreta, II, 37.) -En el Budismo del Norte, es el tercer Logos, el Creador

(P. Hoult).]

MÂNUCHI O MÂNUCHI BUDDHAS
MÂNUCHI O MÂNUCHI BUDDHAS: (Sánscrito). Buddhas humanos, Bodhisattvas o Dhyán Chohans encarnados. [Véase: Dhyâni Buddhas.]

MAÑJUSRI
MAÑJUSRI: Uno de los dos bosdhisattvas más importantes del Mahayana; el otro es Avalokitesvara, que personifica la compasión.

Mañjusri encarna la sabiduría.

La iconografía budista le representa portando en sus manos la espada de la ciencia y un libro que simboliza la sabiduría.

MAR DEL SUFRIMIENTO

MAR DEL SUFRIMIENTO: En el Budismo, los sufrimientos causados por el interminable ciclo de nacimiento y muerte suelen compararse con un gran océano difícil de atravesar.

"Los Principales escritos de Nichiren Daishonin" Glosario Vol. I - II 1995 - 1998 SGIAR.

MARÁ

MARÁ: Las escrituras budistas aluden a él como "el malo".

Es considerado un ser demoníaco enemigo por excelencia de todo el que aspira a vivir santamente.

La tradición budista señala que Mara intentó evitar que Buda llegara a la iluminación.

Mara aparece a lo largo del ministerio de Buda disfrazado a veces bajo apariencia humana o de animal, pero siempre es rechazado, sin conseguir su propósito de desviar la atención de Buda. En el canon budista encarna la concupiscencia, el odio y el engaño.

MARPA

MARPA: Fundador de la escuela Kagyupa del budismo tibetano, siglo XI, una de las escuelas reformadoras de los "Bonetes Amarillos", que defendía que lo esencial es la pureza de corazón, la devoción y la sinceridad en las prácticas cotidianas haciendo realidad el proverbio tibetano: "si alguno se lo propone y se ejercita en ello, puede alcanzar el nirvana incluso quedándose en su casa".

MÂTRIKÂ

MÂTRIKÂ: (Sánscrito). El Abhidharma o tercera parte del Tripitaka de los budistas.

MAUDGALYAYANA

MAUDGALYAYANA: (En jap.: Mokuren.) Uno de los diez discípulos principales de Shakyamuni

Nació en una familia brahmánica y fue íntimo amigo de Shariputra desde la niñez.

Al principio, fue un estudioso del Brahmanismo, pero se sintió insatisfecho con su filosofía y se convirtió en discípulo del escéptico Sanjaya Velatthiputta, líder de uno de los seis nuevos movimientos filosóficos

Desencantado una vez más, se convirtió en discípulo de Shakyamuni

Se dice que era particularmente talentoso para las prácticas ocultas.

MEDITACION

Es uno de los tres elementos esenciales del camino budista.

Los otros dos son la moral, que precede y que debe acompañar siempre a la meditación, y la sabiduría que viene a ser el fruto de la misma.

Es algo más que una relajación, es una actividad, una disciplina, por la que el individuo emprende la tarea de dominar el pensamiento para destruir los elementos negativos para la mente.

MEDITACIÓN

Es el procedimiento mediante el cual, un adepto intensifica su concentración, para lograr un estado de iluminación, de éxtasis o los dos simultáneamente.

Valorar ciertas ideas o seguir una corriente intelectual concreta.

MEDITACIÓN

(de J.Krishnamurti) La meditación es descubrir si el cerebro, con todas sus actividades y experiencias, puede estar absolutamente callado, sin forzarlo, porque tan pronto como usted lo fuerza, ahí está de nuevo la dualidad.

Pero si vigila, si escucha todos los movimientos del pensamiento, su condicionamiento..., deseos, temores, verá que éste se aquieta extraordinariamente.

Esa quietud no significa que duerma, sino que está totalmente activo y, por lo tanto, en silencio: Una enorme dínamo que funcione a la perfección apenas produce ruido; únicamente hay ruido cuando hay fricción.

Medio científico de contactar con la propia alma y de convertirse finalmente en uno con ella.

También es el proceso de estar abierto a la impresión espiritual y así a la cooperación con la Jerarquía Espiritual.

MEDITACIÓN

Es una inmemorial disciplina obligada en todas las religiones y escuelas esotéricas.

Se fundamenta este proceder en el entendido que cualquier interrogación trascendente puede ser sólo contestada desde lo interno, ya que toda solución yace en las profundidades de ese universo que es el hombre.

Debe ser practicada asiduamente por quienes se esfuerzan en realizar un desarrollo espiritual positivo, aunque después de haber practicado la concentración durante un cierto tiempo, y tiene por finalidad:

a) Conocer por medio de la mente todo lo referente a un pensamiento-forma creado por la imaginación, asunto o tema;

b) La perfección del carácter reflexionando sobre ciertas cualidades;

c) La contemplación y la adoración, cuya finalidad —la más alta aventura del espíritu— es la unión con la Divinidad.

Método de Meditación: 1) En posición cómoda o sentado sin tensión, crear por medio de la concentración un pensamiento-forma y al mantener enfocada la mente reflexionando sobre el mismo, se aprenderá todo lo referente al objeto así creado.

Puede también meditarse sobre algún tema animado o inanimado, pasado, presente o futuro, con preferencia elevado. 2) Meditar sobre alguna cualidad o virtud específica de la que se carezca, tomando ciertas palabras como tema clave, por ejemplo: perseverancia, pureza, generosidad. etc., con el propósito de construir o mejorar el carácter.

METTA

METTA: Término budista que significa benevolencia, una de las cuatro moradas espirituales.

Ver Brahma Vihara.*

MI LEI

MI LEI: El más poderoso Bodhisattva después de Kuan Yin en el panteón budista chino.

Su imagen aparece cerca de la entrada en los templos budistas, como un hombre obeso y sonriente, de forma que en occidente se le conoce como el Buda risueño.

MIAO-LO

MIAO-LO: 711-782. (En jap.: Myoraku.) Noveno sucesor de la escuela T'ient'ai en la China

Es reverenciado como el restaurador de la escuela

Autor de profundos comentarios sobre las tres obras principales de T'ient'ai, contribuyó, así, a la sistematización teórica de las enseñanzas de éste

Los principales comentarios de Miao-lo son el Hokke Gengi Shakusen, el Hokke Mongu M y el Maka Shikan Bugyoden Guketsu.

"Los Principales escritos de Nichiren Daishonin" Glosario Vol. I - II 1995 - 1998 SGIAR.

MILAREPA

MILAREPA: Santo budista tibetano del siglo XI, que vivió en una cueva alimentándose de ortigas.

Escribió su autobiografía y un libro de cantos que son las obras más leídas en el Tibet.

MILINDA

MILINDA: Monarca cuyas charlas con el monje budista Nagasena se incluyen en el texto pali Milinda Panha, escrito no canónico compuesto al estilo de los suttas.

Contiene citas del canon pali y representa el punto de vista de la escuela del Theravada.

La obra está dividida en ocho secciones, en cada una de las cuales se tratan diez a doce cuestiones.

Estas versan sobre ciertos problemas que pueden plantearse a todo el que ya esté familiarizado con las ideas y prácticas budistas, pero que ha llegado a advertir ciertas oscuridades o inconsecuencias en las mismas.

MINAMOTO NO YORITOMO

1147-1199. Fundador del "sogunato" de Kamakura, que fue el primer gobierno militar del Japón

En 1159, se unió a su padre Yoshitomo en un intento fallido de derribar al poderoso guerrero Taira no Kiyomori, hecho conocido como los "disturbios de Heiji"

En 1185, durante la batalla naval de Dannoura, las fuerzas de Minamoto derrotaron a las del clan Taira, lo cual marcó el fin de la hegemonía de estos últimos

A partir de entonces, Yoritomo consolidó su régimen y estableció finalmente el "sogunato" de Kamakura en 1192.

"Los Principales escritos de Nichiren Daishonin" Glosario Vol. I - II 1995 - 1998 SGIAR.

MIROKU

MIROKU: (En sánscrito.: Maitreya.) Bodhisattva nacido en una familia brahmánica en la India meridional

Se convirtió en discípulo de Shakyamuni y falleció antes que éste

Según el Sutra Miroku Josho, renació en el Cielo Tushita, y el Sutra Bosatsu Shotai predijo que reaparecería en este mundo 5670 millones de años después de la muerte del Buda, para enseñar la Ley

Las persistentes preguntas del bodhisattva Miroku indujeron a Shakyamuni a exponer el capítulo "Juryo" en la ceremonia del Sutra del Loto.

"Los Principales escritos de Nichiren Daishonin" Glosario Vol. I - II 1995 - 1998 SGIAR.

MISERICORDIA

MISERICORDIA: Tener misericordia quiere decir sentir el sufrimiento de los demás como si fuera el de uno

Porque el Buda tiene profundo deseo de salvar a los demás, se pregunta, casi en una agonía, qué puede hacer para lograr ese anhelo

Esta misericordia da origen a la sabiduría

Este es el poder de los medios hábiles y el arte de la educación humana

Por lo tanto, en cierto sentido, puede decirse que un buda es alguien que siempre se desvela hasta la agonía pensando cómo desarrollar la capacidad de los demás para que estos logren ser felices y puedan cumplir su propia misión. (Daisaku Ikeda en La sabiduría del Sutra del Loto: Diálogo sobre la religión en el siglo XXI, Sección 6, fascículo 3, p. 33)

MITTA

MITTA: (Pali). Benevolencia compasiva. Esta doctrina ennoblece el Budismo y coloca a éste en un lugar eminente entre las religiones del mundo

Esta voz es sinónima de Maitreya (véase esta palabra), nombre del Buddha venidero

(Olcott, Catecismo búdico, 42da. Edic., pág 47).

MOGGALANA

MOGGALANA: Maha Moggalana Thera es uno de los principales discípulos de Buda, que se convirtió al budismo tras escuchar un sermón.

Fue alabado por el mismo Buda, según la tradición, a causa de su habilidad para exponer el camino a los demás monjes.

Falleció antes que Buda víctima del ataque de unos bandidos.

MOGGALIPUTTA TISSA

MOGGALIPUTTA TISSA: Monje budista que presidió el tercer concilio celebrado en Patna, bajo el reinado del emperador Ashoka.

Se le atribuye el tratado pali Kathavathu que actualmente se cuenta como el quinto de los siete libros del Abhidhammapitaka de la escuela theravada.

MONA

MONA: Término budista que significa ilusión, engaño y que se refiere a la visión errónea de las cosas características del hombre que no ha llegado a la iluminación.

Es una de las tres raíces del mal junto a dosa y lobbha.

MONJU

MONJU: (En sánscrito.: Manjusri.) Adalid de los bodhisattvas de la enseñanza teórica

Representa la virtud de la sabiduría.

"Los Principales escritos de Nichiren Daishonin" Glosario Vol. I - II 1995 - 1998 SGIAR.

MONJUSHIRI

MONJUSHIRI: (En sánscrito.: Manjushri.) También, Monju. Líder de los bodhisattvas, a quien el Buda enseñó y convirtió, en la etapa de su identidad transitoria. Representa las virtudes de la sabiduría y la iluminación, y, junto con Fugen, aparece descrito en los sutras como uno de los dos bodhisattvas que asistieron a Shakyamuni.

"Los Principales escritos de Nichiren Daishonin" Glosario Vol. I - II 1995 - 1998 SGIAR.

MONTE HIEI

MONTE HIEI: Montaña cercana a Kyoto, donde se encuentra el Enryakuji, templo principal de la escuela Tendai

En los escritos de Nichiren Daishonin, el término "monte Hiei" se utiliza con frecuencia para aludir a ese templo.

"Los Principales escritos de Nichiren Daishonin" Glosario Vol. I - II 1995 - 1998 SGIAR.

MORIYA

MORIYA: falleció. 587. Mononobe no Moriya, oficial de la corte de Yamato que se opuso a la introducción del Budismo en el Japón.

Tiempo después, el príncipe Shotoku y Soga no Umako, un entusiasta patrocinador del Budismo, lo vencieron en combate.

"Los Principales escritos de Nichiren Daishonin" Glosario Vol. I - II 1995 - 1998 SGIAR.

MORYA

MORYA: (Sánscrito). Una de las casas budistas reales de Magadha, a la cual pertenecían Chandragupta y su nieto Azoka

Es también el nombre de una tribu râjput.

MRITYUSAINYA

MRITYUSAINYA: (Sánscrito). Literalmente: "ejército de la muerte": las pasiones, en lenguaje búdico.

MUHENGYO

MUHENGYO: Ver "Cuatro (Grandes) Bodhisattvas".

"Los Principales escritos de Nichiren Daishonin" Glosario Vol. I - II 1995 - 1998 SGIAR.

MUNDO DE LA FORMA Y DEL DESEO

MUNDO DE LA FORMA Y DEL DESEO: Véase "Mundo triple".

"Los Principales escritos de Nichiren Daishonin" Glosario Vol. I - II 1995 - 1998 SGIAR.

MUNDO SAHA

MUNDO SAHA: Mundo en el cual el buda Shakyamuni predica la Ley

Saha significa 'soportar'

El mundo saha es este mundo real, lleno de sufrimientos, donde las personas deben soportar y resistir para sobrevivir.

"Los Principales escritos de Nichiren Daishonin" Glosario Vol. I - II 1995 - 1998 SGIAR.

MUNDO TRIPLE

MUNDO TRIPLE: También, "tres mundos"

Mundo de los seres no iluminados que transmigran a través de los seis senderos

El Kusha ron lo divide en tres:

1) el mundo del deseo, gobernado por diversas apetencias;

2) el mundo de la forma, cuyos habitantes están libres de todos los deseos, anhelos y apetitos, pero todavía conservan forma material y

3) el mundo de lo informe, donde los seres viven libres, tanto de los deseos como de las restricciones materiales.

"Los Principales escritos de Nichiren Daishonin" Glosario Vol. I - II 1995 - 1998 SGIAR.

MUNDOS SUMERU

MUNDOS SUMERU: Planetas. Según la antigua cosmología india, cada mundo tenía un sol, una luna, y un "monte Sumeru" en el centro, rodeado por cuatro continentes

Al continente situado al sur, Jambudvipa, se lo consideraba la tierra en la que se difundía el Budismo.

"Los Principales escritos de Nichiren Daishonin" Glosario Vol. I - II 1995 - 1998 SGIAR.

MUSHO DOJI

MUSHO DOJI: Véase "Tokusho Doji".

"Los Principales escritos de Nichiren Daishonin" Glosario Vol. I - II 1995 - 1998 SGIAR.

MUSMAN

MUSMAN: Las dos categorías divinas más importantes del culto tibetano son divinidades montaña.

Por una parte las musman, divinidades femeninas cuyo papel es esencialmente mántico, pueden encarnarse en los mediums y son las que revelan el sentido de combinaciones adivinatorias.

Y los sk-bla, divinidades de las clases elevadas de la sociedad.

MYO'ON

MYO'ON: (En sánscrito.: Gadgadasvara.) Bodhisattva que acudió a la ceremonia descrita en el Sutra del Loto desde la parte oriental del universo, llamada Tierra Pura y Radiante

De acuerdo con el capítulo "Myo'on" del Sutra del Loto, propaga el Sutra del Loto manifestándose de treinta y cuatro formas

En un pasado remoto interpretó cien mil piezas musicales y contribuyó con ochenta y cuatro mil escudillas incrustadas de joyas para el buda Unraionno

Como recompensa, renació en la Tierra Pura y Radiante y obtuvo diversos poderes místicos.

"Los Principales escritos de Nichiren Daishonin" Glosario Vol. I - II 1995 - 1998 SGIAR.

MYOHO

(Ley Mística), la entidad del universo y sus manifestaciones fenomenales.

Es la realidad del proceso de vivir y morir en todas las formas del Universo. Por lo tanto describe como la vida está eslabonada con el medio ambiente, que es en si mismo el Universo entero. Todo aquello que pertenece el Universo que vemos como lo que no vemos, lo visible y lo invisible.

MYO (lo místico)

El carácter chino "mientras yo estaba pensando así, un Buda dorado aparecía de repente en el infierno del sufrimiento incesante. Como mi agonía menguó, yo uní mis manos para rezar y le pregunté ¿qué clase de Buda era él?. El Buda contestó: Yo soy el carácter Myo" (MW. 4 pag 309).

HO (ley)

"Nosotros no estaremos satisfechos hasta que la justicia fluya como el agua y la rectitud como un poderoso arroyo" Martín Luther King

El carácter Ho (drama en sánscrito) significa regla, ley, modelo, patrón.

MYOHO-RENGE-KYO

MYOHO-RENGE-KYO: 1) Título del Sutra del Loto de Shakyamuni

2) Verdadera entidad de la vida, ley de Nam-myoho-renge-kyo.

"Los Principales escritos de Nichiren Daishonin" Glosario Vol. I - II 1995 - 1998 SGIAR.

"El Daishonin recalca que es una falacia creer que Myoho-rengue-kyo o el Sutra del Loto son sólo el título de un sutra

En verdad, se trata de nuestra propia vida. Indica que allí están las palabras empleadas por el Buda para hacer surgir nuestra naturaleza primigenia (nuestra verdadera entidad)

¿Cómo se transforma nuestra vida cuando captamos esto con lo más hondo de nuestro ser? Esto queda claro en otro pasaje: "Cuando lo comprendemos, las ilusiones bajo cuya influencia hemos venido viviendo desde el pasado sin comienzo hasta el presente desaparecen por completo, como sueño del ayer"

En otras palabras, las creencias engañosas o la ilusión de que no somos más que seres pequeños e insignificantes desaparecen sin dejar rastros, como un sueño de la noche anterior. (...) Cuando uno comprende la verdadera entidad de todos los fenómenos, el Buda y los seres vivientes son, en realidad, una sola existencia, no dos separadas"

(Katsuji Saito, Haruo Suda y Takanori Endo en La sabiduría del Sutra del Loto: Diálogo sobre la religión en el siglo XXI, Sección 8, fascículo 4, pp. 43-44)

"Los cinco caracteres de Myho-rengue-kyo representan la novena conciencia, mientras que el capítulo 'Medios hábiles' expone los niveles desde la octava hasta la primera conciencia

La novena conciencia es el plano de la iluminación, mientras que los otros niveles, del primero al octavo, son el plano de la ilusión

Ya que el capítulo se titula 'Myoho-rengue-kyo Hoben-bon' (Sutra del Loto de la Ley Mística, capítulo 'Medios hábiles'), indica que la ilusión y la iluminación no son dos cosas diferentes

Es decir que, en toda la miríada de fenómenos y en los tres mis aspectos o estados, no hay uno solo que no sea parte d ela verdad del medio hábil de Myoho-rengue-kyo"- (Gosho Zenshu, p. 794, citado por Takanori Endo en La sabiduría del Sutra del Loto: Diálogo sobre la religión en el siglo XXI, Sección 6, fascículo 3, p. 39)

MYOJI-SOKU

MYOJI-SOKU: Indica la primera de las seis etapas de la práctica expuesta por T'ien-t'ai

Ver también "seis etapas de la práctica en la enseñanza perfecta".

"Los Principales escritos de Nichiren Daishonin" Glosario Vol. I - II 1995 - 1998 SGIAR.

N

NAM

Devoción, la acción de practicar Budismo.

Significa "consagrar la vida de uno al Buda". El objeto de la devoción de uno es, por lo tanto, el elemento decisivo de la felicidad. A través de la palabra Nam nos permite utilizar la fuerza inherente en nuestra vida.

El carácter Nam usado por los budistas se compone de dos caracteres chinos principales. Nam en la parte de arriba y Wu en la parte de abajo. NamWu no tiene significado en chino, es un sonido construido por los tempranos chinos budistas para imitar el sonido de la palabra sánscritorita Namas. Namas se interpreta como devoción. Antiguamente está asociada a la palabra "yugo". Tiempo atrás las carretas eran el medio de transporte fundamental para los pueblos, trayendo comida, remedios, personas y cada vez que hacían su aparición un observador gritaba "namas!". Los budistas usaron este término para significar: "escuche", "dese cuenta", "preste mucha atención", "muestre respeto"; cuando se recita la palabra del Buda.

RENGE (Loto florece, da flores y semillas al mismo tiempo) La simultaneidad de causa y efecto.

El Budismo esclarece esta ley de causalidad en todos los fenómenos del universo.

Renge es el poder inherente de la vida de purificarse a sí misma.

KYO (sutra, la voz o enseñanza del Buda) armonía de todos los fenómenos.

En un sentido más amplio, incluye las actividades de todos los seres vivos y fenómenos a través del universo. Esta idea de armonía esencial de la vida queda asociada a Kyo como los "sonidos" o mejor dicho "vibraciones" que resuenan en uno y en los demás, en equilibrio cósmico.

NAM MYOHO RENGE KYO Describe la realidad de cada momento de la vida a través de la causa y efecto. Apareciendo y desapareciendo por medio del presente , pasado y futuro en el vasto universo.

Por lo tanto su invocación es el método más sofisticado por el cual los seres humanos revelarán sus mejores cualidades acompañados del ritmo universal para poder transformarse en personas felices.

NAM-MYOHO-RENGE-KYO

NAM-MYOHO-RENGE-KYO: Ley suprema o realidad absoluta que impregna todos los fenómenos del universo

También, es la invocación o daimoku del Budismo de Nichiren Daishonin, que constituye una de las Tres Grandes Leyes Secretas

Véase, también, "Myoho-renge-kyo".

"Los Principales escritos de Nichiren Daishonin" Glosario Vol. I - II 1995 - 1998 SGIAR.

El 28 de abril de 1253, Nichiren Daishonin proclamó por primera vez que la esencia de su enseñanza yacía en invocar Nam-myoho-renge-kyo.

Es la esencia fundamental de la vida. Es la Ley última que penetra todos los fenómenos del universo. Myoho-renge-kyo es la pronunciación japonesa del título chino del Sutra del Loto y Nam es una palabra en sánscrito que significa "devoción", la cual Nichiren Daishonin adicionó para completar la invocación, llamada Daimoku. Componente fundamental del Budismo de Nichiren Daishonin y expresa la entidad verdadera de la vida que deja a las personas sentir su naturaleza iluminada. Aunque el significado más hondo de la Ley sólo puede experimentarse por medio de la práctica, transcribimos su análisis literal sólo para captar su idea.

NAMAH

NAMAH: (o Namas) (Sánscrito). En pâli, namo. Primera palabra de una invocación diaria entre los budistas, que, traducida, dice así: "Humildemente yo creo, adoro o reconozco" al Señor; como: Namo tasso Bhagavato Arahato, etc., dirigida al Señor Buddha

Los sacerdotes son llamados "Señores de Namah" -tanto los budhistas como los taoístas-, porque esta palabra se emplea en la liturgia y en las preces en la invocación del Triratna (véase esta palabra), y con un ligero cambio, en las encantaciones secretas de los Bodhisvattvas y Nirmânakâyas

[Namah significa: salutación, acatamiento, la acción de inclinarse en señal de respeto, reverencia, saludo, adoración, etc.]

NAN-YÜEH

NAN-YÜEH: 515-577. (En jap.: Nangaku.) Maestro de T'ien-t'ai

A los quince años ingresó en el sacerdocio y se concentró en el estudio del Sutra del Loto

En 548, fue envenenado por un rival y casi murió

Sufrió muchas persecuciones similares, pero dedicó toda su vida a la práctica del Sutra del Loto y a entrenar a sus discípulos.

"Los Principales escritos de Nichiren Daishonin" Glosario Vol. I - II 1995 - 1998 SGIAR.

NAYUTA

NAYUTA: (sánscrito.) Unidad numérica india

Las explicaciones difieren según la fuente. El Kusha ron (Recopilación de análisis de la Ley) la define como cien millones (10").

"Los Principales escritos de Nichiren Daishonin" Glosario Vol. I - II 1995 - 1998 SGIAR.

NEMBUTSU

NEMBUTSU: El amidismo se puede resumir en la fórmula "Homenaje al Buda Amitabja", es decir "Nemo Amida Butsu" o lo que es igual abreviado, Nembutsu.

NEN'A

1199-1287. Fundador de la corriente Chinzei, perteneciente a la escuela Tierra Pura

También conocido como Ryochu, se lo considera el tercer patriarca, después de Honen y de Bencho.

"Los Principales escritos de Nichiren Daishonin" Glosario Vol. I - II 1995 - 1998 SGIAR.

NICHIREN SHOSHU

NICHIREN SHOSHU: Secta búdica contemporánea asentada en Japón, que se preocupó por remediar la crisis espiritual que supuso las bombas atómicas caídas durante la II Guerra Mundial en Nagasaki e Hirosima y la posterior implantación de un régimen severo de ocupación norteamericana.

Su filosofía se basa en que el hombre está obligado a respetar la armonía que crea la felicidad y que depende de tres valores: lo bello, lo bueno y lo útil.

NICHIREN

NICHIREN: Secta japonesa fundada por Nichiren Risho Daishi durante el siglo XIII, que conocedor de todas las sectas existentes a su alrededor, sacó la conclusión de que la mejor doctrina es la del loto en la que veía el núcleo del budismo.

Condenó al infierno las sectas del Jodo y Nembotutou; al zen lo llamó diablo en persona; de la shingon afirmó que era peligrosa para el estado, y calificó a la risho de traidora al país.

Su doctrina se basaba en cinco puntos: — Kyo, la sufra del loto, doctrina absoluta del periodo final del budismo.

— Ki, los hombres de esta época son aptos para la doctrina.

— Ji, la única oración adecuada, es la fórmula del sufra.

— Koku, el país adecuado en Japón.

— Jo, la secta nichiren reemplaza a todas las demás.

Es la única que en este periodo aporta bienaventuranza.

En resumen, el secreto de su credo está asentado sobre tres factores fundamentales: el buda sakyamuni, la fórmula de oración y los preceptos.

NIDÂNA

NIDÂNA: (Sánscrito). Las doce causas de la existencia, o una cadena de causación, "un encadenamiento de causa y efecto en todo el transcurso de la existencia, a través de doce eslabones

Este es el dogma fundamental de la doctrina búdica, "cuya comprensión resuelve el enigma de la vida, revelando la inanidad de la existencia y preparando la mente para el Nirvâna"

(Eitel, Diccionario Sánscrito-chino)

He aquí la enumeración de los doce eslabones:

1) Jâti, o nacimiento, con arreglo a uno de los cuatro modos de entrar en la corriente de la vida y reencarnación, o chatur-yonî (véase esta palabra); cada uno de los cuatro coloca al ser nacido en uno de los seis gatis (véase esta palabra)

2) Jarâmarana "decrepitud y muerte", o muerte por vejez, que sigue a la madurez de los Skandhas (véase esta palabra)

3) Bhava, el agente kármico que conduce a cada nuevo ser senciente a nacer en tal o cual modo de existencia en el Trailokya y Gati

4) Upâdâna, la causa creadora de Bhava, que así viene a ser la causa del Jâti, que es el efecto, y esta causa creadora de nacimiento es el apego a la vida

5) Trichná, amor, sea puro o impuro

6) Vedâna, o sensación; percepción por los sentidos; éste es el quinto Skandha

7) Sparza, el sentido del tacto

8) Chadâyatana, los órganos de sensación

9) Nâma-rûpa, la personalidad, esto es, una forma con su nombre correspondiente, símbolo de la irrealidad de las manifestaciones de fenómenos materiales

10) Vijñâna, perfecto conocimiento de toda cosa perceptible y de todos los objetos en su encadenamiento y unidad

11) Samskâra, acción en el plano de ilusión, y

12) Avidyâ, falta de verdadera percepción, o ignorancia

-Como quiera que los nidânas corresponden a las más sutiles y abstrusas doctrinas del sistema metafísico oriental, es imposible profundizar más esta materia

[Nidâna, o causa de existencia, es el principio fundamental de toda la doctrina de Buddha

Dicha palabra significa: cadena de causación, o bien "originación de dependencia"

En su Catecismo búdico, H. S. Olcott enuncia así con sus nombres pâlis los doce nidânas: Avijjâ, ignorancia de la verdad de la religión natural; Samkhârâ, acción causal, o Karma; Viññâna, conciencia de la personalidad, el "yo soy yo"; Nâma-rûpa, nombre y forma; Salayatana, seis sentidos; Phassa, contacto; Vedanâ, sentimiento, sensación; Tanhâ, deseo de goce; Upâdâna, apego; Bhava, existencia individualizante; Jati, nacimiento, casta; Jarâ, marana, sokapardeza, dukka, domanassa, upâyâsa; decaimiento, muerte, dolor, lamento, desesperación. (Obra cit., 42da. Edición, pág. 72)

-Para más detalles, véase: Doctrina Secreta, III, páginas 544 y 585 de la edición inglesa

-Nidâna significa además: causa, origen, causa primera o principal, esencia, forma original, conocimiento de las causas; purificación, pureza; cuerda, atadura, etc.]

NIKAYA

NIKAYA: Palabra budista referida al nombre de una colección de suttas o discursos que forman parte del Tipitaka o canon pali.

Cinco de estos Nikaya forman el Sutta-pitaka: Digha Nikaya; Majjhima-Nikaya; AnguttaraNikaya; Samyutta-Nikaya y el Khuddaka-Nika-ya.

NIKKO SHONIN
1246-1333. Discípulo más cercano a Nichiren Daishonin; fue su legítimo sucesor inmediato.

"Los Principales escritos de Nichiren Daishonin" Glosario Vol. I - II 1995 - 1998 SGIAR.

NIRUKTI
NIRUKTI: (Sánscrito). Explicación de los pasajes obscuros de la Ley búdica.

NIRVANA
NIRVANA: Es la meta final budista, la extinción del karma, la llegada al estado de beatitud que supone el fin del largo ciclo de la existencia, el final de la ignorancia, los esfuerzos y el dolor.

Es la salida final de este mundo, a la que da sentido la tercera Noble Verdad del sermón de Bernarés.

En contra de lo que mucha gente piensa, el nirvana no supone para el budista la aniquilación de su propio Yo, sino la de esa falsa idea que persiste del Yo, para lograr alcanzar el propio Yo puro.

Para acceder al nirvana el devoto cuenta con varios métodos, todos ellos reunidos en el Pequeño Vehículo y en el Gran Vehículo.

Ver Vehículo Pequeño y Vehículo Grande.

NIRVARÂNA
NIRVARÂNA: (Pâli). Impedimiento, obstáculo. "Los cinco nirvarânas [u obstáculos para el progreso espiritual] son: la codicia, la malicia, la pereza, el orgullo y la duda". (Olcott, Catecismo búdico).

NOMBRE, ENTIDAD, CUALIDAD, FUNCIÓN E INFLUENCIA
NOMBRE, ENTIDAD, CUALIDAD, FUNCIÓN E INFLUENCIA: Cinco puntos de vista desde los cuales T'ien-t'ai explicó el Sutra del Loto en su Hokke Gengi

El nombre es el significado del título del sutra; la entidad es el propósito del sutra; la cualidad son las enseñanzas esenciales del sutra; la función es el poder del sutra de salvar al pueblo, y la influencia es el valor de las enseñanzas del sutra

Desde el punto de vista del Budismo del Daishonin, el nombre es Nam-myoho-renge-kyo; la entidad es el Gohonzon; la cualidad es la práctica de invocar, que inmediatamente desarrolla la naturaleza de Buda, y la función es el poder de salvar a todo el pueblo por igual

La influencia de nuestra Budeidad llega a todas las personas a nuestro alrededor.

"Los Principales escritos de Nichiren Daishonin" Glosario Vol. I - II 1995 - 1998 SGIAR.

NOSE

NOSE: (En sánscrito.: Dana.) Nombre de Shakyamuni en una existencia anterior

Nacido en una familia rica, sintió piedad por las personas pobres y sufrientes de su tierra y rogó a su padre que les diera sus tesoros

Cuando el padre agotó los recursos, el príncipe Nose se adentró en el mar para buscar una joya fabulosa perteneciente al rey Dragón

Enfrentó muchas dificultades, pero finalmente halló la gema que concedía los deseos; la llevó con él e hizo que llovieran tesoros sobre el pueblo de su tierra.

"Los Principales escritos de Nichiren Daishonin" Glosario Vol. I - II 1995 - 1998 SGIAR.

NUEVE CONCIENCIAS

NUEVE CONCIENCIAS: Nueve clases de discernimiento

Las cinco primeras corresponden a los cinco sentidos: vista, oído, olfato, gusto y tacto

La sexta conciencia integra las percepciones de los cinco sentidos en imágenes coherentes y formula juicios sobre el mundo exterior

La séptima atañe al mundo espiritual interior y genera la conciencia del yo, y la capacidad de distinguir el bien del mal

La octava está por debajo del nivel de la conciencia; allí se almacenan las experiencias de la vida presente y de las anteriores: el karma

La novena conciencia, que permanece libre de toda impureza "kármica", se define como la base de todas las funciones espirituales y se identifica con la verdadera entidad de la vida (Myoho-renge-kyo).

"Los Principales escritos de Nichiren Daishonin" Glosario Vol. I - II 1995 - 1998 SGIAR.

NUEVE ESTADOS

NUEVE ESTADOS: Nueve estados comprendidos entre el de Infierno y el de Bodhisattva

Algunas veces, se los opone al estado de Budeidad, para indicar los estados transitorios e ilusorios de la vida

Véase, también, "Diez Estados".

"Los Principales escritos de Nichiren Daishonin" Glosario Vol. I - II 1995 - 1998 SGIAR.

NUEVE GRANDES PERSECUCIONES

NUEVE GRANDES PERSECUCIONES: Intentos de asesinar o desacreditar a Shakyamuni

Por ejemplo, Devadatta intentó aplastarlo arrojando una piedra enorme desde lo alto de un risco, y el rey Ajatashatru intentó asesinarlo mediante la estampida de una manada de elefantes salvajes.

NUEVE MUNDOS

NUEVE MUNDOS: Nueve estados de vida comprendidos entre el de Infierno y el de Bodhisattva

Algunas veces se los opone al estado de Budeidad para indicar los estados ilusorios de la vida

Ver también "Diez Estados".

"Los Principales escritos de Nichiren Daishonin" Glosario Vol. I - II 1995 - 1998 SGIAR.

NYORAI

NYORAI: (En sánscrito.: Tathagata.) Uno de los diez títulos honoríficos del Buda

Aquel que comprende la verdadera entidad de la vida.

"Los Principales escritos de Nichiren Daishonin" Glosario Vol. I - II 1995 - 1998 SGIAR.

NYOZE

NYOZE: La palabra nyoze, que traducimos como "factor", significa, literalmente, "así" o "de este modo", "es como", "como esto", o "tal como es"

Indica la verdad universal que penetra todos los fenómenos

Es la entidad coherente, invariable, que comprende todos los fenómenos cambiantes, la naturaleza esencial de la vida

Nuestra vida cambia constantemente de uno a otro de los Diez Estados del Ser, pero tanto el Infierno como la Budeidad, tan diferentes entre sí, poseen en común los diez factores

Mientras los Diez Estados expresan las diferencias entre los fenómenos, los diez factores describen aquella pauta de la existencia, compartida por todos los fenómenos, en la que la entidad de la vida se manifiesta en cada momento

Los Diez Factores ofrecen un modo de examinar y comprender cualquier condición momentánea de la vida en su forma verdadera y exacta, ya esté esa existencia en el Infierno, en Exaltación o en otro cualquiera de los Diez Estados

Los Diez Factores aclaran los elementos que se combinan para hacernos cambiar de un estado a otro.

Antes de revelar la finalidad máxima de la vida Shakyamuni esclareció los principios fundamentales de todos los fenómenos del universo: los Diez Factores de la vida. El capítulo Hoben afirma: "La verdadera identidad de todo fenómeno sólo puede ser comprendida y compartida entre los Budas. Esta realidad consiste en apariencia, naturaleza, entidad, poder, influencia, causa inherente, causa externa, efecto latente, efecto manifiesto y su consistencia del principio al fin". Estos Diez Factores son comunes a todos los Estados de la vida desde el Estado de Infierno al Estado de Buda, de los seres vivos, inanimados, sensibles e insensibles. La diferencia probablemente insuperable entre los nueve estados de las personas comunes y el Estado de Buda está de esta manera completamente ligado. Nada separa al Estado de Buda de los nueve estados, él existe en la vida de las personas comunes. Shakyamuni continúa la explicación diciendo que todos los Budas hacen su aparición porque ellos desean despertar la sabiduría de Buda en todos los seres, mostrarle la sabiduría de Buda, motivarlos a comprender la sabiduría del Buda y conducirlos a la sabiduría del Buda. El dice: "Deseo tomar a todas las personas iguales a mí sin ninguna diferencia". "Los ideogramas chinos con que se escribe "factores" (nyoze), en esta doctrina, significan "tal como es". Así que el Buda proclama, en el sutra, que ha captado y comprendido la verdadera entidad de todos los acontecimientos y existencias individuales (todos los fenómenos) y que las describe así: la apariencia, tal como es (nyoze so), la naturaleza, tal como es (nyoze sho), la entidad, tal como es (nyoze tai), etcétera". (Katsuji Saito en La sabiduría del Sutra del Loto: Diálogo sobre la religión en el siglo XXI, Sección 8, fascículo 4, p. 31)

O

OBAKU

OBAKU: Una de las tres sectas que forman el zen japonés.

Las otras dos son Rinzai y Soto.

Fue introducida en Japón por Ingen siguiendo las doctrinas del famoso maestro chino Huan Po.

Consiguió una rápida difusión durante el siglo XVII por todo el Japón, hasta que en unión de las otras dos conformó el nuevo zen.

Sus prácticas ascéticas apenas se diferencian de las de la secta Rinzai.

Afirman la posibilidad de alcanzar la iluminación repentina, ya que es accesible a los mejores dotados, pero también puede ser alcanzable por todos los demás a través de un procedo gradual.

Consideran a Amina como el espíritu búdico que anima a todo ser vivo, sin existencia fuera del propio individuo.

Realmente en el obaku se advierte con claridad la influencia china, especialmente en la arquitectura de sus templos y en el carácter de sus ceremonias.

OCHENTA MIL ENSEÑANZAS

OCHENTA MIL ENSEÑANZAS: No debe interpretárselo como un número exacto

Con frecuencia, también se utiliza la expresión "ochenta y cuatro mil enseñanzas"

Ambas indican un número infinito.

"Los Principales escritos de Nichiren Daishonin" Glosario Vol. I - II 1995 - 1998 SGIAR.

OCHO CLASES DE SERES INFERIORES

OCHO CLASES DE SERES INFERIORES: Seres que protegen el Budismo

Ellos son: deidades, dragones, demonios llamados yasha, kendatsuba (deidades de la música que viven del perfume), ashura (que viven en los mares), karura (pájaros que comen dragones), kinnara (deidades con voces hermosas) y magoraka (deidades con forma de víbora).

"Los Principales escritos de Nichiren Daishonin" Glosario Vol. I - II

OCHO ENSEÑANZAS

OCHO ENSEÑANZAS: Sistema mediante el cual T'ien-t'ai clasificó los sutras de Shakyamuni

Se dividen en dos grupos: las cuatro enseñanzas de keho (doctrina) y las cuatro enseñanzas de kegi (método)

La primera es una división según el contenido, y la segunda, según el método de enseñanza

Las cuatro enseñanzas de keho son:

1) Zokyo, que corresponde a las enseñanzas del Hinayana. Estas enseñanzas acentúan los preceptos para controlar los deseos mundanos.

2) Tsugyo, las enseñanzas más inferiores del Mahayana provisional dirigidas a las personas en los estados de Aprendizaje, Comprensión Intuitiva y Bodhisattva

En este nivel se introdujo el concepto de ku

3) Bekkyo, el nivel más elevado del Mahayana provisional enseñado exclusivamente a los bodhisattvas.

4) Engyo, o Mahayana verdadero. El nombre se traduce literalmente como 'enseñanza redonda', en el sentido de plena o completa

Engyo indica el Sutra del Loto, la enseñanza más elevada de Shakyamuni, que coloca en perspectiva a todas las demás y revela que todas las personas tienen el potencial de la Budeidad

Las cuatro enseñanzas de kegi son:

1) Ton, que significa 'repentina'. Indica aquellas enseñanzas que Shakyamuni expuso sin dar a sus discípulos conocimiento preparatorio. Un ejemplo es el Sutra Kegon, la primera enseñanza que expuso después de su iluminación en Buddh Gaya.

2) Zen, o 'gradual'. Enseñanzas que Shakyamuni expuso a sus discípulos en niveles progresivos para que pudieran crecer hasta comprender doctrinas más elevadas.

3) Himitsu, o 'secreta'. Enseñanzas de las cuales, sin saberlo, todos recibieron un beneficio diferente, según su capacidad.

4) Fujo, o 'no fijo'

Enseñanzas de las cuales todos recibieron a sabiendas un beneficio diferente ('no fijo').

"Los Principales escritos de Nichiren Daishonin" Glosario Vol. I - II 1995 - 1998 SGIAR.

OCHO ERRORES

OCHO ERRORES: Lo opuesto a los ocho caminos.

Son: creencias, pensamientos, palabras, conductas, formas de vida, estímulos, pensamientos y meditaciones erróneas.

"Los Principales escritos de Nichiren Daishonin" Glosario Vol. I - II 1995 - 1998 SGIAR.

OCHO ESCUELAS

OCHO ESCUELAS: Ocho principales escuelas del Budismo en el Japón, que existieron antes del período Kamakura (1185-1333)

Son las seis escuelas del período Nara, más las escuelas Tendai y Shingon

Las dos últimas adquirieron prominencia durante el período Heian (794-1185).

"Los Principales escritos de Nichiren Daishonin" Glosario Vol. I - II 1995 - 1998 SGIAR.

OCHO FASES DE LA EXISTENCIA DE UN BUDA

OCHO FASES DE LA EXISTENCIA DE UN BUDA: Fases sucesivas que manifiesta un buda en el mundo para salvar a la gente

Son:

1) transmigrar desde el universo;

2) entrar en el cuerpo de su madre;

3) salir del cuerpo de su madre;

4) renunciar al mundo;

5) vencer las funciones demoníacas;

6) lograr la iluminación;

7) hacer girar la rueda de la Ley y

8) entrar en el nirvana.

"Los Principales escritos de Nichiren Daishonin" Glosario Vol. I - II

1995 - 1998 SGIAR.

OCHO GRUPOS DE SERES ANIMADOS

OCHO GRUPOS DE SERES ANIMADOS: Estuvieron presentes en el Pico del Águila, junto con los budas, bodhisattvas y grandes venerables, donde Shakyamuni predicó el Sutra del Loto

Son las deidades que viven en los cielos de yokkai (el mundo del deseo) y de shikikai (el mundo de la materia), los reyes dragones, los reyes kinnara, los reyes kendatsuba, los reyes ashura, los reyes karura y otros reyes, de naturaleza humana.

"Los Principales escritos de Nichiren Daishonin" Glosario Vol. I - II 1995 - 1998 SGIAR.

OCHO INFIERNOS FRÍOS

OCHO INFIERNOS FRÍOS: Ocho infiernos que se dice yacen bajo el continente de Jambudvipa, a un costado de los ocho infiernos calientes

Quienes moran allí atormentados por un frío insoportable

Según el Sutra del Nirvana, estos son los infiernos:

1) de Hahava (en japonés, Ahaha jigoku);

2) de Atata (en japonés, Atata-jigoku);

3) de Alala (en japonés, Alala jigoku);

4) de Ababa (en japonés, Ababajigoku);

5) del Loto Azul (en sánscrito, Utpala; en japonés, Uhatsura-jigoku);

6) del Loto Rojo-sangre (Padma, Hadoma-jigoku o Guren jigoku);

7) del Loto Escarlata (Kumuda, Kumotsuza jigoku) y

8) del Loto Blanco (Pundarika, Fundarị-jigoku)

Los primeros cuatro nombres indican los gritos proferidos por quienes sufren un frío intolerable en estos infiernos

Los nombres de los otros cuatro infiernos aluden a los cambios que sufre la piel de los que soportan esa temperatura inimaginable

Por ejemplo: Se dice que en el infierno del Loto Rojosangre, el frío es tan severo que la espalda se parte, y aparece la carne ensangrentada, semejante a una flor de loto carmesí. Según el Kusha Ron, los ocho infiernos fríos son:

1) el de los Sabañones (en sánscritoríto, Arbuda; en japonés, Abu-

da-jigoku),

2) el de los Grandes Sabañones (Nirarbuna, Nirabudajigoku), 3

) el de Atata;

4) el de Hahava,

5) el de Huhuva (en japonés, Kokoba jigoku);

6) el del Loto Azul;

7) el del Loto Rojo-sangre y

8) el de los Grandes Lotos Rojo-sangre (en sánscrito, Mahapadma; en japonés, Makahadoma-jigoku).En el primer infierno, el intenso frío produce sabañones en todo el cuerpo.

En el segundo, los sabañones se empeoran y, finalmente, estallan

Los tres siguientes reciben el nombre de los alaridos de quienes, allí, viven sufriendo

En el sexto infierno, la carne se torna azul por el intenso frío

En los últimos dos, el frío hace que la carne se abra y parezca las rojas flores del loto. (Argentina Seikyo Nro. 827 20/07/1997)

OCHO NEGACIONES

OCHO NEGACIONES: Ocho expresiones negativas que figuran en el Chu ron de Nagarjuna: "ni nacimiento ni extinción, ni cesación ni permanencia, ni uniformidad ni diversidad, ni ir ni venir"

La doctrina de las ocho negaciones indica que la naturaleza de los fenómenos es la no sustancialidad, el Camino Esencial que trasciende toda dualidad.

"Los Principales escritos de Nichiren Daishonin" Glosario Vol. I - II 1995 - 1998 SGIAR.

OCHO VIENTOS

OCHO VIENTOS: Ocho deseos mundanos: prosperidad, declinación, honor, deshonor, alabanza, censura, sufrimiento y alegría.

"Los Principales escritos de Nichiren Daishonin" Glosario Vol. I - II 1995 - 1998 SGIAR.

OJOS DIVINOS

OJOS DIVINOS: Los "ojos" que en él desarrolló el Señor Buddha a la vigésima hora de su vela, cuando, sentado al pie del árbol Bo, estaba alcanzando la condición de Buddha.

Son los ojos del Espíritu glorificado, para los cuales la materia ha dejado de ser un obstáculo físico, y que tiene la facultad de ver todas las cosas dentro del espacio del ilimitado universo.

A la mañana que siguió a aquella memorable noche, al fin de la tercera vigilia, el "Señor de Compasión" alcanzó el supremo Conocimiento.

OMKÂRA

OMKÂRA: (Sánscrito). [Literalmente: "la palabra OM".] -Lo mismo que OM o AUM.

Es también el nombre de uno de los doce lingams, que estaba representado por un secreto y sacratísimo sagrario de Ujjain, que no existe ya desde el tiempo del Budismo.

ONJO-JI

ONJO-JI: Templo principal de la corriente Jimon, perteneciente a la escuela Tendai

En 993, como resultado de la fricción existente entre los seguidores de Jikaku y los de Chisho, estos últimos dejaron el monte Hiei y se trasladaron al templo Onjo-ji, donde fundaron la escuela Jimon.

"Los Principales escritos de Nichiren Daishonin" Glosario Vol. I - II 1995 - 1998 SGIAR.

OSCURIDAD FUNDAMENTAL

OSCURIDAD FUNDAMENTAL: (En jap.: gampon no mumyo.) Ignorancia de la verdadera naturaleza de la vida. Se considera esta oscuridad fundamental como fuente de todas las demás ilusiones.

"Los Principales escritos de Nichiren Daishonin" Glosario Vol. I - II 1995 - 1998 SGIAR.

PABBAJAKA

PABBAJAKA: Término pali que puede traducirse como "el que no tiene hogar".

Denominación dada en el primitivo budismo a todo aquel que abandonaba su hogar para entrar a formar parte de la orden budista.

PACCHEKA BUDDHA

PACCHEKA BUDDHA: Denominación budista pali referida a aquella persona que ha alcanzado la iluminación por si mismo y que por tanto no pertenece a la categoría de Buda aislado.

Se habla de este tipo de individuos como del Buda silencioso, ya que al haber llegado por si mismo al conocimiento trascendental de la verdad no puede proclamarla a los demás.

Se diferencia por tanto del Buda universal, aquel que puede hacer llegar sus conocimientos a los discípulos.

PADMA-PÂNI

PADMA-PÂNI: (Sánscrito). Literalmente: "que tiene un loto en la mano". Padmapâni, o Avalokitezvara, es el Chenresi tibetano.

Es el gran Logos en su aspecto superior y en las regiones divinas; pero en los planos manifestados es, como Dakcha, el progenitor (en sentido espiritual) de los hombres.

Padmapâni-Avalokitezcara es llamado esotéricamente Bodhisattva (o Dhyân Chohan) Chenresi Vanchung, "el poderoso y omnividente".

Es considerado como el más grande protector del Asia en general, y del Tibet en particular.

A fin de guiar a los tibetanos y a los Lamas en el camino de la santidad y proteger a los grandes Arhats en el mundo, creése que este divino Ser se manifiesta de edad en edad en forma humana.

Dice una leyenda popular que siempre que la fe empieza a extinguirse en el mundo, Padmapâni-Chenresi emite un brillante rayo de luz y se encarna inmediatamente en uno de los dos grandes Lamas: el Dalai y el Teschu.

Se cree, por último, que se encarnará como el Buddha más perfecto en el Tibet.

Padmapâni es la síntesis de todas las razas precedentes y el progenitor de todas las razas humanas después de la tercera, la primera completa.

Se le representa con cuatro brazos (alusión a las cuatro Razas), dos de los cuales están doblados; en la mano del tercero tiene un loto (flor que simboliza la generación), y con la del cuarto tiene cogida una serpiente, emblema de la Sabiduría que está en su poder.

En el cuello lleva un rosario, y sobre la cabeza unas líneas onduladas, signo del agua (materia, diluvio), mientras que en la frente está el tercer Ojo, el Ojo de Shiva, el de la visión espiritual.

Su nombre es "Protector" (del Tibet), "Salvador de la Humanidad".

Esotéricamente, Padmapâni significa Sostenedor de los Kalpas, el último de los cuales es llamado Pâdma, y representa una mitad de la vida de Brahmâ, la edad en que éste surgió del loto.

(Doctrina Secreta, II, 188-189).

Pero ¿quién es Padmapâni en realidad? Cada uno de nosotros ha de reconocerle por sí mismo, cuando se halle dispuesto para ello.

Cada uno de nosotros tiene en su interior la "Joya en el Loto", llámese ésta Padmapâni, Krishna, Buddha, Cristo, o con cualquier otro nombre que demos a nuestro Yo divino.

(Doctrina Secreta, III, 438).

Padmapâni es igualmente un epíteto de Brahmâ y el sol.

Véase: Avalokitezvara y Chenresi.

PADMASAMBHAVA

PADMASAMBHAVA: Tantrista indio del siglo VIII al que se considera como uno de los fundadores del lamaísmo tibetano.

En el año 749 estableció un monasterio en Sam-ye.

En el Tíbet le llaman "el maestro" y "la joya". desempeñó un papel decisivo en el Tíbet transformando los espíritus malos en protectores del dharma, gracias a sus capacidades mentales taumatúrgicas.

PAGODA

PAGODA: Templo budista, lugar de oración y meditación, que está destinada a guardar las reliquias de Buda o de los bodhisattvas.

También es el punto de encuentro de las peregrinaciones.

PALI

PALI: Lengua en la que están redactados los textos del budismo theravada que se extendió originalmente por Ceilán, y en la actualidad en Birmania, Tahilandia, Laos y Camboya.

No se conoce exactamente su origen, aunque se supone que puede provenir de la región de Kosala, al nordeste del Ganges.

Los textos escritos en lengua pali se dividen en dos categorías: canónicos y no canónicos.

La literatura canónica está formada por el Tipitaka, "Los tres cestos": Vinaya pitaka, Suttapitakka y Abhidhamma-pitaka.

Los no canónicos son las crónicas: Dipavamsa, Mahavamsa, Chulavamsa...; los comentarios a los textos canónicos, que son muy numerosos; composiciones basadas en los textos canónicos, manuales o compendios: Milindapanha, Visuddhimagga...

PANCHEN RIMBOCHE

PANCHEN RIMBOCHE: (Tibet). Literalmente: "el gran Océano, o Maestro de Sabiduría". Título del Techu Lama en Tchigadze; una encarnación de Amithâba, "padre" celestial de Chenresi, lo cual quiere decir que es un avatar de Tsong-kha-pa.

(Véase: Son-kha-pa).

De derecho, el Techu Lama es el segundo después del Dalai Lama; de hecho, es superior, puesto que Dharma Richen, el sucesor de Tsong-kha-pa en el áureo monasterio fundado por el último reformador y establecido por la secta de los gelupkas ("casquetes amarillos"), es el que creó los Dalai Lamas en Llhassa, y fue el primero de la dinastía de los "Panchen Rimboche".

Así como a los primeros (Dalai Lamas) se les da el título de "Joya de Majestad", los últimos gozan de un tratamiento muy superior, que es el de "Joya de Sabiduría", puesto que son altos iniciados.

PAÑCHA-ZILA

PAÑCHA-ZILA: (Pañcha-sila). Las cinco virtudes, moralidades o preceptos universales.

Estos cinco preceptos se hallan incluídos en la siguiente fórmula del Budismo: "Yo observo el precepto de abstenerme de destruir la vida de los seres; de abstenerme de robar; de abstenerme de todo comercio sexual ilícito; de abstenerme de mentir; de abstenerme del uso de bebidas embriagantes.

(Olcott, Catecismo búdico, 42da. Edic., pág. 40).

-Véase: Zîla.

PAÑCHAKACHÂYA O PAÑCHAKLEZA

PAÑCHAKACHÂYA O PAÑCHAKLEZA: (Sánscrito). Los "cinco vicios o imperfecciones", según el Budismo: pasión, cólera, ignorancia, vanidad y orgullo.

PAÑÑA

PAÑÑA: Palabra del budismo pali que significa "sabiduría".

Es el tercer y supremo nivel de la vida budista que se basa en la aprehensión directa de las verdades trascendentes relativas a la naturaleza del mundo y de la existencia humana, que al principio han de ser aceptadas por fe, pero con la intención de verificarlas por si mismo y experimentalmente en el curso de una vida conforme a los principios budistas.

Los otros dos niveles son sila o moral y samadhi o meditación.

PARÁBOLA DEL HOMBRE RICO Y EL HIJO POBRE

PARÁBOLA DEL HOMBRE RICO Y EL HIJO POBRE: El Buda ora por la felicidad de todos los seres, lucha por dar felicidad a cada una de las personas, es el padre de todos

Cuando tenemos convicción en este corazón del Buda, florece y se abre nuestra propia sabiduría.

En la parábola del hombre rico, aunque el padre le da al hijo libres facultades para manejar su patrimonio, las riquezas siguen siendo propiedad del padre. El tesoro de la sabiduría del Buda todavía no era una posesión personal del hijo. Cuando por fin el hijo a adoptado una postura magnánima y segura de sí mismo, el padre revela su verdadero nombre y le transfiere todas sus riquezas. Del mismo modo, cuando la capacidad de la gente llegó a un buen nivel de desarrollo, el Buda pudo exponer el Sutra del Loto, su verdadera enseñanza, y conceder a sus discípulos la joya suprema de la Budeidad. "En principio, yo no tenía codicia ni afán alguno de todas estas cosas", piensa el hijo. "Pero ahora, todos estos tesoros vienen a parar a mí sin yo quererlo".

"Cuando, por fin, el hijo adopta una postura magnánima y segura de sí mismo, el padre revela su verdadero nombre y le transfiere todas sus riquezas. Del mismo modo, cuando la capacidad de la gente llegó a un buen nivel de desarrollo, el Buda pudo exponer el Sutra del Loto, su verdadera enseñanza, y conceder a sus discípulos la joya suprema de la Budeidad".(Katsuji Saito en La sabiduría del Sutra del Loto: Diálogo sobre la religión en el siglo XXI, Sección 11, fascículo 6, p. 11)

"El gran maestro T'ien-t'ai de la China interpreta que esta parábola del hombre rico y su hijo pobre se refiere a los cincuenta años de prédica de Shakyamuni. Clasifica sus enseñanzas en cinco categorías conocidas como los "cinco sabores", a partir del proceso por el cual se refina la leche para obtener mantequilla clarificada. El esquema, que por otro lado es muy conocido, se basa en "cinco periodos" de prédica.

Cada uno de los cinco hechos principales de la parábola responde a un significado particular (a), un periodo de enseñanza (b) y un sabor (c).

PARÁBOLA LOS TRES CARROS Y LA CASA EN LLAMAS

PARÁBOLA LOS TRES CARROS Y LA CASA EN LLAMAS: Shakyamuni relata la parábola de los tres carros y la casa en llamas: Supongan, dice el Buda, que un hombre adinerado vive con sus niños en una mansión grande pero venida a menso

Un día, dc buenas a primeras, se produce un incendio en la casa, pero los niños están absortos en sus juegos y no lo notan

Primero el padre piensa en rescatarlos él mismo. Sin embargo, la casa tiene sólo una puerta, y él teme que algunos de los niños puedan morir víctimas del fuego a pesar de sus esfuerzos

Los llama entonces, avisándoles que están en el peligro. "Todos ustedes, salgan rápidamente afuera", grita. Pero los niños no saben lo que es "fuego" y no comprenden su advertencia explícita

El hombre, entonces, sabiendo que sus hijos gustan mucho de los juguetes curiosos y raros, los llama avisándoles que al lado de la puerta hay tres tipos de carros que ellos siempre han deseado: carros tirados por carneros, carros tirados por ciervos, y carros tirados por bueyes. Inmediatamente, los niños corren hacia la puerta para ver los juguetes deseados

Al salir de la casa, los niños exigen los carros que les había prometido el padre. Pero el hombre adinerado les da a cambio un carruaje mucho más grande y más fino, adornados con siete tipos de joyas y guiado por un gran buey blanco."Los tres carros que el padre había prometido representan los tres vehículos: el carro tirado por carneros era el camino de los discípulos que escuchaban la voz (Aprendizaje); el carro tirado por ciervos era le camino de los pratyekabuddhas (Comprensión Intuitiva), y el carro tirado por bueyes, el de los bodhisattvas

Pero el gran carruaje tirado por un buey blanco que el padre le dio a cada hijo era símbolo del estado de Buda, el vehículo único. En otras palabras, representaba la enseñanza mediante la cual uno puede manifestar su Budeidad"

(Haruo Suda en La sabiduría del Sutra del Loto: Diálogo sobre la religión en el siglo XXI, Sección 9, fascículo 5, p. 26)

PARACHITTAJÑÂNA

PARACHITTAJÑÂNA: (Sánscrito). Término búdico que significa: Conocimiento de los pensamientos de otras personas.

PÂRAGATA

PÂRAGATA: (Sánscrito). "Que ha pasado a la otra orilla". En el budismo se aplica este término al santo, al hombre perfecto que, triunfando de todos los obstáculos, mediante la práctica de las Parámîtas, ha alcanzado el Nirvâna.

(Véase: Voz del Silencio, III).

PARAMITA

PARAMITA: Palabra budista empleada en el Mahayana para designar las cualidades que conducen a la iluminación.

Son seis: generosidad, moralidad, paciencia, energía, concentración y sabiduría.

Posteriormente aumentaron hasta diez, añadiendo las habilidades en el uso de los medios necesarios para llegar a realizara las seis pa-ramitas fundamentales.

PÂRAMITÂS

PÂRAMITÂS: (Sánscrito). Perfecciones o virtudes trascendentales, "nobles puertas de virtud que conducen al Bodhi y Prajña, el séptimo escalón de la sabiduría".

Hay seis de ellas para los laicos y diez para los sacerdotes.

En la Voz del Silencio se enumeran las siete siguientes, que son otras tantas "llaves de oro" de los siete Portales que conducen a la "otra orilla" (Nirvâna): Dâna (caridad, amor); Zîla (pureza, armonía en la palabra y en la acción); Kchânti (paciencia); Viraga (indiferencia al placer y al dolor); Vîrya (energía); Dhyâna (contemplación, meditación) y Prajñâ (conocimiento, sabiduría).

Practicar el sendero Pâramitâ es convertirse en un yoguî, con la intención de llegar a ser asceta.

(Voz del Silencio, II y III).

PARI-KAMMA

PARI-KAMMA: (Pâli). En lenguaje búdico, "preparación para la acción"; indiferencia a los frutos de la acción.

Es el segundo grado del Sendero probatorio (P. Hoult). Pari-kamma equivale al sánscrito Pari-karma.

PARI-VRAJ, PARI-VRÂJA, Y PARI-VRÂJAKA

PARI-VRAJ, PARI-VRÂJA, Y PARI-VRÂJAKA: (Sánscrito). En lenguaje búdico es un religioso mendicante que anda errante de un lugar a otro, sin hogar propio.

1) Un brahmán en el cuarto y último grado de su vida religiosa.

2) Un sannyâsi.

3) El chela que ha pasado por su primera iniciación y ha entrado en el sendero.

(P. Hoult).

PARITTA

PARITTA: Cántico budista empleado para que gracias a él tanto los hermanos y hermanas de la orden como los laicos, vivan tranquilos, seguros, protegidos y sin daño alguno.

PARSHVA

PARSHVA: Décimo de los veinticuatro sucesores de Shakyamuni

Según la Crónica de las regiones occidentales nació en el norte de la India y renunció a la vida secular a los ochenta años

En cumplimiento de las órdenes del rey Kanishka, convocó a unos quinientos monjes y recopiló los sutras budistas en Cachemira.

"Los Principales escritos de Nichiren Daishonin" Glosario Vol. I - II 1995 - 1998 SGIAR.

PATIMOKKA

PATIMOKKA: (Pâli). Equivalente al Patimokka sánscrito. Literalmente: "descargo".

En el Budismo, es la confesión pública de los propios pecados.

Una vez cada quince días, cada bhiku (véase esta palabra) hace ante la asamblea confesión pública de sus faltas, y recibe la penitencia que se le impone.

(Olcott, Catecismo búdico, pág. 80).

PATIMOKKHA

PATIMOKKHA: Denominación pali del código moral de los monjes budistas que consiste en una enumeración de más de 200 pecados por orden descendente de gravedad, y que se suele recitar en las asambleas que forman los monjes en cada monasterio durante los días de uposatha (días santos budistas).

PERÍODO HODO

PERÍODO HODO: Tercero de los "cinco períodos".

"Los Principales escritos de Nichiren Daishonin" Glosario Vol. I - II 1995 - 1998 SGIAR.

PERSONAS COMUNES

PERSONAS COMUNES: [el señor Toda] dijo: 'El medio secreto y místico es que seamos personas comunes; la verdad es el hecho de que somos budas

El Gohonzon también está entronizado en nuestro corazón

Por lo tanto, la esencia del Budismo del Daishonin yace en la convicción de que el Gohonzon entronizado en nuestro altar budista es idéntico a nuestra vida'

Las personas comunes somos budas, tales y como somos

Esto es inconcebible; está más allá del alcance de nuestra comprensión

Por eso, es 'místico'. Los que no creen en el Sutra del Loto no pueden entenderlo

Por eso, es 'secreto'. (Daisaku Ikeda en La sabiduría del Sutra del Loto: Diálogo sobre la religión en el siglo XXI, Sección 6, fascículo 3, pp. 37-38)

PICO DEL ÁGUILA

PICO DEL ÁGUILA: (En sánscrito.: Grdhrakuta, en jap.: Ryojusen.) Montaña ubicada al noreste de Rajagriha, capital de Magadha, en la antigua India

Éste fue el lugar en el que Shakyamuni expuso el Sutra del Loto

En inglés se lo llama con frecuencia Pico del Buitre, pero en este libro se lo tradujo como Pico del Águila

También simboliza la tierra de Buda o el estado de Budeidad.

"Los Principales escritos de Nichiren Daishonin" Glosario Vol. I - II 1995 - 1998 SGIAR.

PIYADAZI O PIYADAZÎ

PIYADAZI O PIYADAZÎ: (Pîyadasi) (Pâli). "El hermoso", calificativo del rey Chandragupta (el "Sandracottus" de los griegos) y de Azoka, el rey budista, nieto suyo.

Ambos reinaron en la India central entre los siglos IV y III antes de JC Chandragupta era designado también con el epíteto de Devânâm-piya (amado de los dioses).

[Véase: Âzoka y Chandragupta.]

PO CHÜ-I

PO CHÜ-I: 772-846: Poeta y funcionario de la dinastía T'ang, en la China

Perdió los favores de la autoridad luego de amonestar al gobierno y fue exilado a un lugar distante, en el sur de la China.

"Los Principales escritos de Nichiren Daishonin" Glosario Vol. I - II 1995 - 1998 SGIAR.

POSESIÓN MUTUA DE LOS DIEZ ESTADOS

POSESIÓN MUTUA DE LOS DIEZ ESTADOS: (En jap.: jikkai gogu.) Principio que explica que cada uno de los Diez Estados también tiene el potencial de los diez dentro de sí. Las principales consecuencias de este principio son que uno puede cambiar su estado de vida fundamental y que las personas comunes de los nueve estados poseen inherentemente el potencial para manifestar la Budeidad.

"Los Principales escritos de Nichiren Daishonin" Glosario Vol. I - II 1995 - 1998 SGIAR.

"'Místico', en la expresión 'secreto y místico' se refiere al mismísimo prodigio, a la naturaleza inescrutable de la vida humana

En otras palabras, los nueve estados son entidades de la Budeidad. Este es el principio de que 'los nueve estados poseen el potencial de la Budeidad'. Y cuando uno logra comprender esta verdad, se torna evidente que la Budeidad no se manifiesta separadamente de los nueve estados de los seres vivientes comunes

Sólo se manifiesta dentro de ellos. Este es el principio de que 'la Budeidad conserva los nueve estados'. Si consideramos nuestro objetivo de manifestar la Budeidad como la 'verdad', y los nueve estados como 'medios hábiles', los medios hábiles serían idénticos a la verdad (los nueve estados poseen el potencial de la Budeidad) y la verdad sería idéntica a los medios hábiles (la Budeidad conserva los nueve estados)

Este es el significado del medio secreto y místico". (Daisaku Ikeda en La sabiduría del Sutra del Loto: Diálogo sobre la religión en el siglo XXI, Sección 6, fascículo 3, pp. 38-39)

"El punto más fuerte de la posesión mutua es que los nueve estados están dotados de la Budeidad, y que la Budeidad está dotada de los nueve estados". (Daisaku Ikeda en La sabiduría del Sutra del Loto: Diálogo sobre la religión en el siglo XXI, Sección 7, fascículo 4, p. 10)

Cada uno de los Diez Estados de la vida tiene el potencial de manifestarse y de manifestar, asimismo, los otros nueve. Cada uno de los Diez Estados contiene a todos los otros. Los sutras expuestos antes del Sutra del Loto sostenían que los Diez Estados se encontraban en lugares físicos diferentes, cada uno con sus propios moradores. Por ejemplo, el Kusha Ron (Un tesoro de análisis sobre la Ley) de Vasubandhu establece que el Infierno existe mil yojana por debajo del suelo (un yojana es la distancia que, supuestamente, caminaba el ejército real en un día; alrededor de veinticuatro kilómetros, según una fuente). El Sutra de la meditación acerca de la Ley Verdadera (Shobonen) afirma que el estado de Hambre se encuentra a quinientos yojana bajo tierra. Los seres en estado de Animalidad (seres sensibles no humanos) viven en el agua, en el suelo y en el aire. Los que están en estado de Ira moran en el mar. Humanidad es el estado de los que habitan la tierra, y a los que están en Extasis, les corresponde un palacio o la cumbre de una montaña. Los seres en estado de Aprendizaje y Comprensión Intuitiva viven en la Tierra de Transición. Los bodhisattvas, en la Tierra de la Recompensa Real, y los budas, en la Tierra de la Luz Eternamente Tranquila. El Sutra del Loto, por el contrario, rechaza la idea de que los Diez Estados están separados unos de otros. En realidad, cuando se predicó el Sutra del Loto los moradores de los Diez Estados se reunieron al mismo tiempo; ese hecho es, en sí, la negación de la independencia permanente de cualquiera de ellos. El Sutra del Loto agrega que todos los seres de los nueve estados poseen la naturaleza de Buda. Esa es otra manera de expresar que todas y cada una de las personas poseen el potencial para manifestar la Budeidad. A la luz del Sutra del Loto, la vida no permanece estable en uno u otro de los Diez Estados, sino que puede manifestar cualquiera de ellos, desde Infierno hasta Budeidad, en cualquier momento. Para alguien que se encuentra en estado de Infierno, el entorno es miserable, sea éste cual fuere. Para quien experimenta Extasis, ese mismo entorno está colmado de felicidad. Si los Diez Estados indicaran lugares donde habita la gente, los que están en el Infierno jamás podrían apartarse del sufrimiento, mientras permanecieran en ese estado. Por el contrario, cuando se demostró que los Diez Estados se referían a condiciones de la vida, se esclareció que los que padecían el Infierno también podían experimentar alegría. La posesión mutua de los Diez Estados indica una posibilidad permanente de cambiar de una condición a otra. Aún si un estado domina en un momento dado, los otros también están presentes; cualquiera de ellos puede ser el dominante un segundo después. "Al explicar la posesión mutua de los Diez Estados, el Daishonin afirma: "El Buda también habita en el estadio de la práctica y vuelve a ingresar en el estado de Bodhisattva. Aunque en realidad ha alcanzado el estado más elevado de perfecta iluminación, adopta el estado de iluminación "cuasiperfecta". El sacerdote chino Miao-lo (712-782), noveno patriarca de la escuela T'ien-t'ai, escribió: "Tanto la vida como el ambiente del Infierno existen dentro de la vida del Buda. Por otra parte, la vida y el ambiente del Buda no trascienden la vida de los mortales comunes". En este caso, por Infierno, debemos entender en un sentido amplio, los otros nueve estados aparte del de Buda. Esto significa que el estado de Buda contiene a los otros nueve y que cada uno de los nueve contiene al de Buda. Los angustiosos tormentos del Infierno existen dentro del estado de Buda; el Buda, en su gloriosa plenitud, está presente en un solo pensamiento humano. Ninguno de los Diez Estados está aparte de los otros. Todos se funden en una sola entidad de vida, en acción perpetua, aun cuando sólo estén en condición potencial de ku. Cada uno de los estados contiene a todos los otros; en cualquier momento puede ser suplantado en el plano manifiesto por cualquiera de los otros. Al observar la vida de una persona por un cierto tiempo, se puede comprobar la existencia en ella de una tendencia básica o una fuerte inclinación hacia uno o más de los Diez Estados. La vida de un individuo misericordioso está centrada alrededor del estado de Bodhisattva. No obstante, alguien cuya tendencia vital básica es la de Bodhisattva puede manifestar Hambre, Extasis o algún otro estado, en cualquier momento. Por ende, la condición de Bodhisattva, o cualquier otra, posee el potencial de manifestar todas las demás. La personalidad, que se puede definir como la totalidad de las tendencias emocionales y de conducta en un individuo, se relaciona estrechamente con los Diez Estados del ser, al igual que los hábitos. Casi todas las personalidades tienden a manifestarse con más frecuencia en uno de los Estados que en los demás. Cuando alguien ha tomado el ideal de Buda como base de su vida y reconoce que los otros nueve estados están contenidos en él, cada uno de esos estados, desde el más bajo hasta el más elevado, puede convertirse en impulso para la propia revolución humana. A la inversa, es imposible hacer del estado de Buda la base de la vida sin aceptar la enfurecida turbulencia de los otros nueve estados, pues son coexistentes. Uno acepta todas las influencias del mundo exterior y las transforma en estímulos para desarrollarse. El término "revolución humana" indica la elevación gradual del estado de vida que se manifiesta como la tendencia primordial de un individuo y, asimismo, la consolidación de la Budeidad como la base de su vida. Como consecuencia de esa elevación, las actividades de la vida se centran alrededor del estado más excelso, el de la Budeidad. Al ayudar a otros a vivir, uno alcanza la propia transformación. Tal es el principio de la revolución humana basada en la teoría de la Posesión Mutua de los Diez Mundos. "Escribe el Daishonin: "Si otros no consiguen manifestar la iluminación, yo tampoco puedo hacerlo; si otros pueden lograr la Budeidad, yo logro la Budeidad. Cuando otros hombres y mujeres comunes nacen en la Tierra Pura, yo mismo nazco en la Tierra Pura". Antes de que existiera la doctrina de la posesión mutua de los diez estadis, los problemas e inquietudes de los demás eran tomados como algo separado y alejado de un mismo. Pero, a partir de que se enseña la posesión mutua, la gente comienza a comprender que el logro de la iluminación de los semejantes es, en realidad, el logro de su propia iluminación, y que si los otros no pueden manifestar la Budeidad, tampoco ellos podrán hacerlo.". "El bodhisattva Jamás Despreciar (Fukyo), uno de los personajes que se mencionan en el Sutra del Loto, expresa la visión de la vida contenida en la doctrina de la posesión mutua, a través de su conducta y de sus acciones. Aunque es objeto de burlas y de persecuciones, sigue mostrando respeto y reverencia a los miembros arrogantes que constituyen las cuatro clases de creyentes (monjes, monjas, laicos y laicas)". "Los bodhisattvas que abrazan el vehículo único de la Budeidad, después de que los tres vehículos adquieren su perspectiva correcta, se basan en el principio de la posesión mutua de los Diez Estados, según el cual todos los seres vivientes pueden alcanzar la iluminación por igual, incluidos los que escuchan la voz, después de su profundo cambio. Armados con esta profunda filosofía, se embarcan en el gran desafío de guiar a todos lo seres vivientes hacia la iluminación; y al hacerlo, por primera vez, ingresan en el mismo camino del Buda. En esta consagración primordial, el maestro y el discípulo se convierten en camaradas y comparten un mismo objetivo; unidos por el vínculo de predecesor y sucesor en la fe, transitan por un camino mancomunado. El verdadero sendero de maestro y discípulo consiste en avanzar con esa unión, con esa inseparabilidad de corazón y propósito"."Ya que el universo es, en sí, una entidad que corporifica los Diez Estados, estos mismos estados inherentes al universo aparecen en respuesta a las condiciones de cada planeta, en respuesta a diversas causas, o por haber percibido que era el tiempo o la circunstancia propicia para su manifestación. (...) el principio de la posesión mutua de los Diez Estados brinda una perspectiva muy valiosa que puede contribuir a la teoría de la evolución y a otros aspectos de las ciencias que estudian la vida". (Katsuji Saito en La sabiduría del Sutra del Loto: Diálogo sobre la religión en el siglo XXI, Sección 9, fascículo 5, p. 6)

POTALA

POTALA: Reino celeste del mundo búdico tibetano en el que reside el que reside el bodhisattva Avalokitesvara, "Señor de la Compasión Infinita",que es la divinidad más elevada del panteón Mahayana.

Este nombre también ha sido utilizado en el Tibet como referencia de un conjunto de edificios construidos sobre la Colina Roja que domina la llanura de Lhasa, empleado a la vez como monasterio y centro administrativo del gobierno tibetano, así como residencia del Dalai Lama.

Cuenta con trece pisos y más de mil habitaciones.

PRAJÑÂ-PÂRAMITÂ

PRAJÑÂ-PÂRAMITÂ: (Sánscrito). La perfección de la sabiduría, una de las seis virtudes cardinales del budismo.

PRAJÑA

PRAJÑA: Término sánscrito con el que se denomina el tercer y supremo nivel de la vida budista: la "sabiduría".

No se trata de una comprensión intelectual en el plano teórico, sino de una experiencia espiritual que libera de la ignorancia y de la ilusión.

El budismo del Gran Vehículo distingue dos tipos diferentes de prajña o pañña, que se corresponden a dos estados diferentes de conciencia: la verdad relativa o convencional, que implica el ejercicio de la inteligencia en el plano del mundo fenoménico, y a la que corresponde la sabiduría que se desarrolla en el terreno de la dualidad.

La verdad superior que poseen aquellos que han alcanzado el despertar, y a la que corresponde la sabiduría trascendente que permite ir más allá de toda dualidad.

PRANIDHI

PRANIDHI: (Sánscrito). Emisario, explorador; secuaz, prosélito.

En el Budismo: oración, súplica, plegaria.

PRASANGA MÂDHYAMIKA

PRASANGA MÂDHYAMIKA: (Sánscrito). Una escuela búdica de filosofía del Tibet. Sigue (lo mismo que el sistema Yogachârya) el Mahâyâna o "Gran Vehículo" de preceptos; pero habiendo sido fundada mucho tiempo más tarde que la escuela Yogachârya, no es ni la mitad tan rígida y severa.

Es un sistema semiexotérico y muy popular entre los literator y seglares.

PRASENAJIT

PRASENAJIT: Rey de Kosala y seguidor del buda Shakyamuni

Durante su gobierno, Kosala logró predominar como uno de los dos reinos más poderosos de la India, junto con el de Magadha.

"Los Principales escritos de Nichiren Daishonin" Glosario Vol. I - II 1995 - 1998 SGIAR.

PRATITYASAMUTPADA

PRATITYASAMUTPADA: Palabra sánscrita que puede traducirse por "origen condicionado", designando así la doctrina búdica según la cual todos los fenómenos físicos y psíquicos se condicionan mutuamente en un orden preciso constituido por el encadenamiento de los doce nidana, fuentes u orígenes.

1. La ignorancia

2. Las formaciones mentales

3. La conciencia

4. Corporeidad y mentalidad

5. Las seis bases

6. La impresión o el contacto

7. La sensación

8. El ansia del deseo

9. El apego

10. El proceso del devenir

11. El renacimiento

12. La vejez y la muerte

Esta cadena puede leerse de dos formas diferentes, o ascendiendo o descendiendo.

PRATYEKA-BUDDHA

PRATYEKA-BUDDHA: (Sánscrito). Lo mismo que Pasi-Buddha. -El Pratyeka-Buddha es un grado que pertenece exclusivamente a la escuela yogâchârya; sin embargo, es sólo un grado de alto desarrollo intelectual, pero sin verdadera espiritualidad.

Es la letra muerta de las leyes del Yoga, en que el intelecto y la comprensión desempeñan el papel más importante, añadida al riguroso cumplimiento de las reglas del desarrollo interno.

Es uno de los tres senderos del Nirvâna, y el inferior de todos, en el cual el Yoguî -"sin maestro y sin salvar a los demás"- por la simple fuerza de voluntad y las prácticas técnicas llega a una especia de condición de Buddha nominal individualmente; sin hacer bien alguno a nadie, sino obrando de una manera egoísta para su propia salvación y para él solo.

Los pratyekas son respetados exteriormente, pero interiormente son objeto de desprecio por parte de aquellos que están dotados de apreciación sutil o espiritual.

El pratyeka es comparado generalmente al Khadga o rinoceronte solitario, y es designado con el nombre de Ekazringa-Richi (Ekazringa, "que sólo tiene un cuerno", significa también rinoceronte) Santo (richi) egoísta solitario.

"Cruzando el sansâra (el océano de nacimientos y muertes, o la serie de encarnaciones), suprimiendo errores, sin alcanzar por eso la perfección absoluta, el Pratyeka-Buddha es comparado a un caballo que cruza un río a nado sin tocar el fondo".

(Diccion. Sánscrito-chino).

Está muy por debajo de un "Buddha de Compasión". No se esfuerza más que para alcanzar el Nirvâna.

[Los Pratyeka-Buddhas son aquellos Bodhisattvas que pugnan por conseguir (y muchas veces lo consiguen) la vestidura Dharmakâya después de una serie de existencias.

Inquietándose muy poco por los sufrimientos de la humanidad y por ayudarla, y ateniendo únicamente a su propia bienaventuranza, entran en el Nirvâna y desaparecen de la vista y del corazón de los hombres.

En el budismo del Norte, Pratyeka-Buddha, o Buddha egoísta, es sinónimo de egoísmo espiritual.

(Voz del Silencio, II).

Véase: Ekachârin, Nirmânakâya, etc.]

PRATYEKABUDDHA

PRATYEKABUDDHA: Véase "Los que han comprendido la causa".

"Los Principales escritos de Nichiren Daishonin" Glosario Vol. I - II 1995 - 1998 SGIAR.

PRIMER DÍA DE LA LEY

PRIMER DÍA DE LA LEY: (En jap.: shoho.) Primer milenio posterior a la muerte de Shakyamuni

Este período presenció la propagación del Budismo Hinayana y, más tarde, del Mahayana provisional.

"Los Principales escritos de Nichiren Daishonin" Glosario Vol. I - II 1995 - 1998 SGIAR.

PU-K'UNG

PU-K'UNG: 705-774. (En sánscrito.: Amoghavajra; en jap.: Fuku.) Sexto patriarca en el linaje de la escuela esotérica Shingon

Nació en el norte de la India y fue a la China en 720 con su maestro Chin-kang-chih, a quien asistió en su traducción de los sutras

Defendió con fuerza las enseñanzas esotéricas.

"Los Principales escritos de Nichiren Daishonin" Glosario Vol. I - II 1995 - 1998 SGIAR.

PU-TSI K'IUN-LING

PU-TSI K'IUN-LING: (Chino). Literalmente: "Salvador universal de todos los seres". Título de Avalokitezvara, y también de Buddha.

PUGDALA VADINES

PUGDALA VADINES: Secta budista que apareció a comienzos del siglo tercero antes de Cristo, unos doscientos años después de la muerte de Buda, fundada por el brahmin Vatsiputra, que proponía la teoría de que si bien la doctrina de guano hay un Yo permanente en cada uno de los individuos negaba la existencia de la personalidad estable,algo debía permanecer y que ello sería el pugdala (persona).

Pese al rechazo de casi todos los monjes budistas de estas teorías, Vatsiputra logró que el movimiento se desarrollase hasta poder contar en el siglo séptimo con más de 66.000 monjes que aceptaban la tesis de pugdala y la transmigración de una a otra existencia.

PUNYAYASHAS

PUNYAYASHAS: Uno de los veinticuatro sucesores de Shakyamuni

Nativo de Pataliputra, Magadha, recibió las enseñanzas de Parshava y las transfirió a Ashvaghosha.

"Los Principales escritos de Nichiren Daishonin" Glosario Vol. I - II 1995 - 1998 SGIAR.

PUÑÑA

PUÑÑA: Término usado en la tradición budista que suele traducirse por mérito.

Los seguidores del budismo atribuyen una importancia decisiva a la adquisición de méritos,tanto por parte de los monjes como por parte de los laicos,entendiendo que es el modo de acumular karma benéfico y de asegurarse una existencia más espiritual.

Hay tres formas de obtener puñña o mérito:a través de "dana" (generosidad), medio de corregir la inclinación al egoísmo; "sita", forma de guardar los preceptos morales y "bhavana" (meditación).

PURURAVAS

PURURAVAS: (Sánscrito). Hijo de Budha, hijo de Soma (la Luna) y de Ila, famoso por ser el primero que produjo fuego por medio de la fricción de dos trozos de madera, e hizo el fuego triple.

Es un personaje oculto.

R

RAHULA

RAHULA: Hijo de Gautama, el Buda, a quien los textos hacen originario de Kapilavatthu.

Cuando era niño fue ordenado novicio de la orden budista y más tarde le fueron confiadas muchas enseñanzas de Buda.

Se afirma que murió antes que Buda.

RAJAGAHA

RAJAGAHA: Ciudad antigua de la India, importante en la historia del budismo primitivo por haber sido el lugar donde se celebró el concilio que tuvo lugar inmediatamente después de la muerte de Buda, para llegar a un acuerdo sobre la versión auténtica de los discursos, suttas, de Buda y el código de la disciplina monástica.

RÂJAGRIHA

RÂJAGRIHA: (Sánscrito). La capital de Magadha, famosa por su conversión al Budismo en tiempos de los reyes budistas.

Fue la residencia de varios soberanos, desde Bindusâra hasta Azoka, y fue la Sede del primer Sínodo o Concilio búdico, celebrado en el año 510 antes de JC

REALIZACION AUTOLOGRADA

REALIZACION AUTOLOGRADA: Séptimo de los Diez Estados. Se caracteriza por la creación por mano propia, enriquecimiento espiritual, reflexionar

El estado de aprendizaje (japonés, shomon), una condición en la cual una despierte a la impermanencia todas las cosas y la inestabilidad de los seis caminos, y busca una cierta verdad duradera y tiene como objetivo formar una idea con las enseñanzas de otros

Los hombres del aprendizaje (Sanskrit, shravaka) significaron originalmente los que escuchaban al Buda, predicaban las cuatro nobles verdades y practique el camino medio para adquirir la emancipación de deseos terrenales. (Study materials compiled by SGI-USA)

REGISTRO DE LAS REGIONES OCCIDENTALES

REGISTRO DE LAS REGIONES OCCIDENTALES: (En chino: Ta-t'ang-hsi-yü-chi; en jap.: Daito-saiiki-ki.) Obra en doce volúmenes del sacerdote Hsüan-chuang (Genjo)

Entre 629 y 645, viajó desde el Asia Central a la India ida y vuelta

Su libro describe la cultura, las leyendas y la historia de ciento treinta y ocho estados asiáticos

La historia del ermitaño y su discípulo (que aparece en la "Carta a los Hermanos") figura en el séptimo volumen.

"Los Principales escritos de Nichiren Daishonin" Glosario Vol. I - II 1995 - 1998 SGIAR.

REVERENCIA SIMULTÁNEA

REVERENCIA SIMULTÁNEA: En el Ongi Kuden (registro de las enseñanzas transmitidas oralmente), el Daishonin describe las acciones del bodhisattva Jamás Despreciar como "una reverencia simultánea a sí mismo y a los demás"

Cuando este bodhisattva expresa sus respetos a otro semejante, la naturaleza de Buda de esa persona le rinde tributo a él

Es una enseñanza muy profunda. (Daisaku Ikeda en La sabiduría del Sutra del Loto: Diálogo sobre la religión en el siglo XXI, Sección 7, fascículo 4, pp. 13-14)

REY QUE HACE GIRAR LA RUEDA

REY QUE HACE GIRAR LA RUEDA: Gobernante ideal, según la mitología india

En el Budismo, los reyes que hacen girar la rueda son aquellos que gobiernan mediante la justicia, y no mediante la fuerza

Se decía que poseían treinta y dos rasgos característicos y que gobernaban los cuatro continentes que rodeaban el monte Sumeru.

"Los Principales escritos de Nichiren Daishonin" Glosario Vol. I - II 1995 - 1998 SGIAR.

RIDDHIPÂDA

RIDDHIPÂDA: (Sánscrito). En plural, los cuatro ejercicios sobre los que descansa el poder impropiamente llamado "sobrenatural". (Budismo).

RINZAI

RINZAI: Una de las tres escuelas del zen, (soto, obaku y rinzai), fundada por el budista chino Lin Chi, también llamado I-Hsuan, que vivió durante el siglo IX.

La Rinzai fue introducida en Japón merced a la labor de Eisai (1141-1215).

Sus métodos eran poco ortodoxos para lograr la iluminación repentina y consistía en golpes y gritos, así como en el empleo de un lenguaje paradójico e ininteligible.

Floreció durante el período Kamakura, extendiéndose por todo el Japón hasta su integración con las otras dos para formar un único culto zen.

Sus templos se convirtieron en grandes centros de cultura que fomentaron un intenso quehacer artístico.

El gran maestro del culto Rinzai fue Hakuin (1685-1768), quien sentó las bases en pro del desarrollo del zen moderno.

RÍO DE LOS TRES CRUCES

RÍO DE LOS TRES CRUCES: Río imaginario que, en la tradición budista, debían cruzar las almas de los fallecidos el séptimo día posterior a su muerte

Tiene tres lugares de cruce con profundidades diferentes: poco profundo, profundo y muy profundo

Todos deben cruzarlo en uno de estos tres lugares, de acuerdo con las malas causas cometidas en esta existencia

Aquellos que realizaron más acciones negativas, deben cruzar por la parte más profunda.

"Los Principales escritos de Nichiren Daishonin" Glosario Vol. I - II 1995 - 1998 SGIAR.

RISSHO ANKOKU RON

RISSHO ANKOKU RON: Tesis sobre la pacificación de la Tierra mediante la propagación del Budismo verdadero

Tratado escrito en 1260 por Nichiren Daishonin y presentado al regente retirado, Hojo Tokiyori

Este documento, escrito en forma de diálogo entre un posadero y su huésped, clarifica los principios básicos para asegurar la paz del mundo

En él, se explica que las creencias distorsionadas provocan sufrimiento, mientras que la fe en la Ley Mística permite que la sociedad se vuelva pacífica y próspera

El Daishonin también refutó los errores de la escuela Nembutsu y predijo tanto la lucha interna como la invasión extranjera, si el gobierno continuaba apoyando las escuelas heréticas.

"Los Principales escritos de Nichiren Daishonin" Glosario Vol. I - II
1995 - 1998 SGIAR.

RUEDA DE LA VIDA

RUEDA DE LA VIDA: Símbolo budista muy frecuente en el Tíbet, que representa bajo la forma de diagrama, la serie de nacimientos, muertes y renacimientos del hombre. Los seis sectores delimitados por los radios muestran los seis mundos en que puede renacer el hombre: el cielo, la morada de los semidioses, el mundo animal, los infiernos, el lugar de los mayores tormentos y el mundo que conocemos.

En cada sector hay un bodhisattva que ha pospuesto su entrada en el nirvana con el fin de ayudar a sus semejantes.

RUPA

RUPA: Palabra budista con la que se designa la "corporeidad" y que suele aparecer junto a otros términos, tales como "loka" (ámbito), para designar uno de los tres niveles de la cosmología budista, el correspondiente a la forma pura sin sustancia material.

RYOBO SHINTO

RYOBO SHINTO: A lo largo del siglo XII se realizó un intento por parte de los sacerdotes de la secta budista shingon de fusionar los dos grandes credos religiosos del Japón medieval en base a las ideas de Kobo Daishi.

santo budista japonés, dando como resultado el movimiento Ryobo Shinto.

RYOKAN

1217-1303. Sacerdote de la escuela Shingon-Ritsu. Recibió los preceptos de Eizon, considerado el restaurador de la escuela Ritsu

En 1261, marchó a Kamakura, donde fue nombrado prior del Kosen- un templo que había sido fundado por uno de los regentes del clan Hojo

Tiempo después, pasó a ser prior del Gokuraku-¡¡, fundado por Hojo Shigetoki

Durante la sequía de 1271, desafió a Nichiren Daishonin diciendo que él era capaz de orar y conseguir que lloviera, pero fracasó

Después, pergeñó acusaciones falsas contra el Daishonin, que condujeron, finalmente, a la persecución de Tatsunokuchi y al exilio a Sado.

"Los Principales escritos de Nichiren Daishonin" Glosario Vol. I - II
1995 - 1998 SGIAR.

RYUZO-BO

RYUZO-BO: Sacerdote de la escuela Tendai. Fue expulsado del templo Enryaku-ji, sito en el monte Hiei, por haber comido carne humana, pero luego se congració con Ryokan en Kamakura

En 1277, durante el debate de Kuwagayatsu, Ryuzo-bo fue derrotado por Sammi-bo, uno de los discípulos de Nichiren Daishonin.

"Los Principales escritos de Nichiren Daishonin" Glosario Vol. I - II 1995 - 1998 SGIAR.

S

SACHA KIRIYA

SACHA KIRIYA: (Sánscrito). Entre los budistas es un poder análogo a un mantra mágico entre los brahmanes.

En una energía prodigiosa que puede ejercitar un adepto cualquiera, sacerdote o laico, y "eficaz en extremo cuando va acompañada del bhâvanâ (meditación)".

Consiste en relatar "los actos meritorios (de uno) ejecutados en este existencia o en alguna otra anterior", según opina y expone el Rev. Mr. Hardy, pero que en realidad depende de lo intenso de la voluntad de uno, juntamente con una fe absoluta en sus propios poderes, bien sea de yoga -voluntario- o bien de alguna oración, como sucede tratándose de musulmanes o cristianos.

Sacha significa "verdadero" y Kiriyang "acción".

Es el poder del mérito, o de una santa vida.

SADATO

1019-1062. Abe no Sadato, guerrero que encabezó un poderoso clan al este del Japón

Buscó independizarse del gobierno imperial, pero finalmente fue derrotado y muerto en una batalla con Minamoto no Yoriyoshi y Minamoto no Yoshiie, líderes del ejército imperial.

SADDHA

SADDHA: Palabra empleada por los seguidores del budismo para designar la fe.

Ver Sendero Octuple.

SADDHARMA PUNDARIKA SUTRA

SADDHARMA PUNDARIKA SUTRA: Texto sánscrito de la escuela del Mahayana, "El Loto de la ley verdadera", cuyo núcleo principal proviene del siglo I.

Presenta la doctrina del Buda trascendente que aparece como un dios por encima de todos los dioses, como un ser infinitamente exaltado y eterno.

La obra comprende un total de 27 capítulos, parte en prosa sánscrita y parte en poesía budista.

SAKKA

SAKKA: Jefe de los devas en la cosmología budista que combate a los asurâs y a los devas.

Sus hazañas son el argumento de una obra titulada Sakka-Samyutta, que consiste en veinticinco suttas cortos donde se considera a Sakka como partidario y defensor de Buda y de su religión.

SAKWALA

SAKWALA: Es una bana o "palabra" pronunciada por Gautama Buddha en sus instrucciones orales. Sakwala es un sistema mundano, o más bien solar, de los cuales hay un número infinito en el universo, y que denota el espacio hasta donde se extiende la luz de cada sol.

Cada Sakwala contiene tierras, infiernos y cielos (que significan buenas y malas esferas, siendo nuestra tierra considerada como un infierno, en Ocultismo); llega a la plenitud de su vida, entra luego en decadencia, y por último es destruído en períodos que se repiten con regularidad en virtud de una ley inmutable.

En la tierra, enseñó el Maestro que ha habido ya en ella cuatro grandes "continentes" (la Tierra de los Dioses, Lemuria, Atlántida y el actual "continente" dividido en las cinco partes de la Doctrina Secreta) y que habían de aparecer aun tres más.

Los primeros "no comunicaban uno con otro", sentencia que demuestra que Buddha no hablaba de los actuales continentes conocidos en su tiempo (puesto que Pâtâla o América era perfectamente conocida de los antiguos indos), sino de las cuatro formaciones geológicas de la tierra, con sus cuatro distintas razas-raíces que ya han desaparecido.

SAMADHI

Término budista referido a las prácticas de meditación, como necesidad de fijar la mente en un solo objeto para evitar el pensamiento discursivo.

Se distinguen tres grados de intensidad: concentración preparatoria o parikamma-samadhi; proximidad o concentración de acceso, upachara-samadhi y concentración lograda o appana-samadhi, es decir el grado de concentración propio de quien ha alcanzado el estado de jhana.

SAMÂDHI-PRÂPTI

(Sánscrito). Medios para alcanzar el estado de Samâdhi.

(Véase: Sâdhana).

SAMÂDHÎNDRIYA

(Sánscrito). Literalmente: "la raíz de la concentración"; la cuarta de las cinco raíces, llamada Pañcha-indriyâni [cinco indriyas o sentidos], que, según se declara en la filosofía esotérica, son los agentes en la producción de una vida altamente moral, que conduce a la santidad y liberación.

Cuando éstas se han alcanzado, las dos raíces espirituales que están latentes en el cuerpo (Âtma y Buddhi) echan retoños y flores.

Samâdhîndriya es el órgano de la contemplación extática en las prácticas del Râja-yoga.

SAMAJNA

SAMAJNA: (Sánscrito). Literalmente: "Sabio iluminado (o luminoso)". Traducido verbalmente, Samgharama Samajna, el famoso vihâra [monasterio] situado cerca de Kustana (China), significa: "monasterio del Sabio luminoso".

SAMANAKADOM

SAMANAKADOM: Buda al que se rinde culto en Tailandia y buena parte de Indochina.

Según una antigua leyenda se afirma que nació de una flor de loto que flotaba en las primeras aguas.

SAMANTA-BHADRA

SAMANTA-BHADRA: (Sánscrito). Literalmente: "Sabio universal". Nombre de uno de los cuatro Boddhisattvas de la Escuela Yogâ-chârya del Mâhâyana (o Gran Vehículo) de Sabiduría de dicho sistema.

Hay cuatro Boddhisattvas terrestres, y tres celestiales.

Los cuatro primeros sólo actúan en las razas actuales, pero hacia la mitad de la quinta Raza-Madre apareció el quinto Bodhisattva, que, según una leyenda esotérica, fue Gautama Buddha, pero que, habiendo aparecido demasiado temprano, tuvo que desaparecer corporalmente del mundo por algun tiempo.

SAMANTA-PRABHÂSA

SAMANTA-PRABHÂSA: (Sánscrito). Literalmente: "esplendor universal" o luz deslumbradora.

Nombre bajo el cual cada uno de los quinientos Arhats perfectos reaparece como Buddha en la tierra.

SAMBHOGAKÂYA

SAMBHOGAKÂYA: (Sánscrito). Una de las tres "Vestiduras" gloriosas, o cuerpos, obtenidos por los ascetas en el "Sendero".

Algunas sectas consideran este cuerpo como el segundo, mientras que otras lo consideran como el tercero de los Buddhakchetras o formas de Buddha.

Significa literalmente: "Cuerpo de Compensación".

(Véase: Glosario de la Voz del Silencio, III).

De tales Buddhakchetras hay siete, de los cuales los de Nirmânakâya, Sambhogakâya y Dharmakâya pertenecen al Trikâya o triple cualidad.

[El Sambhogakâya posee todo el grande y completo conocimiento de un Adepto y todas las cualidades de un Nirmânakâya, pero con el brillo adicional de "tres perfecciones", una de las cuales es la completa obliteración de todo cuanto concierne a la tierra.

(Glosario de la Voz del Silencio).

Véase: Dharmakâya y Nirmânakâya.

SAMMA-SAMBUDDHA

SAMMA-SAMBUDDHA: (Pali). Recuerdo de todas las encarnaciones por las que ha pasado uno.

Es un fenómeno de la memoria que se obtiene por medio del Yoga.

Un título del Sr. Budda, el "Señor de mansedumbre y resignación"; significa "iluminación perfecta".

SAMSARA

SAMSARA: Palabra budista que puede traducirse por "moverse continuamente", y por ello es de esta forma como se denomina la idea de la transmigración, del movimiento continuo entre una vida y otra.

SAMYAK-SAMBUDDHA

SAMYAK-SAMBUDDHA: (Sánscrito). O Sammâsambuddha, como se pronuncia en Ceilán.

Literalmente: el Buddha de verdadero y armónico conocimiento, y el tercero de los diez títulos de Zâkyamuni.

[El Buddha enteramente perfecto; el "Maestro de Perfección" (Voz del Silencio, II).]

SAMYAKKARMÂNTA

SAMYAKKARMÂNTA: (Sánscrito). El último de los ocho mârgas (senderos).

Estricta pureza y observación de honestidad, desinterés y abnegación, cualidad característica de todo arhat.

SAMYAKSAMÂDHI

SAMYAKSAMÂDHI: (Sánscrito). Letargo mental absoluto.

El sexto de los ocho mârgas (senderos); la plena obtención del Samâdhi.

SAMYE

SAMYE: Primer monasterio budista fundado en el Tíbet, construido por el rey Tri Song de Tsen hacia el año 763 siguiendo las indicaciones de Padmasambhava.

Se encuentra situado en la orilla norte del río Tsang-po, al suroeste de Lhasa.

Una leyenda relata que en su construcción intervinieron unos demonios que estaban sometidos a Padmasambhava.

En él fueron ordenados los siete primeros monjes tibetanos.

También aquí se llevó a cabo la traducción de miles de textos búdicos.

SAMYUTTA NIKAYA

SAMYUTTA NIKAYA: Tercero de los cinco Nikayas que forman el Sutta Pitaka del canon budista pali.

SAMYUTTAKA NIKAYA

SAMYUTTAKA NIKAYA: (Pali). Obra búdica, compuesta principalmente de diálogos entre Buda y sus discípulos.

SAN JOSAFAT

SAN JOSAFAT: Este príncipe, protagonista de la historia de Barlaam y Josafat, es de origen indo, y en realidad no es otro que Buddha. Dicho nombre, como está perfectamente demostrado, es una corrupción de Boddhisattva, calificativo muy conocido del célebre reformador indo.

Josafat fue elevado a la categoría de santo, lo mismo en la Iglesia griega que en la romana, celebrándose su festividad, en la primera de ellas, el día 26 de agosto, y en la última, el 27 de noviembre.

Que el fundador de una religión oriental atea haya sido encumbrado a santo cristiano es uno de los hechos más estupendos de la historia religiosa. (A. A. Macdonell, Historia de la Literatura sánscrita, cap. XVI).

En corroboración de lo dicho, y para más detalles, véase: Isis sin velo, II, páginas 579-581, y Emilio Burnouf, La Ciencia de las Religiones, tercera edición francesa, págs. 254-255.

Este último autor afirma que el original sánscrito de las diferentes versiones de la historia de Barlaam y Josafat es el Lalita-vistâra, que existía ya en el siglo III antes de nuestra era, siendo de notar que todos los nombres sánscritos han sido substituídos, en las versiones, por nombres siríacos, y que el protagonista del relato no es otro que el Buddha Zâkyamuni.

SANAKA

SANAKA: (Sánscrito). Una planta sagrada cuyas fibras se tejen para fabricar vestiduras amarillas para los sacerdotes budistas.

SÂNANDI-SAMÂDHI

SÂNANDI-SAMÂDHI: (Sánscrito). Samâdhi o contemplación acompañada de goce o felicidad. (Véase: Aforismos de Patañjali, I, 17).

SANGHA

Comunidad budista formada por monjes y laicos.

Aunque no organizado jerárquicamente, constituye un conjunto como una especie de iglesia.

SANGHA O SAMGHA

(Sánscrito). Asamblea o corporación de sacerdotes, llamada también Bhikshu Sangha; la palabra "iglesia", usada para traducir el término en cuestión, no expresa su verdadero significado.

[Por Sangha se entiende principalmente la congregación o fraternidad de los discípulos del Buddha, o sea la Iglesia búdhica.

El Sangha constituye el tercer punto del Triatna.

(Véase esta palabra).

Sangha significa además: multitud, reunión, grupo, coro, asamblea, legión

SANJOYANAS

SANJOYANAS: (Pali). Cadenas u obstáculos para el progreso.

Son diez: Ilusión del yo (Sakkâya ditthi); duda (Vizikicchâ); subordinación a ritos supersticiosos (Sâlabbata-parâmâsa); sensualidad, pasiones corporales (Kâma); odio, malos sentimientos (Patigha); amor a la vida en la tierra (Rûparâga); deseo de vida en un cielo (Arûparâga); soberbia (Mâna); justicia según la propia estimación (Uddhacca), e ignorancia (Avijjâ).

-Véase: Olcott, Catec. Búd., Quest. 245).

SANKALPA

SANKALPA: (Sánscrito). Intención, designio, idea, propósito, resolución, voluntad; deseo; imaginación; persuasión.

La facultad imaginativa que forma planes para el porvenir.

Por medio del Sankalpa únicamente es como el universo conserva su apariencia.

SANSKÂRA O SAMSKÂRA

SANSKÂRA O SAMSKÂRA: (Sánscrito). De sam y krî; literalmente: mejorar, refinar, perfeccionar, impresionar.

En la filosofía inda se usa este término para designar las impresiones dejadas en la mente por las acciones individuales o circunstancias exteriores, y susceptibles de ser desarrolladas en alguna futura ocasión favorable, y aun en un renacimiento venidero.

El sanskâra designa, por lo tanto, los gérmenes de propensiones e impulsos procedentes de nacimientos anteriores, para ser desarrollados en esta o futuras encarnaciones (jammas).

En el Tibet, el Sanskâra es denominado doodyed, y en la China se la designa como acción o karma, o por lo menos, como relacionado con éste.

Estrictamente hablando, es un término metafísico, que en las filosofías exotéricas se define de varios modos; por ejemplo, en Nepaul, como ilusión; en el Tibet como noción, y en Ceilán, como discernimiento.

El verdadero significado es tal como se ha expresado antes, y como tal se halla relacionado con el Karma y sus operaciones.

Sanskâra es uno de los cinco Skandhas o atributos, en el Budismo: las "tendencias de la mente".

(Véase: Skandhas).

[En la filosofía Yoga, Sanskâra significa impresión; la marca o huella dejada sobre una cosa por otra, marca que alguna vez puede ser llamada a la vida; las impresiones en la materia mental que producen los hábitos; los mismos hábitos adquiridos.

Dicha palabra tiene además los siguientes significados: preparación; ordenación; cultivo; educación; purificación; sacramento; consagración; cualquier rito o ceremonia; facultad anímica; concepto intelectual; los conceptos (en lenguaje búdico), etc.

-La voz sanskâra es sinónima de Vâsana (Râma Prasâd).]

SANTIDEVA

SANTIDEVA: Poeta budista seguidor del Gran Vehículo que vivió en el siglo VII.

Es autor de uno de los poemas considerados más hermosos del budismo, el Bodhicaryavatara o Descenso de la carrera del despertar.

SANZEN-JINTENGO

SANZEN-JINTENGO: Período de tiempo inmensamente largo. Se refiere al pasado distante, cuando Shakyamuni fue el decimosexto hijo del buda Daitsu y predicó el Sutra del Loto a las personas que más tarde renacieron con él en la India como sus discípulos

El capítulo "Kejoyu" del Sutra del Loto describe la duración de sanzen-jintengo del siguiente modo: supongamos que alguien reduce un sistema mayor de mundos (todas las estrellas y los planetas de una galaxia) a polvo y luego se dirige hacia el este, llevando con él todas esas partículas de polvo

Cuando ha pasado por mil mundos, deja caer una partícula

Cuando ha recorridos otros mil mundos, deja caer una segunda partícula

Continúa viajando hacia el este de este modo, hasta que finalmente ha arrojado todas las partículas

Luego reduce a polvo todos los mundos que ha recorrido, sea que hubieran recibido o no una partícula de polvo

Cada partícula significa un eón (aproximadamente dieciséis millones de años); el lapso correspondiente al total de esas partículas se llama sanzen-jintengo

Ver también "gohyaku-jintengo".

"Los Principales escritos de Nichiren Daishonin" Glosario Vol. I - II 1995 - 1998 SGIAR.

SAPTA BUDDHAKA

SAPTA BUDDHAKA: (Sánscrito). Una reseña que figura en el Mahânidâna Sûtra de Sapta Buddha, los siete Buddhas de nuestra Ronda, de los cuales Gautama Zâkyamuni es esotéricamente el quinto, y exotéricamente, como un velo, el séptimo.

SAPTA TATHÂGATA

SAPTA TATHÂGATA: (Sánscrito). Los siete principales Nirmânakâyas entre los innumerables antiguos guardianes del mundo.

Sus nombres se hallan inscritos en un pilar heptagonal que hay en una cámara secreta en casi todos los templos búdicos de la China y del Tibet.

Los orientalistas están en un error al pensar que éstos son "los siete sustitutos budistas para los Richis de los brahmanes".

Véase: Tathâgata-gupta.

SAPTAPARNA

SAPTAPARNA: (Sánscrito). [Literalmente, "siete hojas"] o la "séptuple".

-Una planta sagrada de siete hojas [Echites scholaris], que da su nombre a una famosa cueva, un vihâra, en Râjâgriha, actualmente cerca de Buddhagaya, en donde el Señor Buddha solía meditar y enseñar a sus arhats, y donde, después de su muerte, se celebró el primer Sínodo.

Dicha cueva tiene siete cámaras, y de ahí su nombre.

En esoterismo, Saptaparna es el símbolo del "séptuple Hombre-Planta", [esto es: el hombre, constituído por siete Principios.]

SARIPUTRA

SARIPUTRA: (Sánscrito). Literalmente: "Hijo de Sari".

Sobrenombre de uno de los principales discípulos de Buddha; el San Pedro del budismo.

Su verdadero nombre era Upatisya.

SARVASTIVADA

SARVASTIVADA: Secta budista primitiva perteneciente al hinayana.

SASANA

SASANA: Palabra con la que en el sur de Asia se habla de lo que en Occidente llamamos budismo.

SAUTRÂNDIKA

SAUTRÂNDIKA: (Sánscrito). Sectario de los Sûtras; una de las escuelas de filosofía búdica.

SAUTRANTIKA

SAUTRANTIKA: Escuela filosófica budista perteneciente a la tradición del hinayana.

Se caracteriza por rechazar el abhidhamma que según los adeptos no forma parte de la auténtica doctrina budista, ya que sólo reconocen la autoridad de los sutras.

Los miembros de la escuela sautrantika rechazaban la idea de la existencia de dhammas distintos, separados, instantáneos y discontinuos, y afirmaban la existencia continua de una conciencia sutilísima como base de la vida humana; esta conciencia mantenida era la que finalmente permitía acceder al nirvana.

Estas ideas tuvieron una cierta influencia en la formación de la escuela mahayanista del Yogachara.

SEIS ACTOS DIFÍCILES Y NUEVE FÁCILES

SEIS ACTOS DIFÍCILES Y NUEVE FÁCILES: Comparaciones expuestas en el capítulo "Hoto" del Sutra del Loto para enseñar a las personas cuán difícil sería encontrar el Sutra del Loto y abrazarlo durante el último Día de la Ley

Los seis actos difíciles son: propagar el Sutra del Loto ampliamente; copiarlo; recitarlo; enseñarlo aunque sea a una persona; escucharlo y preguntar acerca de su significado, y mantener la fe en él durante el Último Día de la Ley

Los nueve actos fáciles incluyen proezas como caminar en una planicie en llamas llevando un fardo de heno en las espaldas, sin quemarse; o arrojar de un puntapié una galaxia al otro lado del universo, con un dedo del pie

Estas comparaciones enfatizan la necesidad de perseverar firmemente en la práctica del Budismo verdadero

Aunque los nueve actos fáciles parecen imposibles, son fáciles cuando se los compara con la dificultad de propagar el Sutra del Loto en el último Día de la Ley.

"Los Principales escritos de Nichiren Daishonin" Glosario Vol. I - II 1995 - 1998 SGIAR.

SEIS CAMINOS

SEIS CAMINOS: Primeros seis de los Diez Estados: Infierno, Hambre, Animalidad, Ira, Tranquilidad y Éxtasis

Indican un estado de ilusión o de sufrimiento

Contrastan con los cuatro estados nobles: Aprendizaje, Comprensión Intuitiva, Bodhisattva y Budeidad.

"Los Principales escritos de Nichiren Daishonin" Glosario Vol. I - II 1995 - 1998 SGIAR.

SEIS CIELOS DEL MUNDO DEL DESEO

SEIS CIELOS DEL MUNDO DEL DESEO: Seis cielos que, según se decía, existían entre la Tierra y el cielo de Brahma, de acuerdo con las antiguas cosmologías india y budista.

"Los Principales escritos de Nichiren Daishonin" Glosario Vol. I - II 1995 - 1998 SGIAR.

SEIS ESCUELAS

SEIS ESCUELAS: Las escuelas Kusha, Jojitsu, Ritsu, Hosso, Sanron y Kegon

Principales escuelas budistas que florecieron en Nara, capital del Japón, durante el período Nara (710-794).

"Los Principales escritos de Nichiren Daishonin" Glosario Vol. I - II 1995 - 1998 SGIAR.

SEIS FORMAS

SEIS FORMAS: Doctrina de la escuela Kegon. Son los seis aspectos inherentes a todas las cosas: el todo que contiene las partes; la interdependencia de las partes que configura el todo; la unión de las partes en el todo; la diversidad de las partes; la variedad que forma el todo, y la Identidad de las partes.

"Los Principales escritos de Nichiren Daishonin" Glosario Vol. I - II 1995 - 1998 SGIAR.

SEIS MAESTROS NO BUDISTAS

SEIS MAESTROS NO BUDISTAS: Los seis pensadores más influyentes de la India central, durante la vida de Shakyamuni. Rompieron abiertamente con la antigua tradición védica y desafiaron la autoridad brahmánica en el orden social indio

Aunque sus doctrinas diferían considerablemente unas de otras, todos ellos rechazaron las pautas morales establecidas y, en consecuencia, desarrollaron una escuela de pensamiento en cierto modo nihilista

Se trata de Makkhali Gosala, Purana Kassapa, Ajita Kesakambalin, Pakudha Kaccayana, Sanjaya Velatthiputta y Nigantha Nataputta.

"Los Principales escritos de Nichiren Daishonin" Glosario Vol. I - II 1995 - 1998 SGIAR.

SEIS NIVELES DE LA PRÁCTICA DE LA ENSEÑANZA PERFECTA

SEIS NIVELES DE LA PRÁCTICA DE LA ENSEÑANZA PERFECTA:

En jap.: roku-soku. Seis diferentes niveles en el camino hacia la iluminación, según T'ient'ai

Son:

1) ri-soku: el nivel de una persona común que no cree en la Ley verdadera, pero que, en teoría, es potencialmente un buda;

2) myoji-soku: nivel en el cual uno comprende mediante palabras que es un buda y que todo fenómeno es manifestación de la Ley;

3) kangyo-soku: nivel en el cual uno actúa como habla y habla como actúa;

4) soji-soku: nivel en que uno está cerca de la Budeidad, porque abandona dos de las tres ilusiones;

5) bunshin-soku: nivel en el que uno extingue todas las ilusiones, excepto su oscuridad inherente y, gradualmente, desarrolla su Budeidad; y

6) kukyo-soku: nivel en el que uno vence la oscuridad y manifiesta plenamente la naturaleza de Buda. .

"Los Principales escritos de Nichiren Daishonin" Glosario Vol. I - II 1995 - 1998 SGIAR.

SEIS ÓRGANOS DE LOS SENTIDOS

SEIS ÓRGANOS DE LOS SENTIDOS: Ojos, oídos, nariz, lengua, cuerpo y mente.

"Los Principales escritos de Nichiren Daishonin" Glosario Vol. I - II 1995 - 1998 SGIAR.

SEIS PARAMITAS

SEIS PARAMITAS: Seis prácticas para los bodhisattvas del Budismo Mahayana

Paramita (pal. sánscritorita) significa 'cruzar de la orilla de la ilusión a la de la iluminación'

Los seis parantitas son la ofrenda de donativos, la observancia de los preceptos, la perseverancia, la asiduidad, la meditación y la obtención de sabiduría.

"Los Principales escritos de Nichiren Daishonin" Glosario Vol. I - II 1995 - 1998 SGIAR.

SEIS PODERES TRASCENDENTALES

SEIS PODERES TRASCENDENTALES: Poderes que supuestamente poseían los budas, bodhisattvas y arhats

Son: el poder de estar en cualquier parte que uno desee, de ver cualquier cosa en cualquier lugar, de escuchar cualquier sonido, de conocer los pensamientos de todas las otras mentes, de conocer las vidas anteriores y de erradicar las ilusiones.

"Los Principales escritos de Nichiren Daishonin" Glosario Vol. I - II 1995 - 1998 SGIAR.

SENCHAKU SHU

SENCHAKU SHU: (El Nembutsu por sobre todas las cosas) Obra en dieciséis capítulos, escrita por Honen en 1198, que constituye el texto básico de la escuela Tierra Pura

En ella, Honen, basado en los tres principales sutras de la escuela, exhorta a las personas a descartar todas las enseñanzas, salvo las del Nembutsu.

"Los Principales escritos de Nichiren Daishonin" Glosario Vol. I - II 1995 - 1998 SGIAR.

SENDERO MEDIO

SENDERO MEDIO: Nombre que en los primeros tiempos del budismo se aplicó a esta religión, ya que Buda al querer evitar los extremos afirmó que había logrado el conocimiento del sendero medio que otorga la visión, que trae el conocimiento, que produce la calma, la iluminación.

SENDERO OCTUPLE

SENDERO OCTUPLE: Descripción esquemática de la vida según los principios budistas.

Estos ocho puntos se pueden agrupar en un esquema triple de la vida budista: Fe inicial o saddha; Ética o sila y concentración o meditación, samadhi.

SENDERO PATENTE O DE LIBERACIÓN

SENDERO PATENTE O DE LIBERACIÓN: El Sendero patente, uno de los dos en que se divide el Sendero Uno, conduce a la bienaventuranza egoísta, despreciada por los Buddhas de Compasión.

El Buddha que elige este Sendero abandona toda relación posible con la tierra y aun todo pensamiento con ella relacionado, y olvidando así para siempre al mundo, no puede ya coadyuvar a la salvación de la humanidad; ésta es sacrificada al bienestar del Buddha egoísta, en quien está muerta la compasión.

(Véase: Sendero secreto).

SEÑOR DEL LOTO

SEÑOR DEL LOTO: Título aplicado a los diversos dioses creadores y también a los Señores del Universo cuyo símbolo es dicha planta.

(Véase: Loto).

[Igualmente se aplica el calificativo de "Señor del Loto" (Kumuda-pati) a la Luna, madre de la Tierra.

Según las enseñanzas ocultas, la Luna ocupó en un precedente manvantara la misma posición que ocupa la Tierra en el cielo actual, y puede decirse que los "principios vitales" de la Luna han reencarnado en la Tierra.

(Estancias de Dzyan, pág. 63).]

SESSEN DOJI

SESSEN DOJI: Shakyamuni en una existencia previa. Su historia se describe en el décimocuarto volumen del Sutra del Nirvana del siguiente modo: un joven llamado Sessen Doji vivía en las Montañas Nevadas y practicaba austeridades en busca de la iluminación

La deidad Taishaku decidió poner a prueba su fe. Apareció frente a Sessen Doji con la forma de un demonio y recitó la mitad de un verso de una enseñanza budista: "Todo cambia, nada es constante

Esta es la ley del nacimiento y de la muerte"

Seguro de que este verso contenía la verdad que estaba buscando, Sessen Doji imploró al demonio que le dijera la otra mitad. Éste aceptó, pero pidió en pago la carne y la sangre del muchacho

Sessen Doji aceptó encantado, y el demonio le enseñó la otra mitad del verso: "Extinguiendo el ciclo de nacimiento y muerte, uno ingresa en la alegría del nirvana". Sessen Doji escribió deprisa esta enseñanza en las rocas y en los árboles cercanos, para poder transmitirla a los demás

Luego se arrojó en la boca del demonio

En ese momento, éste se transformó en Taishaku y lo alabó por su dedicación

Sessen Doji simboliza Íla verdad de que practicar con un espíritu de total consagración conduce a la Budeidad.

"Los Principales escritos de Nichiren Daishonin" Glosario Vol. I - II

1995 - 1998 SGIAR.

SHAKUBUKU

SHAKUBUKU: Propagar el Budismo refutando las ideas erróneas o prejuiciosas de otros y conduciéndolos hacia las enseñanzas budistas correctas

Este método se ha utilizado comúnmente en el último Día de la Ley y entre personas que tienen conceptos erróneos acerca del Budismo

Ver también "shoju".

"Los Principales escritos de Nichiren Daishonin" Glosario Vol. I - II 1995 - 1998 SGIAR.

SHAN-TAO

SHAN-TAO: 613-681: (En jap.: Zendo.) Sacerdote de la escuela Jodo (Tierra Pura) en la China

El Sutra Kammuryoju le produjo tal impresión, que se dedicó a la práctica de sus enseñanzas para renacer en la Tierra Pura.

"Los Principales escritos de Nichiren Daishonin" Glosario Vol. I - II 1995 - 1998 SGIAR.

SHAN-WU-WEI

SHAN-WU-WEI: 637-735. (En sánscrito.: Subhakarasimha, en jap.: Zemmui.) Fundador de la escuela esotérica Shingon en la China

Nació como príncipe en Udyana, India, y subió al trono a los trece años, pero abdicó e ingresó en el sacerdocio debido a los celos de su hermano

Estudió el Budismo esotérico con Dharmagupta, del Monasterio Nalanda. En 716, fue a la China y comenzó la traducción de sutras tales como el Dainichi y el Shoshitsuji

Fue el primero en introducir las enseñanzas esotéricas en la China.

"Los Principales escritos de Nichiren Daishonin" Glosario Vol. I - II 1995 - 1998 SGIAR.

SHARIPUTRA

SHARIPUTRA: (En jap.: Sharihotsu.) Uno de los diez discípulos principales de Shakyamuni, conocido como el "primero en sabiduría". Nació en Magadha, y, en principio, fue seguidor de Sanjaya, uno de los seis maestros no budistas

Un día, Shariputra se encontró con Ashvajit, discípulo de Shakyamuni, quien le enseñó la ley de causa y efecto

Shariputra se sintió tan impresionado por la profundidad de esta doctrina y por el noble porte de Ashvajit, que se convirtió en discípulo de Shakyamuni

Más tarde, obtuvo la iluminación al escuchar la revelación en el capítulo "Hoben" del Sutra del Loto de que todos los fenómenos son la manifestación de la verdadera entidad de la vida.

"Los Principales escritos de Nichiren Daishonin" Glosario Vol. I - II 1995 - 1998 SGIAR.

SHIBI

SHIBI: (En sánscrito.: Sibi.) Nombre de Shakyamuni en una existencia pasada. Un día, la deidad Bishu se disfrazó de paloma, y Taishaku se convirtió en halcón, para poner a prueba la fe del rey Shibi

La paloma, que era perseguida por el halcón, voló hacia la túnica del rey Shibi en busca de protección

Para salvarla, Shibi se sacrificó, ofreciendo su carne al hambriento halcón.

"Los Principales escritos de Nichiren Daishonin" Glosario Vol. I - II 1995 - 1998 SGIAR.

SHILADITYA

SHILADITYA: reinó 606-647. También conocido como Harsha

Rey de la India central, que gobernó casi todo el país

Creyó en el Budismo, y construyó muchos templos y stupas

Se dice que dio la bienvenida a Hsüan-tsang cuando éste fue a la India.

"Los Principales escritos de Nichiren Daishonin" Glosario Vol. I - II 1995 - 1998 SGIAR.

SHINGON

SHINGON: Movimiento budista japonés de carácter sincretista fundado el año 806 por Kobo Daishi.

Los miembros de esta secta creían en los misterios cósmicos que estaba representados por formas visibles y tangibles.

Las posturas, los movimientos, las fórmulas de sus complicados rituales les hacen capacitados para evocar poderes misteriosos.

El cosmos se presenta gráficamente en diagramas, manda-las que simbolizan los dos aspectos del universo, su entidad ideal o potencial y sus manifestaciones vitales o dinámicas.

SHINRAN

Discípulo del fundador de la secta jodo, Honen, Shinran (1173-1263) proclamó a Amida como Buda trascendente, como Buda de la Luz infinita y la Compasión ilimitada, fundando el jodo shinshu, "la verdadera secta del país puro".

Entre los principios de su doctrina destaca el prescindir de la indumentaria monástica, admitir el matrimonio y la vida familiar normal.

Con ello pretendía Shinran demostrar que la vida secular no era obstáculo alguno para la salvación.

Purificó el budismo jodo de todas sus relaciones con los misterios tradicionales y los métodos de ejercicios piadosos, tratando de conectarlo únicamente con la vida del pueblo sencillo, de forma que pudiera superarse la distinción entre los religioso y lo secular.

SHOHO

SHOHO: Yo, sujeto o mundo subjetivo. El Budismo enseña que el sujeto y el ambiente son inseparables, porque ambos son manifestaciones de Myoho-renge-kyo

Ver también "eho".

"Los Principales escritos de Nichiren Daishonin" Glosario Vol. I - II 1995 - 1998 SGIAR.

SHOICHI

1202-1280. Sacerdote de la escuela Rinzai

También llamado Enni

Estudió el Zen en la China y, después de regresar al Japón, propagó sus enseñanzas en la corte y obtuvo el apoyo de la nobleza; llegó a ser el primer prior del Tofuku-ji en Kyoto.

"Los Principales escritos de Nichiren Daishonin" Glosario Vol. I - II 1995 - 1998 SGIAR.

SHOJU

SHOJU: Propagar el Budismo sin refutar las concepciones erróneas, conduciendo gradualmente a los demás hacia las supremas enseñanzas budistas

El shoju era empleado generalmente en los días Primero y Medio de la Ley, pero también se utiliza en el último Día, entre aquellos que no tienen conocimientos sobre el Budismo o que albergan prejuicios contra él

También significa buscar el Budismo, más que propagarlo activamente

Ver también "shakubuku".

"Los Principales escritos de Nichiren Daishonin" Glosario Vol. I - II 1995 - 1998 SGIAR.

SHONIN

SHONIN: Sabio. Título honorífico aplicado a sacerdotes o a sacerdotes laicos.

"Los Principales escritos de Nichiren Daishonin" Glosario Vol. I - II 1995 - 1998 SGIAR.

SHOTOKU

SHOTOKU: 574-622. También llamado príncipe Jogu

Segundo hijo de Yomei (trigésimo primer emperador del Japón), que se hizo célebre por haber aplicado el espíritu del Budismo al gobierno

Como regente de la emperatriz Suiko, llevó a cabo diversas reformas positivas.

"Los Principales escritos de Nichiren Daishonin" Glosario Vol. I - II 1995 - 1998 SGIAR.

SHOZUIKI

SHOZUIKI: Literalmente, significa 'alegría inicial'; se aplica al primero de los cinco niveles de la práctica revelados en el Sutra del Loto. .

"Los Principales escritos de Nichiren Daishonin" Glosario Vol. I - II 1995 - 1998 SGIAR.

SHRAMANA

SHRAMANA: Literalmente, 'humilde buscador del Camino', o 'aquel que domina la ley correcta y destruye el mal'. .

"Los Principales escritos de Nichiren Daishonin" Glosario Vol. I - II 1995 - 1998 SGIAR.

SHUDDHODANA

SHUDDHODANA: ('Arroz puro') Padre de Shakyamuni y rey de Kapilavastu, reino situado al norte de la India. .

"Los Principales escritos de Nichiren Daishonin" Glosario Vol. I - II 1995 - 1998 SGIAR.

SHUEN

SHUEN: 771-835. Sacerdote erudito del templo Kofuku-ji, perteneciente a la escuela Hosso

Apeló contra el pedido de Dengyo de construir una plataforma de ordenación destinada al Budismo Mahayana en el monte Hiei.

"Los Principales escritos de Nichiren Daishonin" Glosario Vol. I - II 1995 - 1998 SGIAR.

SHUKUOKE

SHUKUOKE: ('Flor del rey de las constelaciones') Bodhisattva que aparece en el capítulo "Asuntos pasados del bodhisattva Rey de la Medicina" (23) del Sutra del Loto, como interlocutor del Buda, a quien le formula diversas preguntas

En este capítulo, el buda Shakyamuni le ordena proteger el Sutra del Loto con sus poderes ocultos.

"Los Principales escritos de Nichiren Daishonin" Glosario Vol. I - II 1995 - 1998 SGIAR.

SIETE CLASES DE CALAMIDADES

SIETE CLASES DE CALAMIDADES: Ver "siete desastres".

"Los Principales escritos de Nichiren Daishonin" Glosario Vol. I - II 1995 - 1998 SGIAR.

SIETE CLASES DE GEMAS

SIETE CLASES DE GEMAS: La torre de los tesoros que describe el Sutra del Loto esta adornada con 7 gemas preciosas.

En el Gosho Nichiren Daishonin explica justamente cuales son estas gemas: Nada menos que la base de nuestra práctica budista.

1- Mon (escuchar): Escuchar la ley verdadera de Nan Miojo Rengue Kyo.

2- Shin (creer): Significa aceptar las enseñanzas escuchadas e incorporarlas a la propia vida cotidiana. Lo que mas subraya el Sutra del Loto es " creer".

3- Kai (observar los preceptos): Se refiere a los principios que deben espetar las personas que practican el Budismo en los últimos días de la ley. En el Budismo existe un sólo precepto: "El cáliz diamante" y consiste en mantener el Gohonzon durante toda la vida.

4- Jyo (establecer una fe inquebrantable): En el Gohonzon único objeto de veneración.

5- Shin (practicar asiduamente): Significa avanzar en el objetivo de nuestra propia iluminación y del Kosen Rufu. Sólo la práctica asidua puede asegurar un constante crecimiento en la fe.

6- Desechar el apego a las enseñanzas inferiores): Significa ser independiente frente a los deseos mundanos y apegos del presente y dedicarse a la felicidad de los demás consagrando el cuerpo y las acciones hacia el Kosen Rufu.

7- Zan (autoreflexión): Significa cultivar el corazón de reflexionar sobre la propia inmadurez en la fe y establecer la decesion de cambiar.Estos elementos son infaltables para la práctica budista e indican la postura en la fe dirigida hacia la iluminación. (Material de estudio SGIAR 1997)

SIETE CLASES DE TESOROS

SIETE CLASES DE TESOROS: Véase "Siete clases de gemas"

Según el capítulo "El surgimiento de la Torre de los Tesoros" (11) del Sutra del Loto, son: oro, plata, lapislázuli, nácar gigante, coral, perla y cornalina.

"Los Principales escritos de Nichiren Daishonin" Glosario Vol. I - II 1995 - 1998 SGIAR.

SIETE DESASTRES

SIETE DESASTRES: Desastres que, según las enseñanzas, son causados por las acciones contra la Ley

En el Sutra Ninno (Sutra del rey Benevolente), se los enumera del siguiente modo:

1) modificaciones extraordinarias en el Sol y la Luna;

2) cambios extraordinarios en las estrellas y los planetas;

3) incendios;

4) inundaciones fuera de la temporada lluviosa;

5) tormentas;

6) sequías y

7) guerra, dentro de la cual se incluyen los ataques enemigos desde el exterior y las rebeliones internas.

"Los Principales escritos de Nichiren Daishonin" Glosario Vol. I - II

SIETE ESCUELAS DEL NORTE Y TRES ESCUELAS DEL SUR

SIETE ESCUELAS DEL NORTE Y TRES ESCUELAS DEL SUR: Localizadas al norte y al sur del río Yangtze, cada una de estas escuelas sostuvo diferentes enseñanzas budistas que se opusieron dogmáticamente las unas a las otras

El gran maestro T'ien-t'ai sometió a prueba, en un debate, la superioridad del Sutra del Loto sobre todas ellas.

SIETE MARCAS

SIETE MARCAS: Véase "Cinco provincias y siete marcas".

"Los Principales escritos de Nichiren Daishonin" Glosario Vol. I - II 1995 - 1998 SGIAR.

SIETE REINOS

SIETE REINOS: De las deidades celestiales y siete reinos de las deidades terrenales:

Reinos de las deidades nativas que, según se dice, han gobernado el Japón desde antes de la época del primer emperador Jimmu

El Budismo las considera funciones naturales del universo.

"Los Principales escritos de Nichiren Daishonin" Glosario Vol. I - II 1995 - 1998 SGIAR.

SIETE TEMPLOS PRINCIPALES

SIETE TEMPLOS PRINCIPALES: Toda¡-ji, Kofuku-ji, Gango-ji, Daian-ji, Yasuhi-ji, Saidai-ji y Horyu-ji; principales templos budistas de Nara, capital del Japón desde 710 hasta 794.

"Los Principales escritos de Nichiren Daishonin" Glosario Vol. I - II 1995 - 1998 SGIAR.

SIGHRA O SIGHRAGA

SIGHRA O SIGHRAGA: (Sánscrito). Padre de Moru, "que vive todavía gracias al poder del Yoga, y se manifestará al principio de la edad Krita a fin de restablecer a los Kchattriyas en el décimonono Yuga", según dicen las profecías purânicas. "Moru" significa aquí "Morya", la dinastía de los soberanos budistas del Pataliputra, que empezó con el gran rey Chandragupta, abuelo del rey Azoka.

Es la primera dinastía búdica.

(Doctrina Secreta, I, 378).

SILA

SILA: Término budista que puede traducirse por "virtud" o "moral".

Es la ética del sendero octuple que comporta la recta conversación, la recta acción corporal y el recto vivir.

Ver Sendero Octuple.

SISTEMA PLANETARIO MAYOR

SISTEMA PLANETARIO MAYOR: Uno de los sistemas planetarios que contemplaba la antigua cosmología india

Se dice que un mundo está formado por un monte Sumeru, más los mares y montañas que lo rodean, un Sol y una Luna, y otros cuerpos celestes, que se extienden, hacia arriba, hasta el primer cielo de la meditación en el mundo de la forma, y hacia abajo, hasta el círculo del viento que forma la base de cada mundo

Mil de esos mundos forman un sistema planetario menor; mil sistemas planetarios menores constituyen un sistema planetario intermedio y mil de estos últimos sistemas forman un sistema planetario mayor

Se pensaba que en el universo existían infinidad de sistemas planetarios principales.

"Los Principales escritos de Nichiren Daishonin" Glosario Vol. I - II 1995 - 1998 SGIAR.

SOGA NO UMAKO

SOGA NO UMAKO: falleció. 626. Primer ministro que asumió dicha posición en 570, tras la muerte de su padre, Soga no Iname

En 587, derrotó a la familia Mononobe, que era el oponente más feroz del Budismo.

"Los Principales escritos de Nichiren Daishonin" Glosario Vol. I - II 1995 - 1998 SGIAR.

SOKA GAKKAI

SOKA GAKKAI: Organización laica perteneciente a la secta budista Nichiren Shoshu fundada el año 1930, que está considerada como una de las llamadas nuevas religiones del Japón.

Su nombre completo es el de "Sociedad para la creación de nuevos valores de la vida".

SON-KHA-PA

SON-KHA-PA: (Tibet). Escríbese también Tsong-Kha-Pa. Célebre reformador tibetano del siglo XIV, que introdujo en su país un Budismo purificado.

Era un gran Adepto que no pudiendo presenciar por más tiempo la profanación de la filosofía búdica por los falsos sacerdotes que hacían de ella un objeto de tráfico, puso violentamente fin a tal estado de cosas promoviendo una oportuna revolución y el destierro de 40.000 falsos monjes y lamas del país.

Es considerado como un avatar de Buddha, y es el fundador de la secta de los gelupka (o "casquetes amarillos") y de la Fraternidad mística relacionada con sus jefes.

El "árbol de las diez mil imágenes" (Khoom-boom o Koumboum), según se dice, surgió de la larga cabellera de este asceta, que, después de haberla dejado tras él, desapareció para siempre de la vista de los profanos.

SOTAPANNA

SOTAPANNA : Palabra budista aplicable al "converso" que adopta el camino de Buda.

SOTO

SOTO: Una de las dos ramas del budismo zen, fundada por Tsung-shan (807-869) y Ts'as-chan (840-901) en China.

Su noción fundamental era la unicidad del absoluto.

La formación consistía esencialmente en la práctica de la meditación en postura sedente con los pies cruzados, siguiendo un sistema de cinco etapas, llamadas las cinco relaciones, que iban desde el reconocimiento de un Yo superior o real, que eclipsa al Yo aparente, hasta la conciencia de la unicidad completa con la realidad absoluta.

La iluminación llega en el silencio interior.

Fue introducido en Japón por Dogen durante el siglo XIII y propulsado por Kei-zan.

SRAMANERA

SRAMANERA: Palabra sánscrita con la que se designa dentro del budismo a los novicios.

SRAVAKA-PANA

SRAVAKA-PANA: Término budista con el que se designa el medio que conduce a la iluminación.

El uso de esta palabra como tal referencia se comienza a emplear con la aparición del autotitulado "gran medio de salvación", el Mahayana.

STHÂVIRÂH O STHÂVIRANIKAYA

STHÂVIRÂH O STHÂVIRANIKAYA: (Sánscrito). Una de las primitivas escuelas filosóficas contemplativas, fundada 300 años antes de JC En el año 247 antes de la era cristiana se dividió en tres secciones: la Mahâvihâra Vâsinâh (Escuela de los Grandes Monasterios); Jetavaniyâh y Abhayagiri Vâsinâh.

Es una de las cuatro ramas de la Escuela Vaibhâchika, fundada por Kâtyâyana, uno de los más grandes discípulos del señor Gautama Buddha, autor del Abhidharma Jñâna Prasthâna Zâstra, y que, según se espera, reaparecerá como un Buddha.

(Véase: Abhayagiri, etc.) Todas estas escuelas son altamente místicas.

Literalmente, Sthâviranikaya es traducido en el sentido de "Escuela del Presidente o Chairman" (Chohan).

STHAVIRAS

STHAVIRAS: Movimiento formado por los monjes más conservadores del budismo que protagonizaron diversas polémicas con otros grupos en los siglos que siguieron a la muerte de Buda.

STUPA

STUPA: Monumento funerario budista estilizado en forma de semiesfera o cónico, que suele guardar reliquias de Buda, de un patriarca o de otro personaje importante y venerado.

Este tipo de monumento se desarrolló en la India partiendo de unos montones de tierra empleados para enterrar a las personas consideradas santas.

De ahí, y gracias a la labor del rey o emperador Ashoka, se cambió la tierra por la piedra.

Los más importantes stupas o tupas (en pali) son los existentes en Sanchi, Bhilsa y Barhut, aunque también fuera de la India se pueden encontrar, como por ejemplo el que hay en la pagoda de Shway Dagon en las afueras de la capital birmana, Rangún.

SUBHUTI

SUBHUTI: (En jap.: Shubodai.) Uno de los diez discípulos principales de Shakyamuni

Se dice, también, que era sobrino de Sudatta, quien donó el monasterio Jetavana a Shakyamuni

Se lo consideraba el primero en el entendimiento de la doctrina de ku

El capítulo "Juki" del Sutra del Loto profetizó su iluminación.

"Los Principales escritos de Nichiren Daishonin" Glosario Vol. I - II 1995 - 1998 SGIAR.

SUDÂNTA
SUDÂNTA: (Sánscrito). Bien dominado; cuyas pasiones se hallan dominadas. Un budista.

SUGATA
SUGATA: (Sánscrito). Uno de los títulos del Señor Buddha, título que tiene numerosos significados [siendo uno de ellos el de "Bienvenido".

(Burnouf).]

SUGAWARA NO MICHIZANE
SUGAWARA NO MICHIZANE: 845-903. Estadista, erudito y poeta japonés

Fue tenido en muy alta estima por el emperador Daigo y llegó a ser uno de los principales ministros

Pero debido a acusaciones falsas, se lo degradó a una posición inferior en Kyushu

Se lo venera como deidad del santuario de Kitano, en Kyoto.

"Los Principales escritos de Nichiren Daishonin" Glosario Vol. I - II 1995 - 1998 SGIAR.

SUKHAVATÎ
SUKHAVATÎ: (Sánscrito). [Literalmente: "Tierra pura o feliz".] -El paraíso occidental del populacho no educado.

La noción popular es que hay un paraíso occidental de Amithâba en que los santos y los hombres buenos se deleitan en goces físicos hasta que el Karma los lleva una vez más al ciclo del renacimiento.

Esta es una exagerada y errónea noción del Devachán.

[Leemos en el Evangelio de Buddha (LX, el Amithâba): 13.

"Hay en el Occidente una región paradisíaca llamada "Tierra pura" llena de oro, plata y piedras preciosas.

Allí corren aguas puras sobre cauces de arenas auríferas entre veredas cubiertas de lotos.

Oyese una música que causa deleite, llueven flores tres veces al día; las aves proclaman, cantando armoniosamente, las excelencias de la religión, y en el espíritu de los que oyen sus dulcísimos acentos se despierta el recuerdo del Buddha, del Dharma y del Sangha.

Allí no puede germinar mal alguno, y el mismo nombre del infierno es desconocido.

Aquel que pronuncia con fervor y devoción las palabras "Amitâbha Buddha" se transporta a esta feliz región y, cuando se avecina la muerte, el Buddha se le aparece con una corte de discípulos santos, y gusta de una tranquilidad perfecta.]

SUMITOMO

SUMITOMO: falleció 941. Fujiwara no Sumitomo, comandante militar del clan Fujiwara, quien sometió a una banda de ladrones en 936

Sin embargo, luego se convirtió, a su vez, en jefe de una banda similar y se rebeló contra el gobierno

Finalmente, fue derrotado en 941.

"Los Principales escritos de Nichiren Daishonin" Glosario Vol. I - II 1995 - 1998 SGIAR.

SUNAKSHATRA

SUNAKSHATRA: Persona que cometió diversas maldades, pero, tiempo después, depositó su fe en el Buda, con lo cual erradicó sus malas causas

Aunque su nombre aparece en el Sutra del Nirvana, no queda claro si es el mismo Sunakshatra que fue hijo de Shakyamuni, y que luego se opuso al Budismo y cayó vivo en el [estado de] Infierno.

"Los Principales escritos de Nichiren Daishonin" Glosario Vol. I - II 1995 - 1998 SGIAR.

SUNYATA

SUNYATA: Palabra sánscrita empleada en la filosofía budista para designar la carencia de realidad y consistencia definitivas que caracteriza a todos los conceptos.

SÛRYAVARTA

SÛRYAVARTA: (Sánscrito). Uno de los grados o períodos del Samâdhi.

SUSTITUCIÓN DE LOS TRES VEHÍCULOS

SUSTITUCIÓN DE LOS TRES VEHÍCULOS: por el vehículo único: Concepto revelado en la enseñanza teórica del Sutra del Loto, donde Shakyamuni manifiesta que los tres vehículos no son fines en sí mismos, como había enseñado en los sutras provisionales, sino medios para conducir a las personas hacia el vehículo único de la Budeidad.

"Los Principales escritos de Nichiren Daishonin" Glosario Vol. I - II 1995 - 1998 SGIAR.

SUTRA DAIJUKU

SUTRA DAIJUKU: (Sutra de la gran asamblea) Colección de sutras que, según se dice, Shakyamuni predicó a los budas y a los bodhisattvas

El trabajo contiene referencias a las tres calamidades y predicciones en cuanto a la difusión del Budismo a lo largo de los cinco períodos consecutivos de quinientos años, que siguen a la muerte de Shakyamuni.

"Los Principales escritos de Nichiren Daishonin" Glosario Vol. I - II 1995 - 1998 SGIAR.

SUTRA DAINICHI

SUTRA DAINICHI: (Sutra Mahavairochana) Una de las tres escrituras básicas del Budismo esotérico

En 725, Shan-wu-wei, con ayuda de 1hsing, lo tradujo al chino

En este sutra, el buda Dainichi describe el modo de obtener la sabiduría de Buda, y define como causa al hecho de aspirar a la iluminación; como cimiento, a la adquisición de una gran misericordia; y como forma de concreción, a los medios hábiles.

"Los Principales escritos de Nichiren Daishonin" Glosario Vol. I - II 1995 - 1998 SGIAR.

SUTRA DEL CORAZON

SUTRA DEL CORAZON: Nombre de un tratado del budismo mahayana perteneciente al tipo de texto conocido como Prajña Paramita.

SUTRA DEL DIAMANTE

SUTRA DEL DIAMANTE: Tratado del budismo mahayana perteneciente al tipo de texto conocido como Prajña Paramita.

SUTRA DEL LOTO

SUTRA DEL LOTO: (En jap.: Hokekyo.) 1) Última enseñanza de Shakyamuni, expuesta durante los últimos ocho años de su vida. Se divide generalmente en veintiocho capítulos, y los más importantes de ellos son el "Roben" y el "Juryo". En el primero, Shakyamuni enseñó que la naturaleza de Buda era inherente a las personas comunes, y en el último, reveló su logro original de la iluminación

2) Enseñanza budista más elevada de una época en particular

En el último Día, significa Nam-myoho-renge-kyo o el Gohonzon de las Tres Grandes Leyes Secretas

Nichiren Daishonin utilizó con frecuencia la expresión Sutra del Loto en sus escritos para referirse a Nam-myoho-renge-kyo. .

"Los Principales escritos de Nichiren Daishonin" Glosario Vol. I - II 1995 - 1998 SGIAR.

"El significado del Sutra del Loto estriba en su capacidad de transformar a seres humanos inmaduros en hombres y mujeres sabios; de permitir que todas las personas cultiven el estado de vida más elevado que poseen en su interior: la Budeidad"

(Daisaku Ikeda en La sabiduría del Sutra del Loto: Diálogo sobre la religión en el siglo XXI, Sección 7, fascículo 4, p. 3)

El nombre sánscrito original del Loto Sutra es Saddharma-pundarika-sutra. Se conocen tres traducciones chinas más importantes del sutra:

Sho Hokekyo, traducido por Dharmaraksa.

Myoho Renge Kyo, traducido por Kumarajiva.

Tempon Myoho Renge Kyo, traducido por Jnanagupta y Dharmagupta.

De estos tres, la traducción de Kumarajiva, Myoho Renge Kyo, es que el más conocida y tomada como la más fiel en esencia. El libro consiste en 28 capítulos a saber:

La escena es Ryojusen (la Sagrada Montaña del Águila), dónde Sakyamuni Buda estaba predicando a 12000 Arhats, 2000 Sravakas, 6000 Bhiksunis (monjas), 80000 Bosatus (el bodhisattvas), y otros.

1) Jyo-hon - "La Introducción" Cayeron flores del cielo y la tierra temblaba ante la aniciación del Buda. La luz brilló del medio de la frente de Shakyamuni Buda para iluminar el universo. Bodhisattva de Manjusri que habían previsto este gran evento del discurso del Buda a los oyentes congregados dijeron que Shakyamuni Buda transmitiría la Ley Mística.

2) Hoben-pon - "Medios Hábiles" El Buda Shakyamuni confesó que

las enseñanzas desarrolladas durante los 40 años eran provisorias, para llevar a todas las personas a la verdad. Él dio énfasis a su voto que todas las personas deben recibir el esclarecimiento espiritual del Buda por la Enseñanza Correcta.

3) Hiyu-hon - "Parábolas y Semejanzas"

4) Shinge-hon - "Creencia y Comprensión" El símil de Choja_Guji que Maha-Kasyapa explicó. El niño de un hombre rico estaba perdido y creció creyéndose ser de origen humilde. Al encontrar al hombre joven destituido, el padre con su éxito por medio gradual fue haciéndole aceptar su verdadero origen. De semejante manera el Buda hace que todos vayan aceptado su propia naturaleza de Buda.

5) Yakusoyu-hon - "Parábola de las Hierbas Medicinales" Igual que las plantas y los árboles. La vegetación de la Tierra es de muchos tipos y tamaños diferentes, aunque la lluvia riega por igual a todos, sin embargo el crecimiento de las plantas varía. Lo mismo le ocurre a cada persona, crecen interiormente en proporción diferente, aunque todos tienen la naturaleza de Buda inherente.

6) Juki-hon - "La Anunciación de Profecías " El Buda Shakyamuni dio la primera profecía a los Sravakas que se suponían que apegados a sus doctrinas e incapaces de entrar en el Nirvana, que ellos lograrían el Nirvana de hecho.

7) Kejoyu-hon - "La Parábola de Ciudad Fantasma" Igual al Kejo_ Hosho (el castillo temporal y la tesorería). Viajeros que hacen la jornada larga a la tesorería (Hokke Ichijo) empieza a derrumbarse a través del agotamiento. Su líder excelente crea un castillo temporal para proporcionarles por el camino el resto. Ésta es una parábola de cómo el Buda Shakyamuni lleva a los seguidores al lugar de destino. Kejoyu-hon también describe la carrera de Shakyamuni en el mundo anterior y el origen de este mundo.

8) Gohyaku Deshi Juki-hon - "La Profecía de Ilumincaión a los Quinientos Discípulos"

9) Jugaku Mugaku Ninki-hon - "Profecías de adeptos y aprendices (Profecías de los Sravakas Que Tiene Algo Más para Aprender y de los Sravakas Que no Tiene Nada Más para Aprender")

Dieron a 2000 Sravakas la garantía que ellos se volverían Buda también. Sin embargo, todavía no se garantizaron los bodhisattvas que se suponía que estaban más cerca del Nirvana. Luego 8000 bodhisattvas salieron de la duda.

10) Hosshi-hon - "El Maestro del Dharma (El Maestro de la Ley)" Como en Kogen_Shakusui (la profundidad de la tierra y el agua). Una persona sedienta que excava sólo pozos poco profundos en la tierra alta es improbable satisfacer su sed. Sólo por el trabajo duro de excavar el testamento más profundo él humedad del hallazgo que le dice agua está cercana. Ilustra las dificultades, primeramente de comprensión en el Sutra del Loto, después creer y mantener los mandatos del Loto Sutra.

11) Ken Hoto-hon - "El Surgimiento de la Torre de los Tesoros" La Torre de los Tesosros aparece y desde adentro una voz fuerte exclamó: "El discurso del Buda Shakyamuni es la verdad." Todos los presentes en la reunión se levantaron en el cielo; Shakyamuni entró en la Torre de los tesoros y se sentó junto a Taho Nyorai que el ya estaba allí. Entonces, Shakyamuni habló sobre la imoprtancia del Sutra del Loto en este mundo.

12) Devadatta-hon - "Devadatta"

13) Kanji-hon - "El Aliento a la Devoción", 20000 bodhisattvas, 8000 Sravakas, y otros quisieron jurar como los encargados de transmitir el Sutra del Loto, ocurrieron cualquier tipos de tribulaciones pensando después de la muerte de Shakyamun. Sin embargo, el Buda Shakyamuni no lo permitiría.

14) Anrakugyo-hon - "Prácticas Pacíficas" Shakyamuni les mostró cuatro maneras de presentar la práctica a todos en el próximo mundo siguiente:

Acepte la meditación Zen para comprender el estado de simplemente ser.

No señale los errores de un hereje y su escritura, pero en cambio explique a él el Mahayana y déle el conocimiento del Buda.

Explique la manera en que todos pueden tener el éxito igual.

Esfuércese por dar la manera de volverse un Buda a todos.

15) Yujutsu-pon - "Irrumpir de la Tierra" La tierra se agitó e innumerables bodhisattvas surgieron, llevó por los cuatro bodhisattvas de la clasificación jerárquica altos, Jogyo, Muhengyo, otro Jogyo y Anryugyo. El Buda Shakyamuni declaró que estos bodhisattvas eran quienes él había iluminado en el pasado remoto, mientras mostrando así que él existió a través de la eternidad.

16) Nyorai Juryo-hon - "Duración de la Vida de El Que Así Llega " El Buda Shakyamuni explicó una vez más que él existió eternamen-

te desde que su Nirvana entrando no sólo edificó moralmente este mundo pero también los otros mundos innumerables. Él también mostró que este mundo es el mundo de Buda.

17) Funbetsu Kudoku-hon - "Distinción de Beneficios " Esos discípulos que, al oír que Buda tenía la existencia eterna y buscó seguirlo allí, también se mostró su entrando futuro en el Nirvana. Sakyamuni Buda también sugiere que éste sea el destino de aquéllos que extendieron el Loto Sutra, mientras dando la razón como la grandeza aplastante del acto misericordioso de transmitir el Sutra del Loto.

18) Zuiki Kudoku-hon - "Los Beneficios de Responder con Alegría "

19) Hosshi Kudoku-hon - "Los Beneficios del Maestro de la Ley" Se describen cinco tipos de prácticas de sacerdotes budistas, mientras sugiriendo cómo el Loto que podrían extenderse Sutra:

Juji - crea y proteje al Sutra del Loto

Doku - leen el Sutra del Loto

Ju - recitan al Sutra del Loto

Gesetsu - enseñanza del Sutra del Loto

Shosha - la copia del al Sutra del Loto

20) Fukyo - "El Bodhisattva Jamás Despreciar " Había un bodhisattva que habló sólo una lección a todos que él se encontró: "Mis respetos a usted. Practique la manera del bodhisattva y usted vuélvase Buda." Algunos no estaban contentos sobre esta filosofía simple y atacaron el bodhisattva con las ramitas y lo ahuyentó con las piedras. En el futuro, sin embargo, aquéllos que habían atacado el bodhisattva lo siguieron. Los bodhisattva se volvieron un Buda. Explica que que este bodhisattva era el Buda que nosotros sabemos ahora como Sakyamuni Buda.

21) Nyorai Jinriki-hon - "Los Poderes Sobrenaturales de El Que Así Llega"

22) Zokurui-hon -" La Trasnferencia" Todos los bodhisattvas fueron confiados para extender el Sutra del Loto. La parte importante de la aparición del Buda se completa ahora, Shakyamuni dejó la torre de la tesorería y muchos de aquéllos que se habían vuelto Buddhas como Sakyamuni devolvieron a sus provincias. La escena del sermón del Buda Sakyamuni en los medio-cielos se convertidos en la cima de la Sagrada Montaña del Águila una vez más.

23) Yakuo Bosatsu Honji-hon - "Asuntos Pasados del Bodhisattva

Rey de la Medicina"

Una descripción se da de cómo, en el mundo pasado, los bodhisattva de la Medicina pidian ayuda al Sutra del Loto, y cómo el destino requirió el quemando de su propio codo en la recompensa - explicando la práctica del Loto así Sutra. 10 símiles describen la excelencia del Loto Sutra; y un 12 símiles extensos explican cómo el Loto Sutra quita la angustia total.

24) Myo'on Bosatsu-pon - "El Bodhisattva Sonido Maravilloso" Describe el estado que el bodhisattva del Sonido Maravilloso se transforma en treinta y cuatro seres vivientes y explica el Loto Sutra para salvar a las personas.

25) Kanzeon Bosatsu Fumon-bon - "El Pórtico Universal del Bodhisattva" Esto explica que ese bodhisattva de Kanzeon del oeste surge en este mundo como una transformación del de él para relevar a las personas en la tribulación.

26) Darani-hon - "Dharani" Cómo el bodhisattva del Medicina-rey, Valiente-en-dando el bodhisattva, Vaisravana, el Mundo-tenencia, diez raksasis, los Madre-de-diablos y otros defienden aquéllos que guardan los mandatos del Loto Sutra.

27) Myoshogon'nou Honji-hon - "Asuntos Pasados del rey Adorno Maravilloso"

28) Fugen Bosatsu Kanbop-pon - "Aliento del Bodhisattva Universalemte Digno" Sakyamuni Buda explicó el una vez más el contenido de la obra una vez mas,a los Bodhisattvas. Estas enseñanzas son:

Aliste la ayuda del varios Buddhas

Aumente la virtud por las varias prácticas

Comprenda el calmando de la mente y cuerpo a la quietud

Tenga el deseo en su corazón rescatar a todas las personas

(Shinsho Koyama - SGI JAPON)

SUTRA DEL NIRVANA

SUTRA DEL NIRVANA: (En jap.: Nehan-gyo.) Enseñanza expuesta por Shakyamuni en el último día de su vida, en la que confirma los más importantes principios del Sutra del Loto

El Sutra del Nirvana pertenece a la categoría de "Mahayana verdadero", pero es inferior al Sutra del Loto

Ver también "cinco períodos".

"Los Principales escritos de Nichiren Daishonin" Glosario Vol. I - II
1995 - 1998 SGIAR.

SUTRA HOMETSUJIN

SUTRA HOMETSUJIN: (Sutra sobre la declinación de la Ley) En él se
describe la forma en que las enseñanzas de Shakyamuni desaparecerán
después de su muerte. También explica que en el último Día de la Ley,
las funciones demoníacas aparecerán bajo la forma de sacerdotes co-
rruptos que llevarán a cabo actos en contra de la Ley. .

"Los Principales escritos de Nichiren Daishonin" Glosario Vol. I - II
1995 - 1998 SGIAR.

SUTRA KEGON

SUTRA KEGON: (En sánscrito.: Avatamsaka-sutra.) Recopilación de
las enseñanzas que Shakyamuni expuso durante las primeras tres se-
manas siguientes a su iluminación en BuddhGaya

Primero de los cinco períodos. Representa un nivel muy elevado de
enseñanza, sólo superado por el Sutra del Loto

Shakyamuni comenzó su vida de enseñanza con esta profunda doctrina, que expone la práctica del bodhisattva, para que sus seguidores
tomaran conciencia de la profundidad del Budismo.

"Los Principales escritos de Nichiren Daishonin" Glosario Vol. I - II
1995 - 1998 SGIAR.

SUTRA MURYOGI

SUTRA MURYOGI: Sutra de los significados infinitos, enseñanza in-
troductoria del Sutra del Loto

Shakyamuni explica en este sutra que todos los principios y significados (muryogi) derivan de una Ley, e indica tácitamente que la revelará
en el Sutra del Loto

Luego declara que durante los más de cuarenta años pasados no había
revelado aún la verdad completa

Esto pone en claro que él expuso las enseñanzas provisionales sólo para
conducir a las personas hacia el Sutra del Loto.

"Los Principales escritos de Nichiren Daishonin" Glosario Vol. I - II
1995 - 1998 SGIAR.

SUTRA

SUTRA: Término sánscrito que define la unidad básica de las escrituras
budistas. Procede de "coser" y suele dársele el significado de "hebra"

o "hilo".

Es la referencia de la exposición hecha por Buda sobre un determinado tema.

SUTRAS AGON

SUTRAS AGON: (En sánscrito.: Agama-sutra.) Término genérico con que se designan todos los sutras del Hinayana

T'ien-t'ai clasificó las enseñanzas de Shakyamuni en cinco períodos, según el orden de exposición

Los sutras Agon pertenecen al segundo período

Ver también "cinco períodos".

"Los Principales escritos de Nichiren Daishonin" Glosario Vol. I - II 1995 - 1998 SGIAR.

SUTRAS HANNYA

SUTRAS HANNYA: Sutras del Mahayana provisional más elevado, pertenecientes al cuarto de los cinco períodos de las enseñanzas de Shakyamuni

El concepto de ku se reveló por primera vez en estos sutras

Ver también "cinco períodos".

"Los Principales escritos de Nichiren Daishonin" Glosario Vol. I - II 1995 - 1998 SGIAR.

SUTRAS HODO

SUTRAS HODO: Sutras del Mahayana provisional inferior, pertenecientes al tercero de los cinco períodos de las enseñanzas de Shakyamuni

En estos sutras, Shakyamuni refutó el apego de sus discípulos al Hinayana y los condujo hacia enseñanzas superiores

Ver también "cinco períodos".

"Los Principales escritos de Nichiren Daishonin" Glosario Vol. I - II 1995 - 1998 SGIAR.

SUTRAS HOKKE-NEHAN

SUTRAS HOKKE-NEHAN: Enseñanzas más elevadas de Shakyamuni, expuestas durante los últimos ocho años de su vida, integradas por el Sutra del Loto y el Sutra del Nirvana

Ver también "cinco períodos".

"Los Principales escritos de Nichiren Daishonin" Glosario Vol. I - II 1995 - 1998 SGIAR.

SUTTA NIPATA

SUTTA NIPATA: Libro perteneciente al quinto nikaya (colección) del Sutta Pitaka del canon budista pali.

En esta obra se encuentran testimonios valiosos sobre las primitivas formulaciones de las doctrinas e ideas budistas.

Consiste en una antología compuesta en verso, casi en su totalidad, y dispuesta en cinco capítulos:

- El capítulo de la serpiente

- El capítulo menor

- El gran capítulo

- El capítulo de los ocho

- El camino hacia el más allá.

SUTTA PITAKA

SUTTA PITAKA: Una de las tres grandes secciones o pitakas (cestos) del canon budista. recoge los discursos o suttas agrupándolos en cinco colecciones o nikayas:

Digha-Nikaya;

Majjhima-Nikaya; Anguttara-Nikaya;

Khuddaka-Nikaya y

el Sutta Pitaka, propiamente dicho.

SUTTA

SUTTA: Palabra pali que define la unidad básica de las escrituras budista.

SVÂBHÂVIKA

SVÂBHÂVIKA: (Sánscrito). La más antigua escuela de Buddhismo existente. Sus partidarios atribuyeron la manifestación del universo y los fenómenos de la vida al Svabhâva o naturaleza respectiva de las cosas.

Según Wilson, los svabhâvas de las cosas son "las propiedades inherentes de las cualidades por las cuales ellas obran, como calmantes, terroríficas, pasmosas, y las formas svarûpas son la distinción de bípedo, cuadrúpedo, pez, etc." [Svâbhâvika significa también: natural, que pertenece a la naturaleza particular de uno.

En plural, los naturalistas (secta filosófica de los buddhistas de Nepal).]

T

T'AN-LUAN

T'AN-LUAN: 476-542. Fundador de la escuela Tierra Pura en la China

Es reverenciado como el primero de los cinco patriarcas de la escuela Tierra Pura china y también se lo considera el fundador de la escuela Ssu-lun (en jap.: Shiron).

"Los Principales escritos de Nichiren Daishonin" Glosario Vol. I - II 1995 - 1998 SGIAR.

T'IEN-T'AI

T'IEN-T'AI: 538-597. Otro nombre de Chih-i. Fundador de la escuela T'ient'ai, que expuso la doctrina de ichinen sanzen

Clasificó todos los sutras de Shakyamuni en cinco períodos y ocho enseñanzas, según su orden, contenido y método de propagación

Así demostró que el Sutra del Loto era el más elevado de todos

Sus profundos estudios sobre el Sutra del Loto fueron recopilados en tres trabajos principales: el Hokke Gengi, el Hokke Mongu y el Maka Shikan

En este último, reveló la teoría de ichinen sanzen

Ver también "ichinen sanzen", "cinco períodos" y "ocho enseñanzas".

"Los Principales escritos de Nichiren Daishonin" Glosario Vol. I - II 1995 - 1998 SGIAR.

TA SHIH CHIH

TA SHIH CHIH: Nombre chino del bodhisattva Mahasthana Prapta, que junto con Kuan Yin asiste a Amitabha en el gobierno del Paraíso Occidental.

Tiene poder para liberar las almas del ciclo de la reencarnación, quebrantando el influjo del karma.

TAHO

TAHO: ('Muchos tesoros') Buda que aparece sentado dentro de la Torre de los Tesoros, con el propósito de corroborar las enseñanzas de Shakyamuni expuestas en el Sutra del Loto

Según el capítulo "El surgimiento de la Torre de los Tesoros" (11) del Sutra del Loto, Taho reside en la tierra de la Pureza de los Tesoros, en la parte oriental del universo

Mientras realizaba la práctica de bodhisattva, prometió que después de entrar en el nirvana aparecería para atestiguar la validez del Sutra del Loto, en cada oportunidad en que éste fuese predicado.

"Los Principales escritos de Nichiren Daishonin" Glosario Vol. I - II 1995 - 1998 SGIAR.

Es un Buda que aparece sentado en la Torre de los Tesoros, en la Ceremonia del Aire para testimoniar sobre las enseñanzas de Shakyamuni en el Sutra del Loto

De acuerdo al capítulo once el Buda Taho vivió en la pureza del mundo del tesoro, en una parte oriental del universo

Mientras él estaba comprometido con la práctica del Bodhisattva, juró que aun después de haber entrado en el Nirvana aparecería, en la Torre de los Tesoros y testimoniaría la validez del Sutra a lo largo del universo

En el capítulo once Shakyamuni reúne a todos los budas del universo

Y entonces él abre la Torre de los Tesoros y ante la invitación de Taho se sienta al lado del Buda

Esta invitación T'ien T'ai la interpreta como la fusión de la realidad y la sabiduría (Kyochi myogo), con Taho representando la verdad objetiva (realidad última) y Shakyamuni (la sabiduría subjetiva)

Nichiren Daishonin usa esta interpretación de T'ien T'ai en el Gosho La Verdadera Entidad de la vida , donde menciona:Todas las formas de vida que existen en el universo son, claramente Myoho-renge-kyo

Aun los dos budas Shakyamuni y Taho, son funciones de Myoho-renge-kyo, que hicieron su aparición para conceder sus beneficios a la humanidad

(WORLD LINKS SOKA GAKKAI - USA 1999)

TAISHAKU

TAISHAKU: (En sánscrito.: Sakra devanam Indra.) Una de las principales deidades tutelares del Budismo, junto con Bonten

Originariamente, era la deidad del trueno y fue adoptada como deidad protectora del Budismo

Apoyado por los Cuatro Reyes Celestiales, gobierna los treinta y tres reinos del Éxtasis

Otra deidad, también llamada Taishaku, se transformó de diversas formas para poner a prueba a Shakyamuni durante su práctica de bodhisattva, pero después de la iluminación de Shakyamuni, prometió proteger el Budismo

Apareció, junto a veinte mil seguidores, en la ceremonia descrita en el Sutra del Loto.

"Los Principales escritos de Nichiren Daishonin" Glosario Vol. I - II 1995 - 1998 SGIAR.

Es el Gran Rey Celestial Shakra (el poderoso), es el dios indio Indra

Es la deidad principal junto con Bonten de los doce dioses tutelares del Budismo

En la India originalmente el dios Indra era el supremo gobernante de los dioses

Era el jefe del Devas, el dios de la guerra, el dios del trueno y tormentas, el más grande de todos los guerreros, el más fuerte de todos los seres

Era el defensor de los dioses y de la humanidad contra las fuerzas del mal

Tenía aspecto joven de un dios brillante, paseaba a caballo en un carro dorado por los cielos, pero estaba más a menudo ilustrado como el dios del trueno, donde manejaba un arma celestial Vajra

Se muestra como un dios creador donde mantenía el orden del cosmos, también trajo el agua a la tierra, era un dios de la fertilidad

También tenía el poder reavivar a los guerreros que se habían caído en batalla

Se lo describe a Indra muy poderoso, con un cutis rojizo, y con o dos o cuatro brazos muy largos

Sus padres eran el dios del cielo Dyaus Pita y la diosa de la tierra Prthivi; nació y creció al lado de su madre

Su esposa se llama Indrani, y sus sirvientes se los llamaban Maruts

Se nombran como Jayanta a sus hijos, Midhusa, Nilambara, Rbhus, Rsabha, Sitragupta, y el más importante Arjuna

Muchos himnos védicos son dedicados a Indra y sus hazañas

Cuando no iba en su carro, Indra montaba un gran elefante blanco Airavata, que siempre aparecía victorioso

Se le dio numerosos títulos incluso Shakra ("Poderoso"), Vajri ("el Thunderer"), Purandara ("destructor de Ciudades"), Meghavahana ("Jinete de las Nubes"), y Svargapati ("el Señor de Cielo")

Él era el dios que permaneció al lado de Shakyamuni, conjuntamente con el dios Bonten, para ofrecer ayuda y apoyo al Buda

Por lo tanto, él fue un dios que protegió a aquellos que practicaban el Budismo

Hasta la actualidad, Bonten y Taishaku son dioses Budistas que protegen a los creyentes del Sutra del Loto

Nuestra historia hoy, se centra en un incidente en el cual Taishaku peleó con Asura, el poderoso rey demonio

El Rey Asura vivía en palacio llamado el mundo de los cielos y aún cuando él era el rey, tenía un corazón muy malvado

Usted pensará que debido a que él era rey, desearía ayudar a la gente de su reino -, pero no el Rey Asura

El Rey Asura no ayudaba a nadie. Es más, él, a propósito, ¡se salía del camino para herir a la gente! Taishaku, quien había hecho una promesa de proteger a toda la gente, había estado observando al Rey Asura, y cuán mal estaba tratando a todo el mundo en su reino

Por lo que un día, Taishaku decidió engañar al Rey Asura y a todos sus soldados ofreciéndoles a cada uno de ellos una gran copa de vino. Bueno, ellos tomaron y tomaron hasta que todos y cada uno de ellos estuvo completamente ebrio y se durmieron

Entonces, Taishaku, los lanzó hacia abajo, desde el mundo de los cielos a la tierra

Cuando el Rey Asura finalmente despertó, él y todos sus soldados estaban en las faldas de una enorme montaña llamada Monte Sumeru. El Rey Asura miró a su alrededor sorprendido, entonces, ¡se dio cuenta que había sido lanzado desde el mundo de los cielos! El se puso terriblemente enfurecido y comenzó a gritar y vociferar a todo pulmón, "¡Tenemos que derrotar a Taishaku!"

En ese momento, el Rey Asura reunió a todos sus soldados y marcharon hasta la cima del Monte Sumeru, la montaña más alta en el mundo

¡Él estaba preparado para la guerra! Taishaku se reunió con todos los otros dioses, quienes también habían prometido proteger y ayudar a la gente, y juntos lucharon contra el Rey Asura y su armada

Pero la armada del poderoso rey demonio era muy numerosa. Taishaku y los otros dioses protectores, batallaron lo mejor que pudieron, pero no pudieron detener una armada tan grande

Finalmente, Taishaku y los otros sintieron que no tenían otra alternativa más que escapar en un vehículo celestial, pero durante su escape, ellos pasaron junto a varios pájaros extraordinarios que vivían en un bosque cercano

A ellos se les llamaba los pájaros Garuda - y de acuerdo a la fábula Hindú - los pájaros Garuda eran muy grandes, comían dragones y protegían el Budismo

Bueno, Taishaku y los otros se estaban moviendo tan rápido por los cielos, que accidentalmente asustaron a uno de los bebés Garuda que estaba en su nido

El asustado bebé Garuda gritó tan fuertemente que Taishaku escuchó al bebé Garuda y se detuvo inmediatamente

"¿Qué fue ese sonido?" le preguntó a uno de sus soldados. "Señor, ese fue el llanto de un bebé Garuda

Debemos haberlo asustado" respondió el soldado

Taishaku dijo, "Ya veo. Nosotros estabamos tan apurados por escapar que hemos asustando a un inocente pájaro bebé. ¡Esto es terrible! Nosotros hicimos una promesa de proteger a todas las criaturas vivientes - aún este pájaro bebé

Debemos guardar esta promesa. Tenemos que dejar de correr y regresar a la batalla". El Rey Asura que estaba detenido a la entrada del bosque con sus soldados, pensó que había ganado la batalla

Él y su armada habían corrido a Taishaku y a los otros

Pero súbitamente, del bosque salió una visión increíble - ¡era Taishaku con su armada regresando a la batalla! El Rey Asura se sorprendió. ¡Él pensaba que ya había ganado! Pero ahora estaba pensando, "Taishaku y sus soldados estabanhuyendo, pero ahora están regresando. ¡Deben haber conseguido más soldados que se les unieran!" En ese momento, el bebé Garuda, dio otro fuerte grito

Cuando el Rey Asura escuchó este llanto, se asustó, pensando que Taishaku debía estar regresando con una armada aún más grande. El cobarde Rey Asura, y todos sus soldados dieron la vueltay corrieron atemorizados, toda la distancia desde la cima del Monte Sumeru, al palacio de los demonios al fondo del precipicio.

Y ese es el final de la historia de Taishaku y su batalla con Asura, el poderoso rey demonio. Pero, ¿qué significa la historia para nosotros en la actualidad? ¿Qué podemos aprender de ella? Asura, aún cuando era muy poderoso era también arrogante y trataba mal a los demás; un cobarde rufián. En lugar de ayudar a la gente él sólo quería hacerles daño. Como resultado, aún cuando tenía una inmensa armada, perdió la guerra. Por otro lado, Taishaku (que únicamente tenía una pequeña armada con él), aún si ésto significaba perder su propia vida, se devolvió y valientemente se enfrentó al poderoso demonio, Asura. Cuando pensamos acerca de Taishaku, nosotros pensamos en alguien que es virtuoso, valiente y misericordioso - alguien que hace una promesa y la cumple. Nichiren inscribió el Gohonzon porque esta era la manera de mostrarnos que la bondad, honestidad, misericordia e integridad también existen en el mundo. Cada mañana y cada noche cuando hacemos Gongyo y entonamos Daimoku, nosotros podemos recordar que todos nosotros, incluyendo nuestras familias, somos protegidos porque creemos en el Budismo Verdadero. Piensen en usted como Taishaku (especialmente cuando las cosas andan mal) - haga lo mejor que pueda para estudiar, hacer Gongyo regularmente y entonar Daimoku. Si uno se dedica sinceramente en la práctica budista, entonces, igual que Taishaku, definitivamente vencerán. (WORLD LINKS SOKA GAKKAI - USA 1999)

TALAPONÉS

TALAPONÉS: (Siam.). Monje o asceta budista en Siam; a algunos de estos ascetas se les atribuyen grandes poderes mágicos.

TAMURA

TAMURA: 758-811. Sakanoue no Tamuramaro, líder militar a quien se le asignó el título de "generalísimo conquistador de bárbaros", debido a su exitosa campaña contra la población aborigen de los ezo, oriundos del norte del Japón, con lo cual estableció la autoridad de la corte imperial en esa región.

"Los Principales escritos de Nichiren Daishonin" Glosario Vol. I - II 1995 - 1998 SGIAR.

TANJUR

TANJUR: Colección de obras budistas que contiene 225 volúmenes traducidas del sánscrito al tibetano, que constituyen las Escrituras Sagradas budistas.

TAO-AN

TAO-AN: 314-385. (En jap.: Doan.) Sacerdote chino que vivió durante la dinastía Chin oriental

Después de estudiar el Budismo con Fo-t'u-ch'eng, lo enseñó activamente a sus quinientos discípulos, entre los cuales se encontraba Hui-yüan

Refutó el Confucianismo y el Taoísmo, con lo cual estableció la superioridad del Budismo.

"Los Principales escritos de Nichiren Daishonin" Glosario Vol. I - II 1995 - 1998 SGIAR.

TAO-CH'O
TAO-CH'O: 562-645. Segundo de los cinco patriarcas de la escuela Tierra Pura en la China

Se dice que disertó doscientas veces sobre el Sutra Kammuryoju y que enseñó la práctica de invocar el nombre del buda Amida

Shan-tao fue su discípulo.

"Los Principales escritos de Nichiren Daishonin" Glosario Vol. I - II 1995 - 1998 SGIAR.

TÂRÂ
TÂRÂ: [o Târakâ] (Sánscrito). Esposa de Brihaspati (Júpiter), arrebatada por el Soma (la Luna); acto que condujo a la guerra de los dioses con los asuras.

Târâ personifica el conocimiento místico como opuesto a la fe ritualista.

Es la madre (por obra de Soma) de Buddha "Sabiduría".

[Véase: Budha.]

TASHI-LUMPO
TASHI-LUMPO: Es uno de los más grande monasterios gelukpa, fundado en el Tibet en 1947 por Gyal-wa gedundup.

Contaba con más de 3800 monjes y era la residencia del Panchen Lama, una de las principales personalidades de la jerarquía gelukpa.

Posee cuatro colegios tántricos y los objetos de veneración más importantes que guarda en su interior son las tumbas de los Pachen Lamas y las cinco estatuas colosales de Gyal-wa Jampa.

TASHILHÛMPA
TASHILHÛMPA: (Tibet). El gran centro de monasterios y colegios situado a tres horas de distancia del Tchigadze, residencia del Teshu

Lama.

Para los detalles, véase "Panchen Rimboche".

Fue edificado en 1445 por orden de Tson-Kha-Pa.

TASSISSUDUN

TASSISSUDUN: (Tibet). Literalmente: "la santa ciudad de la doctrina", habitada, sin embargo, por más dugpas que santos.

Es la capital, en Bhutan, donde reside la cabeza eclesiástica de los bhons -el Dharma Râjâ.

Este, aunque públicamente es budista del Norte, es simplemente un adorador de los antiguos demonios-dioses de los aborígenes, espíritus de la Naturaleza o elementales, a quienes se daba culto en el país antes de la introducción del Buddhismo.

A ningún extranjero se le permite entrar en el Gran Tibet, o Tibet occidental, y a los contados sabios que en sus viajes se arriesgan a entrar en aquellas regiones prohibidas no se les permite penetrar más allá de los países limítrofes de la tierra de Bod.

Viajaron por Bhutan, Sikkhim y otros puntos de las fronteras del país, pero nada pudieron saber ni aprende del verdadero Tibet, y por consiguiente, nada del verdadero Buddhismo del Norte o Lamaísmo de Tsong-Kha-pa.

Y con todo, a la vez que describen no más que los ritos y creencias de los bhons y los viajadores samaneos, aseguran ellos a la faz del mundo que le están exponiendo el puro Buddhismo del Norte, y comentan la gran caída que ha experimentado de su pristína pureza.

TATHAGATA

TATHAGATA: Término frecuentemente utilizado por Buda para referirse a si mismo.

Su significado literal es "el que así ha venido o llegado".

TATHÂGATAGUPTA

TATHÂGATAGUPTA: (Sánscrito). Tathâgata secreto u oculto, o los Buddhas "guardianes" protectores: título aplicado a los Nirmânakâyas.

TCHÎNA

TCHÎNA: (Sánscrito). Nombre de la China en las obras búddhicas, llamándose así dicho país desde la dinastía Tsin, que se estableció en el año 349 antes de nuestra era.

TENDAI

TENDAI: Escuela budista japonesa introducida en el archipiélago nipón desde China en el siglo IX, fundada por Dengyo Daishi, y que junto a la secta shingon ha sido una de las fuerzas más activas en la promoción de las creencias religiosas y del pensamiento filosófico del Japón.

Su doctrina considera a Buda como el conquistador de la verdad.

La naturaleza búdica es inherente a toda existencia y, por tanto, el Tendai desea que todos los hombres tiendan con su esfuerzo a realizarla en si mismos; el esfuerzo moral y la meditación no sirven para nada si no es acompañado por la fe en Buda.

TENSHO DAIJIN

TENSHO DAIJIN: (Amaterasu Omikami.) Deidad del Sol en la mitología japonesa, también considerada una de las protectoras del Budismo

Según las historias más antiguas que se conservan, el Kojiki (Registros de las cuestiones antiguas) y el Nihon Shoki (Crónicas del Iapón), esta deidad era la figura central y, a su vez, la progenitora del clan imperial

También se pensaba que era la responsable de la fertilidad en la agricultura.

"Los Principales escritos de Nichiren Daishonin" Glosario Vol. I - II 1995 - 1998 SGIAR.

TERCER

TERCER: e inferior grupo de creyentes del buda Daitsu: Shakyamuni enseñó el Sutra del Loto en el pasado remoto de sanzen-jintengo, cuando era el decimosexto y último hijo del buda Daitsu

Sus seguidores de aquel entonces se clasificaban en tres grupos

El primero estaba integrado por aquellos que abrazaron la fe cuando escucharon el Sutra del Loto del decimosexto hijo del buda Daitsu y más tarde lograron la iluminación

El segundo grupo también profesó la fe en el Sutra del Loto, pero luego lo descartó por enseñanzas budistas inferiores

El tercer grupo no pudo abrazar la fe, aun a pesar de haber escuchado el Sutra del Loto.

"Los Principales escritos de Nichiren Daishonin" Glosario Vol. I - II 1995 - 1998 SGIAR.

TESHU LAMA

TESHU LAMA: (Tibet). Una encarnación de Gautama o Amitâbha Buddha.

(Doctrina Secreta, I, 511).

La cabeza de la Iglesia tibetana.

(Five Years of Theosophy).

THOTHORI NYAN TSAN

THOTHORI NYAN TSAN: (Tibet). Un rey del Tibet en el siglo IV. Cuéntase que durante su reinado fue visitado por cinco extranjeros misteriosos que le revelaron cómo podía utilizar para el bien de su país cuatro objetos preciosos que habían caído del cielo en el año 331 después de JC, en un cofrecillo de oro y "cuyo uso nadie conocía".

Tales objetos eran:

1) manos plegadas como las pliegan los ascetas budistas;

2) un Shorten adornado con piedras preciosas (un Stupa edificado sobre un receptáculo para reliquias);

3) una gema con la inscripción "Aum mani padme hum", y

4) el Zamatog, obra religiosa sobre ética, una parte del Kanjur.

Una voz del cielo dijo entonces al Rey que después de cierto número de generaciones cada uno sabría cuán preciosos era estos cuatro objetos.

El número de generaciones expresado condujo el mundo al siglo VII, en que el Budismo vino a ser la religión aceptada del Tibet.

Haciendo una concesión en favor de la licencia de la leyenda, los cuatro objetos caídos del cielo, la voz y los cinco misteriosos extranjeros pueden fácilmente ser considerados como hechos históricos.

Sin duda alguna eran cinco Arhats o Bikchus llegados de la India en su viaje de proselitismo.

Muchos fueron los sabios indos que, perseguidos en su país a causa de su nueva fe, buscaron refugio en el Tibet y la China.

THSANG THISRONG TSANG

THSANG THISRONG TSANG: (Tibet). Un rey que floreció entre los años 728 y 787, y que invitó al pandita Rakshit, llamado Bodhisattva por su gran saber, a venir de Bengala y establecerse en el Tibet, con el objeto de enseñar la filosofía búddhica a sus sacerdotes.

TIERRA DE BUDA

TIERRA DE BUDA: Lugar donde vive un buda. Con frecuencia se utiliza el término para referirse a la felicidad absoluta que disfrutan los budas

No se refiere a un estado paradisíaco ni a una tierra alejada de los sufrimientos mortales.

"Los Principales escritos de Nichiren Daishonin" Glosario Vol. I - II 1995 - 1998 SGIAR.

TIPITAKA

TIPITAKA: El canon de las escrituras budistas en pali, considerado prioritario por el Theravada, la formulación más antigua de la doctrina budista y también la más completa.

El nombre Tipitaka significa "tres cestos": Vinaya-pitaka",que recoge una serie de relatos acerca de la fundación de la Sangha budista, así como las normas por las que esta se rige.

"Sutta-pitaka", que consiste en un conjunto de diálogos de Buda y algunos de sus discípulos con personajes contemporáneos, dispuestos en cinco colecciones o nikayas: Digha Nikaya, Najjhima Nikaya, ANguttara Nikaya, Samyutta Nikaya y Khuddaka Nikaya;

"Abhidh amma-pitaka", que consta de siete libros en donde la doctrina recibe una formulación abstracta, condensada y sistemática mediante listas numéricas y agrupaciones por temas.

TISARANA

TISARANA: (Pali). "Los tres guías". Se hallan expuestos en la fórmula o profesión de fe búddhica: "Yo sigo a Buddha como mi guía; sigo la Ley (o Doctrina) como mi guía; sigo a la Congregación (o Iglesia) como mi guía." (Véase: Buddha-Dharma-Sangha y Trizarana).

TITTHIYA

TITTHIYA: (Pali). Escuela religiosa de la India en tiempo de Buddha.

Véase: Tîrthika.

TO-JI

TO-JI: Templo principal de una rama de la escuela Shingon, la To-ji, situado en Kyoto

En 823, la corte imperial le otorgó este templo a Kobo, fundador de la escuela, y de allí en más se convirtió en el centro de las prácticas esotéricas del Shingon.

TOKATSU

TOKATSU: Primero de los ocho infiernos mayores

Se dice que las personas que se encuentran en este infierno luchan unas contra otras viciosamente, con tenazas de hierro, o son torturadas por guardianes armados con varas de hierro y sables afilados como navajas.

TOKUITSU

TOKUITSU: ¿780-842?. Sacerdote de la escuela Hosso que estudió estas enseñanzas con Shuen, en el templo Kofuku de Nara

El Shugo kokkai sho contiene detalles de su controversia con Dengyo e incluye muchas citas del Chuhen gikyo (Espejo de la doctrina ortodoxa y de la heterodoxa) de Tokuitsu, cuyo original ya no se conserva.

"Los Principales escritos de Nichiren Daishonin" Glosario Vol. I - II 1995 - 1998 SGIAR.

TOKUSHO DOJI

TOKUSHO DOJI: Niño que, junto con Musho Doji, ofreció una torta de barro a Shakyamuni como gesto de sinceridad, cuando el Buda estaba mendigando en Rajagriha

Los beneficios que recibieron por esa ofrenda les permitieron renacer, a uno como el rey Ashoka, y, al otro, como su esposa o hermano (según la fuente)

La historia aparece en el Aíkuo den (Historia del rey Ashoka).

"Los Principales escritos de Nichiren Daishonin" Glosario Vol. I - II 1995 - 1998 SGIAR.

TOMINES

TOMINES: Denominación de los ángeles de la religión budista.

TOPE

TOPE: (Anglo-ind.). Túmulo o montículo artificial que protégé las reliquias de Buddha o de algun otro grande Arhat.

Los topes son llamados también dagobas.

[Véase: Dagobas.]

TORRE DE LOS TESOROS

TORRE DE LOS TESOROS: (En jap.: hoto.) Torre del buda Taho que aparece en el capítulo "Roto" del Sutra del Loto

La Torre de los Tesoros está adornada con siete clases de sustancias y elementos valiosos, como el oro y la plata

En el Budismo de Nichiren Daishonin, representa Nam-myoho-renge-kyo y también la vida de aquellos que veneran el Gohonzon.

"Los Principales escritos de Nichiren Daishonin" Glosario Vol. I - II 1995 - 1998 SGIAR.

En el capítulo once, mientras el buda Shakyamuni está exponiendo el Sutra del Loto, aparece una Torre imponente, tachonada de siete clases de joyas, que surge desde las profundidades de la Tierra

Esto marca el comienzo de la Ceremonia en el Aire

Es la Torre del buda Taho ("Muchos Tesoros")

Este buda Taho había logrado la Budeidad en un tiempo pasado, a través de escuchar la doctrina de "Myoho renge kyo"

Cuando iba a entrar en la extinción, manda construir esa torre inmensa, para consagrar "las acciones o cuerpo del Buda"

Esa torre aparece cada vez que se expone la Ley Mística, en cualquier lugar del universo y durante el tiempo que dure la prédica, la Torre permanece suspendida en el aire

El propósito de esta Torre es confirmar o testimoniar que la doctrina de la Ley Mística es verdadera

Para que esta torre pueda abrirse y revelar el "cuerpo del Buda", el Buda tiene que convocar a todas sus manifestaciones o emanaciones, provenientes del universo

Todo esto es, en realidad, una metáfora que luego vamos a analizar desde el punto de vista de nuestra propia vida

Desde el punto de vista del Budismo de Shakyamuni, la Torre cumple con dos funciones:

1) dar credibilidad a los capítulos anteriores del Sutra del Loto, que son la "enseñanza provisional o teórica" (el buda Taho es una especie de testigo que corrobora la verdad de todo lo que ha dicho Shakyamuni);

2) prepara el camino para la revelación de la enseñanza esencial, que se produce en la segunda mitad del Sutra del Loto, especialmente en el capítulo 16. Pero partamos de la conclusión que para el Budismo de Nichiren Daishonin: La Torre de los Tesoros no es otra cosa que Myoho-renge-kyo

Y existe en la vida de cada persona que abraza la fe en el Gohonzon. Esto es lo que revela Nichiren Daishonin en este gosho, cuando dice: "El daimoku del Sutra del Loto es la Torre de los Tesoros, lo cual equivale a decir que la Torre de los Tesoros es Nam-myoho-renge-kyo"

La Torre de los Tesoros aparece cada vez que se expone la Ley Mística; esto significa que la Torre es la manifestación visible de Nam-myoho-renge-kyo, así como la claridad (o el día) es la manifestación visible del Sol

No olvidemos que el Sutra del Loto es un relato donde, metafóricamente, se narra el prodigio de la revolución humana, o la tremenda epopeya que es la lucha de un Bodhisattva de la Tierra por cumplir la misión de un buda sobre esta tierra

El Sutra del Loto es un relato épico sobre el logro de la Budeidad que llevan a cabo las personas comunes

Todo tiene que ser leído dentro de éste contexto. Sin embargo, cuando Nichiren Daishonin expuso la Ley de Nam-myoho-renge-kyo no "apareció" ninguna Torre. ¿Como se entiende? Para el Budismo de Nichiren Daishonin, la Torre de los Tesoros que aparece cuando el Daishonin expone el Gohonzon es, simplemente, la vida iluminada de cada persona que cree en el Gohonzon y manifiesta su Budeidad

La Torre de los Tesoros es inmensa

Sus dimensiones no pueden ser calculadas con la mente

Es una forma de describir la inmensidad del estado de vida que tiene un buda, o que logra una persona común cuando se fusiona con el Gohonzon

Esto alude a la forma grandiosa y digna que posee nuestra "vida primordial", nuestro "verdadero yo"

Conocer la Torre de los Tesoros no es más que conocerse a uno mismo" en el sentido más profundo

Básicamente, en la raíz de nuestro ser, estamos adornados con la joya de la Budeidad restallante

La revolución humana que estamos incentivándonos a lograr en este mundo de la SGI es el compromiso cotidiano por extraer el brillo de esa vida esencial y hacer que los demás también se animen a extraerlo en sí mismos

Por qué esa Torre aparece desde lo profundo de la Tierra

La Tierra simboliza la realidad de los nueve estados (desde el estado de Infierno hasta el estado de Bodhisattva), es decir, la vida cotidiana de la gente común

El hecho de que la Torre brote de la Tierra significa que "las personas pueden elegir construir esa Torre dentro de su propia vida

Los nueve estados, en sí mismos, contienen la Budeidad

Por ese motivo, la Torre de los Tesoros irrumpe la Tierra"

Para inscribir el Gohonzon, el Daishonin se basa en la Ceremonia en el Aire

La inscripción Nam-myoho-renge-kyo aparece en el lugar central: es una Torre en sí

Los dos budas aparecen a cada lado de esta inscripción

La presencia de la Ley en el medio es la inseparabilidad entre las respectivas funciones que simbolizan cada uno de los dos budas

Por ejemplo, Shakyamuni y Taho, a cada lado de la "Torre de los Tesoros" que es la Ley Mística, simbolizan la inseparabilidad entre la vida y la muerte, o entre la verdadera entidad y los fenómenos

En otro gosho, por ejemplo, el Daishonin dice: "Este mandala no es, de ningún modo, una invención de Nichiren

Es el objeto de veneración que representa perfectamente al buda Shakyamuni en la Torre de los Tesoros y a todos los demás budas que se hallaban presentes, tan exactamente como una impresión coincide con la talla de madera"

En todas estas metáforas y descripciones, hay algo importante de entender: cuando el Sutra del Loto habla de todos esos budas, cuando en el Gohonzon el Daishonin incluye a los budas y a los Bodhissatvas de la Tierra, no es para hablar de algo que sucede afuera, sino para exponer el estado de Budeidad que hay dentro de nosotros

En el Budismo de Shakyamuni, se habla de los budas Shakyamuni y Taho

En el Budismo de Nichiren Daishonin, se habla de Myoho-renge-kyo

En realidad Myoho-renge-kyo es el Buda verdadero, y los dos budas Shakyamuni y Taho son "funciones" de ese buda esencial que es la Ley Mística

Porque los budas particulares logran la Budeidad a través de tomar como maestro a la Ley

El mortal común (cada uno de nosotros) que abraza la Ley con todo su ser y fusiona su ichinen con el Gohonzon es, en sí, un buda verdadero. (Material de Estudio 1999 - SGIAR)

TORTUGA TUERTA

TORTUGA TUERTA: Según cierta leyenda budista, tortuga tuerta y sin miembros que vive en el fondo del océano

Su lomo es helado, y su vientre, ardiente

Su único deseo es subirse a un trozo de sándalo flotante y enfriar su estómago en un agujero de la madera, mientras expone su lomo al calor del sol

Sin embargo, sólo puede subir a la superficie una vez cada mil años, y aun entonces, raramente encuentra un trozo de sándalo

Cuando lo hace, su único ojo le torna difícil subirse a la madera

Esta historia simboliza la dificultad de encontrar el Gohonzon.

"Los Principales escritos de Nichiren Daishonin" Glosario Vol. I - II 1995 - 1998 SGIAR.

TOSHIHITO

TOSHIHITO: fechas desconocidas. Fujiwara no Toshihito

Distinguido guerrero del clan Fujiwara que vivió durante el período Heian (794-1185)

En 915, asumió como jefe del cuartel general militar del norte del Japón.

"Los Principales escritos de Nichiren Daishonin" Glosario Vol. I - II 1995 - 1998 SGIAR.

TOSHUN

TOSHUN: Título abreviado del Hokke mongu toshun, comentario sobre el Hokke mongu de T'ien-t'ai, escrito por Chih-tu, sacerdote T'ien-t'ai de la dinastía T'ang, en la China

También se lo conoce como Hokekyo shogisan.

TRANQUILIDAD

TRANQUILIDAD: (En jap.: nin.) También llamado Humanidad; quinto de los Diez Estados

Condición de la vida en que uno controla sus deseos e impulsos mediante la razón, ejercita el buen juicio y vive en armonía con su entorno.

Ver también "Diez Estados".

"Los Principales escritos de Nichiren Daishonin" Glosario Vol. I - II 1995 - 1998 SGIAR.

TREINTA Y TRES DEIDADES CELESTIALES

TREINTA Y TRES DEIDADES CELESTIALES: Se dice que en la cima del monte Sumeru viven treinta y tres deidades; Taishaku ocupa el centro, y hay ocho deidades inferiores en cada una de las direcciones: norte, sur, este y oeste.

"Los Principales escritos de Nichiren Daishonin" Glosario Vol. I - II 1995 - 1998 SGIAR.

TRES ÁMBITOS DE LA EXISTENCIA

TRES ÁMBITOS DE LA EXISTENCIA: (En jap.: sanseken.) También "tres principios de individualización"

1) Cinco componentes de la vida (go'on seken): forma, percepción, "conceptualización", volición y conciencia

2) Ámbito de los seres vivientes (shujo seken)

3) Ámbito constituido por el medio en que existen los seres vivos (kokudo seken)

Ver también "ichinen sanzen".

"Los Principales escritos de Nichiren Daishonin" Glosario Vol. I - II 1995 - 1998 SGIAR.

TRES CALAMIDADES Y SIETE DESASTRES

TRES CALAMIDADES Y SIETE DESASTRES: (En jap.: sansai shichinan.) Calamidades descritas en diversos sutras

Existen dos categorías de tres calamidades: menores y mayores

Las menores son la inflación (especialmente, la que provoca el estado de Hambre), la guerra y la peste

Las mayores son los desastres causados por el fuego, el viento y el agua en la época del fin del mundo

Los siete desastres difieren según los sutras

El Sutra Yakushi los define como peste, invasión extranjera, luchas internas, cambios extraordinarios en los cielos, eclipses solares y lunares, tormentas y tifones fuera de estación, y sequías fuera de época.

"Los Principales escritos de Nichiren Daishonin" Glosario Vol. I - II

TRES CATEGORÍAS DE ILUSIÓN

TRES CATEGORÍAS DE ILUSIÓN: Clasificación establecida por T'ient'ai

Son: 1) ilusiones del pensamiento y del deseo (las primeras son las percepciones distorsionadas de la verdad, y las últimas se refieren a inclinaciones ruines, como la codicia y la furia);

2) ilusiones innumerables como partículas de polvo y de arena, que surgen cuando los bodhisattvas intentan dominar innumerables enseñanzas para salvar a otros; y 3) ilusiones sobre la verdadera naturaleza de la vida.

"Los Principales escritos de Nichiren Daishonin" Glosario Vol. I - II 1995 - 1998 SGIAR.

TRES CRÓNICAS

TRES CRÓNICAS: Obras que registran las acciones de tres gobernantes legendarios de la antigua China: Fu Hsi, Shen Nung y Huan Ti, de quienes se dice que gobernaron en forma ejemplar.

"Los Principales escritos de Nichiren Daishonin" Glosario Vol. I - II 1995 - 1998 SGIAR.

TRES CUERPOS

TRES CUERPOS: Según la escuela budista mahayana, Buda existe en tres cuerpos : el que poseía en su existencia terrenal, el de su existencia celestial y el que une los dos anteriores y se identifica con la realidad última.

TRES ENEMIGOS PODEROSOS

TRES ENEMIGOS PODEROSOS: (En jap. sanrui no goteki.) Tres clases de personas descritas en el capítulo "Kanji" del Sutra del Loto, que perseguirán a aquellos que propaguen el sutra en la época malvada posterior a la muerte del Buda.

Son:

1) laicos ignorantes del Budismo que denuncian a los devotos del Sutra del Loto y los atacan con espadas y palos,

2) sacerdotes arrogantes y astutos que calumnian a los devotos; y

3) aquellos que gozan de respeto público en general y que, por temor a perder su fama o privilegios, inducen a las autoridades a perseguir a los devotos del Sutra del Loto.

"Los Principales escritos de Nichiren Daishonin" Glosario Vol. I - II
1995 - 1998 SGIAR.

TRES ENSEÑANZAS

TRES ENSEÑANZAS: Enseñanzas expuestas antes del Sutra del Loto

Se refieren a zokyo, tsugyo y bekkyo, las primeras tres de las cuatro
enseñanzas de keho

Ver "ocho enseñanzas".

"Los Principales escritos de Nichiren Daishonin" Glosario Vol. I - II
1995 - 1998 SGIAR.

TRES ESCUELAS DEL SUR Y SIETE ESCUELAS DEL NORTE

TRES ESCUELAS DEL SUR Y SIETE ESCUELAS DEL NORTE: Designación dada por T'ien-t'ai a los principales sistemas de clasificación
comparativa de los sutras budistas empleados en la China, durante los
períodos de las dinastías Septentrional y Meridional

Aunque tales sistemas diferían entre sí, todos consideraban como enseñanza suprema del Buda al Sutra Kegon o bien al Sutra del Nirvana.

"Los Principales escritos de Nichiren Daishonin" Glosario Vol. I - II
1995 - 1998 SGIAR.

TRES EXISTENCIAS

TRES EXISTENCIAS: Pasado, presente y futuro. Tres aspectos de la
eternidad de la vida, unidos inseparablemente por la ley de causa y
efecto

Indican la dimensión del tiempo

"A lo largo de las tres existencias" significa "por toda la eternidad".

"Los Principales escritos de Nichiren Daishonin" Glosario Vol. I - II
1995 - 1998 SGIAR.

TRES GRUPOS DE DISCÍPULOS DE SHAKYAMUNI

TRES GRUPOS DE DISCÍPULOS DE SHAKYAMUNI: También llamados tres grupos de hombres de Aprendizaje, cuya iluminación fue pro-
fetizada en la primera mitad del Sutra del Loto

Shakyamuni reveló en la enseñanza teórica que el propósito de la vida
humana no era lograr el estado de Aprendizaje, Comprensión Intuitiva
o Bodhisattva, sino lograr la Budeidad

Sin embargo, sus discípulos diferían en su capacidad de comprender esta enseñanza

Shariputra fue el primero que la comprendió, al escuchar su postulado teórico en el capítulo "Hoben"

Él simboliza el primer grupo

El capítulo "Hiyu" predice su iluminación

Maudgalyayana, Mahakashyapa, Katyayana y Subhuti comprendieron la enseñanza del Buda mediante la parábola relatada en este capítulo

Estos discípulos conforman el segundo grupo, cuya iluminación está predicha en el capítulo "Juki"

Purna, Ananda, Rahula y otros, que finalmente comprendieron la enseñanza del Buda al escuchar acerca de su relación con Shakyamuni desde el pasado remoto de sanzen-jintengo tengo, como explica el capítulo "Kejoyu", constituyen el tercer grupo.

"Los Principales escritos de Nichiren Daishonin" Glosario Vol. I - II 1995 - 1998 SGIAR.

TRES GRUPOS DE DISCÍPULOS

TRES GRUPOS DE DISCÍPULOS: que escuchan la voz: Discípulos de Shakyamuni de capacidad superior, intermedia e inferior, cuyo logro de la Budeidad se prenuncia en la primera mitad del Sutra del Loto.

"Los Principales escritos de Nichiren Daishonin" Glosario Vol. I - II 1995 - 1998 SGIAR.

TRES HISTORIAS

TRES HISTORIAS: Obras de los tres reyes: el rey (o emperador) Yü, de la dinastía Hsia; el rey T'ang, de la dinastía Yin, y el rey Wen, de la dinastía Chu.

"Los Principales escritos de Nichiren Daishonin" Glosario Vol. I - II 1995 - 1998 SGIAR.

TRES ILUSIONES

TRES ILUSIONES: T'ien-t'ai dividió las ilusiones en tres grandes categorías:

1) ilusiones del pensamiento y del deseo

Las primeras son enfoques distorsionados de la vida, de los cuales T'ien-t'ai dijo que existían ochenta y ocho clases. Las segundas incluyen inclinaciones ruines, como codicia, furia, ignorancia y arrogancia. Estas ilusiones, dijo, eran la causa de que las personas sufrieran en los seis senderos;

2) ilusiones que impiden a los bodhisattvas salvar a los demás. Éstas se generan cuando un bodhisattva entiende mal las enseñanzas que debe aprender para salvar a todos los hombres;

3) cuarenta y dos ilusiones fundamentales que impiden al bodhisattva lograr la iluminación; la última y más seria es la oscuridad fundamental (gampon no mumyo).

"Los Principales escritos de Nichiren Daishonin" Glosario Vol. I - II 1995 - 1998 SGIAR.

TRES MALOS CAMINOS
TRES MALOS CAMINOS: Los tres primeros de los Diez Estados

Condiciones inferiores de la vida: Infierno, Hambre y Animalidad.

TRES MIL ESTADOS
TRES MIL ESTADOS: (En jap.: sanzen.) Todos los fenómenos del universo, o todos los estados posibles de la vida

Ver "ichinen sanzen".

"Los Principales escritos de Nichiren Daishonin" Glosario Vol. I - II 1995 - 1998 SGIAR.

TRES MIL REGLAS DE CONDUCTA
TRES MIL REGLAS DE CONDUCTA: Estrictas reglas de disciplina del Budismo Hinayana para los que aspiraban al Camino

Se llega al número tres mil aplicando los doscientos cincuenta preceptos a cada uno de los cuatro actos: caminar, pararse, sentarse y estar acostado

El resultado -mil- se aplica a cada uno de los tres grupos de personas: las destinadas a lograr la iluminación, las destinadas a los tres malos caminos, y aquellos cuyo destino no está determinado con claridad, lo que da un total de tres mil reglas de conducta.

"Los Principales escritos de Nichiren Daishonin" Glosario Vol. I - II 1995 - 1998 SGIAR.

TRES MUNDOS
TRES MUNDOS: o Mundo triple. Condición de los hombres no iluminados que viven en los seis caminos o estados inferiores

Según el Kusha Ron de Vasuvandhu, este estado puede verse de tres maneras: 1) el mundo de los deseos; 2) el mundo de la materia, cuyos habitantes están libres de los deseos, pero todavía sujetos a alguna clase de restricción material; 3) el mundo del espíritu, donde uno está más allá de las restricciones del deseo y de la materia.

"Los Principales escritos de Nichiren Daishonin" Glosario Vol. I - II 1995 - 1998 SGIAR.

TRES OBSTÁCULOS Y CUATRO DEMONIOS

TRES OBSTÁCULOS Y CUATRO DEMONIOS: (En jap.: sansho shima.) Diversos obstáculos que se interponen en la práctica del Budismo.

Los tres obstáculos son:

1) bonno-sho: obstáculos debidos a los tres venenos: furia, codicia y estupidez;

2) go-sho: obstáculos debidos al karma generado por cometer las cinco faltas graves. Go-sho también significa oposición de la esposa e hijos;

3) ho-sho: obstáculos debidos a la dolorosa retribución causada por acciones cometidas en los tres malos caminos: Infierno, Hambre y Animalidad.

Ho-sho también se refiere a los obstáculos causados por los superiores (soberano, padres, etcétera).

Los cuatro demonios son:

1) bonno-ma: impedimentos que surgen de los tres venenos;

2) on-ma: impedimento de los cinco componentes: forma, percepción, "conceptualización", volición y conciencia. El cuerpo y la mente humanos se manifiestan mediante la combinación temporaria de estos cinco componentes, y estos causan muchas clases de sufrimientos;

3) shi-ma: impedimento de la muerte, que nos hace abandonar la práctica del Budismo, o la muerte intempestiva de un creyente, que provoca dudas en otros;

4) tenji-ma: impedimento de la función llamada "Demonio del Sexto Cielo"

Esta oposición se manifiesta como opresión por parte de hombres con influencia y poder, y es la más difícil de vencer.

"Los Principales escritos de Nichiren Daishonin" Glosario Vol. I - II 1995 - 1998 SGIAR.

TRES PROPIEDADES

TRES PROPIEDADES: (En jap.: sanjin.) Propiedades de la Ley (hosshin), de la sabiduría (hoshin) y de la acción (ojin)

Hosshin es la verdad de la vida del Buda; hoshin es la sabiduría de percibir la verdad, mientras que ojin son las acciones misericordiosas que emprende el Buda para salvar a las personas y el cuerpo que manifiesta la vida del Buda en este mundo con ese propósito

Antes del Sutra del Loto se las explicaba como atributos de tres budas diferentes, pero en el Sutra del Loto se muestran como tres propiedades de un solo buda.

"Los Principales escritos de Nichiren Daishonin" Glosario Vol. I - II 1995 - 1998 SGIAR.

TRES SUTRAS DE LA TIERRA PURA

TRES SUTRAS DE LA TIERRA PURA: Sutras básicos de la escuela Tierra Pura en el Japón: el Sutra Muryoju, el Sutra Kammuryoju y el Sutra Amída.

"Los Principales escritos de Nichiren Daishonin" Glosario Vol. I - II 1995 - 1998 SGIAR.

TRES TESOROS

TRES TESOROS: (En jap.: sampo.) El Buda, la Ley y el Sacerdote

El Buda es aquel que ha tomado conciencia de la verdad de la vida y posee las tres virtudes del soberano, el maestro y los padres

La Ley es la enseñanza expuesta por el Buda, en la que éste revela su propia iluminación

El Sacerdote es el discípulo del Buda que hereda y transmite la Ley a las generaciones futuras

Las explicaciones sobre los tres tesoros difieren según el tiempo y las escuelas budistas

En el Budismo verdadero, "el Buda" se refiere al Buda original, Nichiren Daishonin; " la Ley" es el Dai-Gohonzon, el objeto de veneración, y "el Sacerdote" es Nikko Shonin, quien sucedió a Nichiren Daishonin y encarna la relación de maestro y discípulo.

"Los Principales escritos de Nichiren Daishonin" Glosario Vol. I - II 1995 - 1998 SGIAR.

TRES VEHÍCULOS

TRES VEHÍCULOS: Estados de Aprendizaje, Comprensión Intuitiva y Bodhisattva

También, enseñanzas provisionales expuestas para las personas de estos tres estados

En sus enseñanzas provisionales, Shakyamuni alentó a sus discípulos a que aspiraran a los tres vehículos como medios para elevar su vida, pero en el Sutra del Loto refutó estos estados como metas en sí mismos y reveló que el propósito último de la vida era manifestar la Budeidad.

"Los Principales escritos de Nichiren Daishonin" Glosario Vol. I - II 1995 - 1998 SGIAR.

TRES VENENOS

TRES VENENOS: (En jap.: sandoku.) Furia, codicia y estupidez

Males fundamentales inherentes a la vida que originan el sufrimiento humano

Tienen correlación, respectivamente, con los tres malos caminos, es decir, los estados de Infierno, Hambre y Animalidad.

"Los Principales escritos de Nichiren Daishonin" Glosario Vol. I - II 1995 - 1998 SGIAR.

TRES VERDADES

TRES VERDADES: Verdades de la no sustancialidad, la existencia temporaria y el Camino Esencial: tres fases de la verdad formuladas por T'ien-t'ai

La verdad de la no sustancialidad significa que los fenómenos carecen de sustancia y están en un estado potencial que trasciende los conceptos de existencia y de no existencia

La verdad de la existencia temporaria significa que todas las cosas, aunque por naturaleza carecen de sustancia, poseen una realidad temporaria que está sometida a un flujo constante

La verdad del Camino Esencial significa que todos los fenómenos son, a la vez, no sustanciales y temporarios, pero que, sin embargo, en esencia, no son ni una cosa ni la otra.

"Los Principales escritos de Nichiren Daishonin" Glosario Vol. I - II 1995 - 1998 SGIAR.

TRES VIRTUDES

TRES VIRTUDES: (En jap.: santoku.) Virtudes del soberano, el maestro y los padres, que posee el Buda

La virtud del soberano significa el poder de proteger a las personas

La virtud del maestro significa la sabiduría de permitirles vivir correctamente

La virtud de los padres indica la misericordia de salvarlos de la infelicidad.

"Los Principales escritos de Nichiren Daishonin" Glosario Vol. I - II 1995 - 1998 SGIAR.

TRI RATNA

TRI RATNA: Las tres gemas son los tres elementos fundamentales de la religión budista: Buda, Dhamma y Sangha.

En todos los paises del sudeste asiático las devociones se inician tributando el honor a Buda para lo cual se usa un cántico en el que el devoto afirma su confianza en las tres joyas:

"Buddham saranam gacchami,

Dhamman saranam gacchami,

Sangham saranam gacchami".

"Yo me refugio en el Buda,

yo me refugio en el Dhamman,

yo me refugio en el Sangham".

TRICHIVARA

TRICHIVARA: (Sánscrito). Las tres vestiduras de los religiosos budistas.

TRIPITAKA

TRIPITAKA: (Sánscrito). Literalmente: "las tres cestas" [o colecciones de libros]; nombre del canon búddhico.

Está compuesto de tres divisiones:

1) la doctrina;

2) las reglas y leyes para el sacerdocio y los ascetas;

3) las disertaciones filosóficas y la metafísica, esto es, el Abhidharma, definido por Buddhaghosa como la ley (dharma) que va más
allá (abhi) de la ley.

El Abhidharma contiene las enseñanzas más profundamente metafísicas y filosóficas, y es el almacén de donde las Escuelas Mahâyâna e
Hinayâna sacaron sus doctrinas fundamentales.

Hay una cuarta división, la Samyakta Pitaka; pero como es una adición
posterior hecha por los buddhistas chinos, no es aceptada por la Iglesia
del Sur de Siam y Ceilán.

[Los nombres de estos tres Pitakas, o grupos de libros, son: el Vinâya
Pitaka, el Sutta Pitaka y el Abhidamma Pitaka.

El primero contiene todo lo referente a la moralidad y las reglas de disciplina para el gobierno del Sangha o la Orden; el segundo encierra los
discursos instructivos sobre ética aplicable a todos, y el tercero explica
las enseñanzas psicológicas del Buddha, incluyendo las veinticuatro leyes trascendentales que explican las operaciones de la Naturaleza.

(Olcott, Catecismo Búddhico, Quest., 162, 163).]

TRIRATNA O RATNATRAYA

TRIRATNA O RATNATRAYA: (Sánscrito). "Las Tres Joyas", término
técnico aplicado a la conocida fórmula "Buddha, Dharma y Sangha (o
Samgha)", significando los dos últimos términos, según la interpretación moderna, "ley religiosa" (Dharma) y "sacerdocio" (Sangha).

La Filosofía esotérica, sin embargo, consideraría muy vaga esta interpretación.

Las palabras "Buddha, Dharma y Sangha" deben pronunciarse como
en los días de Gautama, el Señor Buddha, a saber: "Bodhi, Dharma y
Sangha", e interpretarse en el sentido de "Sabiduría, sus leyes y sus sacerdotes", significando estos últimos "expositores espirituales" o adeptos.

Buddha, empero, siendo considerado como la personificación del "Bodhi" en la tierra, un verdadero avatar de Âdi-Buddha, Dharma gradualmente vino a ser considerado como su propia ley particular, y Sangha
como su propio sacerdocio especial.

No obstante, los profanos de las enseñanzas últimas (ahora modernas)
han dado pruebas de un grado de intuición natural mayor que el de los
actuales intérpretes del Dharma, los sacerdotes buddhistas.

La gente en el Triratna en las tres estatuas de Amitâbha, Avalokitezvara y Maitreya Buddha, esto es, en la "Luz infinita" o Sabiduría universal, un principio impersonal que es la verdadera significación de Âdi-Buddha; en el "Señor Supremo" de los Boddhisattvas o Avalokitezvara, y en Maitreya Buddha, símbolo del Buddha terrestre y humano, el "Mânuchi Buddha".

Así, aunque el no iniciado llame a estas tres estatuas "los Buddhas del pasado, del presente y del porvernir", a pesar de esto todo prosélito del verdadero Buddhismo filosófico -llamado "ateísta" por Mr.

Eitel- explicaría bien el término Triratna.

El filósofo de la Escuela Yogâchârya diría (y podría bien decirlo) que "Dharma no es una persona, sino una entidad incondicionada y no derivada, que combina en sí misma los principios espirituales y materiales del universo, mientras que de Dharma procedió, por emanación, Buddha [o mejor dicho, Bodhi "reflejado"], como la energía creadora que produjo, en conjunción con Dharma, el tercer factor de la trinidad, a saber: "Samgha", que es la comprehensiva suma total de toda vida real".

Samgha, pues, no es ni puede ser lo que ahora se entiende que es, a saber, el actual "sacerdocio"; porque este último no es la suma total de toda vida real, sino tan sólo de la vida religiosa.

El verdadero significado primitivo de la palabra Samgha o "Sangha" se acomoda a los Arhats o Bhikshus, o "Iniciados" tan sólo, esto es, a los verdaderos expositores del Dharma -la ley y sabiduría divina, que llega a ellos como una luz reflejada de la única "Luz infinita".

Tal es su significado filosófico.

Y, sin embargo, lejo de satisfacer a los sabios de las razas occidentales, esto parece sólo exasperarlos; puesto que E. J. Eitel, de Hong Kong, hablando de esto, hace observar lo siguiente: "¡Así el dogma de un Triratna, que se origina de tres primitivos artículos de fe, y que al mismo tiempo culmina en el concepto de tres personas, una trinidad en la unidad, ha degenerado en una teoría metafísica de la evolución de tres principios abstractos"! Y si uno de los sabios europeos más instruídos pretende sacrificar todo ideal filosófico al grosero antropomorfismo, ¿qué puede esperar el Buddhismo, con su metafísica sutil, en manos de ignorantes misioneros? [Véase: Tisarana o Trizarana.]

TRIVIDHA-DVÂRA
TRIVIDHA-DVÂRA: (Sánscrito). Literalmente: "las tres puertas", que son: el cuerpo, la boca y la mente o sea: pureza del cuerpo, pureza de lenguaje y pureza de pensamieto: las tres virtudes requeridas para con-

vertirse en un Buddha.

TRIYANA

TRIYANA: (Sánscrito). "Los tres vehículos" a través del Sansâra (océano de nacimientos, muertes y renacimientos) son los vehículos llamados Zrâvaka, Pratyeka Buddha y Bodhisattva, o sean los tres grados del curso del Yoga.

El término Triyana se usa también para designar las tres escuelas de misticismo -las Escuelas Mahâyâna, Madhyimâyâna e Hinayânâ, de las cuales la primera es el Vehículo "mayor", la segunda el "medio", y la última el "menor".

Todos y cada uno de los sistemas entre los Vehículos mayor y menor son considerados como "inútiles".

Por lo tanto, se ha hecho que el Pratyeka Buddha corresponda a la Escuela Madhyimâyâna, porque, según se ha explicado, "éste (el estado pratyeka Buddha) se refiere a aquel que vive todo para sí mismo y muy poco para los demás, ocupando el medio del vehículo, llenándolo todo, sin dejar sitio para los otros".

Tal es el candidato egoísta para el Nirvâna.

TRIZARANA

TRIZARANA: (Trisharana) (Sánscrito) [Tisarana, en pali] Es lo mismo que Triratna, y es aceptado por ambas Iglesias búdicas, la del Norte y la del Sur.

Después de la muerte del Buddha, fue adoptado por los concilios como una mera especie de formula fidei, que obliga a "refugiarse en Buddha, en Dharma y en Sangha" o su Iglesia, en el sentido en que esta palabra se interpreta ahora; pero no es éste el sentido en que la Luz de Asia habría enseñado la fórmula en cuestión.

Acerca del Trikâya, E. J. Eitel, de Hong Kong, nos dice en su Manual de Buddhismo Chino que este "tricotomismo fue enseñado con relación a la naturaleza de todos los Buddhas.

Siendo Bodhi la cualidad característica de una Buddha", establecióse una distinción entre el "Bodhi esencial" como atributo del Dharmakâya, esto es, "cuerpo esencial"; "Bodhi reflejado" como atributo del Sambhogakâya, y "Bodhi práctico", como atributo del Nirmânakaya.

Combinando Buddha en sí mismo estas tres condiciones de existencia, díjose de él que vivía a la vez en tres esferas diferentes.

Esto prueba cuan mal comprendida es la enseñanza puramente panteísta y filosófica.

Sin detenernos a averiguar cómo puede siquiera una vestidura Dharmakaya tener algun "atributo" en el Nirvâna -cuyo estado, lo mismo en el Brahmanismo filosófico que en el Buddhismo está demostrado que se halla absolutamente desprovisto de todo atributo tal como lo concibe el finito pensamiento humano-, bastaría indicar lo siguiente: 1) La vestidura Nirmânakâya es preferida por los "Buddhas de Compasión" a la del estado Dharmakâya, precisamente poque esta última impide al que la obtiene toda comunicación o relación con lo finito, o sea con la humanidad; 2) No es Buddha (Gautama, el hombre mortal, o cualquier otro Buddha personal) el que vive de un modo ubicuo en "tres diferentes esferas a la vez", sino Bodhi, el universal y abstracto principio de Sabiduría divina, simbolizado en filosofía por Âdi-Buddha.

Este último es ubicuo porque es la esencia o principio universal.

Es Bodhi, o el espíritu de la cualidad de Buddha, que habiéndose resuelto en su primordial esencia homogénea y fundido en ella, como Brahmâ (el Universo) se funde en Parabrahm, la ABSOLUTIDAD -lo que se da a entender con el nombre de "Bodhi esencial".

Para el Nirvânî, o Dhyâni-Buddha, debe suponerse -por el hecho de vivir en Ârupa dhâtu, el estado sin forma, y en Dharmakâya- que es aquel "Bodhi esencial" mismo.

Son los Dhyâni Bodhisattvas, los rayos primordiales del Bodhi universal, que viven en el "Bodhi reflejado en Rûpadhâtu, o mundo de "formas" subjetivas: y son los Nirmânakâyas (plural) que al cesar sus vidas de "Bodhi práctico" en las formas "iluminadas" o de Buddha, permanecen voluntariamente en el Kâmadhâtu (o mundo de deseo), ya en formas objetivas en la tierra, o ya en estado subjetivos en su esfera (el segundo Buddhakchetra).

Esto lo hacen con el objeto de velar por la humanidad, protegerla y ayudarla.

Así, no es un solo Buddha lo que se quiere significar, ni tampoco algun avatar especial de los Dhyâni Buddhas colectivos, sino verdaderamente Âdi-Bodhi, el primer Logos, cuyo rayo primordial es Mahâbuddhi, el Alma universal, ALAYA, cuya llama está en todas partes, y cuya influencia tiene una diferente esfera en cada una de las tres formas de existencia, porque -digámoslo una vez más- es el Ser universal mismo, o el reflejo de lo Absoluto.

De consiguiente, si es filosófico hablar de Bodhi, que "como Dhyâni Buddha gobierna en el dominio de lo espiritual" (cuarto Buddhakchetra o región de Buddha), y de los Dhyâni Bodhisattvas, "que gobiernan en el tercer Buddhakchetra" o dominio de la ideación, y aun de los Mânuchi Buddhas, que están en el segundo Buddhakchetra como Nirmânakâyas, el aplicar la "idea de una unidad en trinidad" a tres personalidades es altamente antifilosófico.

[Véase: Tisarana.]

TSONG KHAPA

TSONG KHAPA: Un muy alto Lama y yogui tibetano, reconocido como la personificación de Manyushri el Buda de la Sabiduría, escribió sobre el Sendero desde su propia experiencia personal: "si uno no piensa en la evolución del samsara uno no sabrá cómo cortar la raíz del samsara".

TSUGYO

TSUGYO: Ver "ocho enseñanzas".

"Los Principales escritos de Nichiren Daishonin" Glosario Vol. I - II 1995 - 1998 SGIAR.

TUCHITA

TUCHITA: (Tushita) (Sánscrito). Una clase de dioses de gran pureza que figuran en el panteón indo.

En el Buddhismo del Norte exotérico o popular es un Deva-loka, una región celeste en el plano material, en donde todos los Bodhisattvas renacen antes de descender a esta tierra como futuros Buddhas.

[En plural, una clase de divinidades de orden secundario identificadas con los Âdityas.

(Dowson, Diccionario clásico indo).]

TULKU

TULKU: En el budismo tibetano es la denominación que se da a aquellas personas que se reencarnan, tras haber concluido diferentes estadios de un nivel elevado que precede al nirvana.

Se dice que pueden relatar sus vidas anteriores, y si el fallecido es un Lama, se puede esperar tres tipos diferentes de tulku: del cuerpo, de la palabra y del espíritu.

Los más elevados tulku son los que corresponden a los Dalai Lamas.

TUNG HUANG

TUNG HUANG: Uno de los más importantes centros budistas de China a lo largo de más de un milenio.

Desde tiempos de la dinastía Han (206 a.c.-220 a.c.) su emplazamiento era una de las estaciones situadas en el extremo oriental de la ruta de la seda hacia Asia Central.

Con el paso del tiempo se convirtió en un gran centro budista de peregrinación.

TURTANKARAS

TURTANKARAS: Los veinticuatro budas que según los jainús aparecen en cada cielo.

El último fue Nahavira.

TZ'U-EN

TZ'U-EN: 632-682. También conocido como K'uei-chi

Discípulo de Hsüan-tsang, quien estableció formalmente la escuela Fa-hsiang (en jap.: Hosso) en la China, basado en la doctrina Sólo-la-Conciencia.

"Los Principales escritos de Nichiren Daishonin" Glosario Vol. I - II 1995 - 1998 SGIAR.

U

UCHEDA VADA

UCHEDA VADA: Término budista con que se designa la doctrina, considerada falsa, de ucheda o aniquilación, es decir que una vez muerto el cuerpo, se extingue la vida en todos los aspectos.

En el Brahma jala Sutta, el mismo Buda distingue siete de estas doctrinas aniquiladoras, frente a las que expone la verdad superior.

UCHNÎCHA Y TAMBIÉN BUDDHOCHNÎCHA

UCHNÎCHA Y TAMBIÉN BUDDHOCHNÎCHA: (Sánscrito). Explicado en el sentido de "protuberancia en el cráneo de Buddha, formando un tupé".

Esta es la curiosa descripción que dan los orientalistas; pero hay otra según la cual el Uchnîcha era "originalmente" un mechón de cabello, en forma de llama o cónica, situado en la coronilla de un Buddha; representado en épocas posteriores como una excrecencia carnosa en el mismo cráneo.

Esto hay que entenderlo completamente al revés, porque la filosofía esotérica diría: Originariamente era un círculo que tenía en su interior el tercer ojo, que en la raza humana degeneró más tarde formando una protuberancia carnosa, para desaparecer gradualmente, dejando en su lugar tan sólo una ocasional aura de color de llama, percibida únicamente por los clarividentes, y cuando la exuberancia de energía espiritual hace que el (ahora oculto) "tercer ojo" irradie su potencia magnética superflua.

En este período de nuestro desarrollo racial, los "Buddhas" o Iniciados son por lo tanto los únicos que gozan plenamente de la facultad del "tercer ojo", que se halla más o menos atrofiado en todos los demás.

UDANA

UDANA: Libro de las escrituras budistas del canon pali, tercero del KhuddakaNikaya, que consiste en una colección de ochenta sentencias solemnes de Buda.

Cada una de las cuales va precedida de una narración en prosa o en verso y prosa, en que se indica la ocasión en que fue pronunciada la correspondiente sentencia.

UDAYANA RÂJÂ

UDAYANA RÂJÂ: (Sánscrito). Un rey de Kausâmbî, llamado Vatsarâ-jâ, que fue el primero que tuvo una estatua de Buddha hecha antes de su muerte; a consecuencia de lo cual -dicen los católico-romanos, que erigieron imágenes de la Virgen y de los Santos en cada esquina -"vino a ser el iniciador de la Idolatría búdica".

UDUMBARA

UDUMBARA: (Sánscrito). Un loto de tamaño gigantesco, consagrado a Buddha: el Nila Udumbara o "loto azul", considerado como un presagio sobrenatural cuando quiera que florezca, porque florece una sola vez cada tres mil años.

Uno de estos vegetales, según se nos dice, floreció antes del nacimiento de Buddha, y otro, cerca de un lago al pie de los Himalayas, en el siglo décimocuarto, inmediatamente antes del nacimiento de Tsong-ka-pa, etc.

Otro tanto se dice del árbol udumbara (Ficus glomerata) porque florece a intervalos de largos siglos, lo mismo que una especie de cactus, que sólo florece en extraordinarias alturas y se abre a la medianoche.

[Dice la Voz del Silencio: "Los Arhans y los Sabios de visión sin límites son tan raros como la flor del árbol Udumbara.

Nacen los Arhans a la hora de la medianoche, juntamente con la planta sagrada de nueve y siete tallos, la flor santa que se abre y despliega en las tinieblas surgiendo del límpido rocío y del lecho helado de las nevadas cumbres no holladas por ningún pie pecador".

(Voz del Silencio, II).]

ÚLTIMO DÍA DE LA LEY

ÚLTIMO DÍA DE LA LEY: (En jap.: mappo.) Período que comienza dos mil años después de la muerte de Shakyamuni, cuando sus enseñanzas pierden fuerza y hace su advenimiento el Buda original para conducir a todas las personas hacia la iluminación.

"Los Principales escritos de Nichiren Daishonin" Glosario Vol. I - II 1995 - 1998 SGIAR.

UPASAKA

UPASAKA: Término budista que designa el "laico piadoso" y que se aplica a aquellas personas que en los días santos observan los ocho preceptos morales, ayunando desde el mediodía, practicando la meditación.

URUVELA

URUVELA: (Pali). Ciudad de la India antigua, situada al Sur de Patna y a orillas del Navainjana, hoy Buddha Gaya.

Buddha permaneció en ella repetidas veces.

Esta fue también la primitiva residencia del célebre Maha-Kazyapa, y es donde se halla situado el templo Maha Bodhi (Evangelio del Buddha).

URVAN

URVAN: (Zendo). Equivale al sánscrito Buddhi, Yo espiritual o sexto principio.

V

VAIHARA

VAIHARA: (Sánscrito). Nombre de un templo-caverna situado cerca de Râja-griha, donde el Señor Buddha solía retirarse para la meditación.

VAIROCANA

VAIROCANA: Religioso tibetano del siglo VIII, discípulo de Padmasambhara, que fue quien inició el Rojgs-chen en el Tibet.

VAIROCHANA

VAIROCHANA: (Sánscrito). Literalmente: "El que todo lo ilumina". Un símbolo místico, o mejor dicho, una personificación genérica de una clase de seres espirituales, descritos como la encarnación de la sabiduría (bodhi) esencial y pureza absoluta.

Estos seres moran en el cuarto Arûpa Dhâtu (mundo sin forma) o Buddha-Kchetra [región de Budda], y son los primeros, o la más elevada jerarquía de los cinco Dhyâni Buddhas ortodoxos.

Había un Zramana (Arhat) de este nombre (véase: Eitel, Diccionario Sánscrito-chino), natural de Cachemira, "que introdujo el Budismo en Kustan y trabajó en el Tibet" (en el siglo VII de nuestra era).

Fue el mejor traductor del Canon semiesotérico del Budismo del Norte, y contemporáneo del gran Samantabhadra.

(Véase esta palabra).

VAISÂKHA

VAISÂKHA: (Sánscrito). Célebre mujer asceta, nacida en Srâvasti y llamada Sudatta "virtuosa domadora".

Fue madre abadesa de un vihâra o convento de upâsikâs hembras, y es conocida como la fundadora de un vihâra para Zâkyamuni Buddha.

Es considerada como la patrona de todas las ascetas budistas.

VAISHALI

VAISHALI: Uno de los dieciséis países principales que integraban la India en tiempos del Buda

Shakyamuni iba allí con frecuencia para predicar

Vimalakirti también vivió en esa región, donde se llevó a cabo el Segundo Concilio, alrededor de un siglo después de la muerte del Buda.

"Los Principales escritos de Nichiren Daishonin" Glosario Vol. I - II 1995 - 1998 SGIAR.

VAJJI

VAJJI: República tribal en el norte de la India de tiempos de Buda, mencionada frecuentemente en los primitivos textos budistas.

En el Mahaparinibbana hay diversas alusiones a los vahhi o vajji.

Incluso el propio Buda estableció un paralelismo entre la república formada por este pueblo y la forma de gobierno que debería adoptarse en la Shanga, único refugio del orden democrático.

VAJRADHARA

VAJRADHARA: (Sánscrito). El Supremo Buddha, entre los buddhistas del Norte.

[Epíteto de Indra, "que empuña el rayo".

El regente o presidente de todos los Dhyân Chohans o Dhyâni Buddhas, el más alto o supremo Buddha; personal, pero nunca manifestado objetivamente; el "Vencedor Supremo", el "Señor de todos los Misterios", el "Uno sin principio ni fin"; en una palabra, el Logos del Buddhismo.

(Doctrina Secreta, III, 380, 387, 389).]

VAJRAPÂNI

VAJRAPÂNI: (Sánscrito). O Manjushrî, el Dhyâni Bodhisattva (como reflejo espiritual, o hijo de los Dhyâni-Buddhas en la tierra) nacido directamente de la forma subjetiva de existencia; una deidad adorada por los profanos como un dios, y por los iniciados como una Fuerza subjetiva, cuya verdadera naturaleza es conocida sólo de los más altos iniciados de la Escuela Yogâchârya y explicada por ellos.

[Véase: Alma-Diamante y Vajra.]

VAJRASATTVA

VAJRASATTVA: (Sánscrito). Nombre del sexto Dhyâni-Buddha (de los cuales sólo hay cinco en el Buddhismo popular del Norte) -en la Escuela Yogâchârya, la cual cuenta siete Dhyâni-Buddhas y otros tantos Bodhisattvas, los "hijos de la mente" del primero.

Por esta razón los orientalistas consideran a Vajrasattva como un "Bodhisattva ficticio".

[Véase: Humanidad.]

VAJRAYANA

VAJRAYANA: Dentro del budismo es el Pequeño Vehículo, la última fase de evolución del Mahayana o Gran Vehículo, que sirvió de base para el nacimiento de un movimiento que unió en igualdad de importancia la meditación y la disciplina con el uso de los mantras, así como con diversas creencias de religiones populares indígenas hasta formar un solo cuerpo.

La filosofía vajrayana proponía alcanzar una experiencia psíquica de intensidad excepcional en la tierra para llegar al nirvana al cabo de una serie de incontables renacimientos.

Se encuentra muy introducido en el Tibet, donde se sirve de fenómenos ocultistas y ritos evocativos.

VARCHA

VARCHA: (Varsha) (Sánscrito). Región, llanura, una extensión de terreno situada entre las grandes coordilleras de la tierra.

[Los varchas o divisiones del continente han recibido los nombres de Kuru, Kinnara, Ketumâlâ, Bharata, Bhadrâzva, Românaka, Hari, Hiranmaya e Ilâvrita.

El varcha o varchavasana es el nombre de una especie de retiro o cuaresma búdica que dura desde el plenilunio de julio hasta el de noviembre y va seguido de una reunión general de los bhikchus.

Varcha significa además: lluvia o la estación lluviosa; la India o Jambu-dvîpa.]

VASUBANDHU

VASUBANDHU: Escritor budista del siglo IV que nació en Pususapura e ingresó en la orden budista.

Se inició en la escuela hinayanista del sarvastivada, componiendo el Abhidharma Kosa o compendio de la doctrina abhidhármica de su escuela, que llegaría a ser estimado como el texto de mayor autoridad en el sarvastivada.

VEHICULO DE DIAMANTE

VEHICULO DE DIAMANTE: Una de las tres principales escuelas del budismo: Vehículo de diamante o "Vajrayana"; Gran Vehículo o "Mahayana" y Pequeño Vehículo o "Hinayana", que ha substituido por rituales mágicos la disciplina ética del Hinayana y la sublime mística del Mahayana.

A pesar de ello, sus adeptos lo consideran como la perfección del budismo.

Esta escuela, surgida hacia el siglo VII bajo la influencia del tantrismo hindú y del saktismo, se desarrolló y difundió por la India, Indonesia, Indochina y sobre todo por el Tibet.

El politeísmo mahayanico es aquí sistematizado y enriquecido con gran número de nuevos dioses y diosas que recuerdan los kaktis hindúes.

Los cinco budas humanos son concebidos como encarnaciones de los budas de la meditación, que desde toda la eternidad reinan en los mundos celestes y que intervienen en el mundo por mediación de los cinco principales bodhisativas.

VEHICULO GRANDE

VEHICULO GRANDE: El Mahayana o Gran Vehículo no posee ningún canon y las primeras noticias que de él se tienen provienen de textos compuestos en los primeros siglos de la era cristiana, lo que ha supuesto que se la considerara habitualmente como una forma tardía de budismo.

Esta escuela aparece como un monismo análogo al brahmanismo; tiende en efecto al misticismo, una actitud que siempre ha sido más cultivada en los círculos laicos que en los monacales.

Partiendo de aquí, la solución que da al problema de la relación de lo absoluto con lo empírico es esencialmente distinta a la de Pequeño Vehículo.

Si en éste lo absoluto quedaba relegado a la esfera de lo ininteligible, en el Mahayana es, en cambio, la única realidad experimentable en los estados empíricos.

La filosofía del mahayana intenta fundamentar esta doctrina mística demostrando la imposibilidad racional del mundo real.

Para lo Único que hay de real, lo absoluto, no existe definición.

VEHICULO PEQUEÑO

VEHICULO PEQUEÑO: Tercera forma de budismo conocida como Hinayana.

Se trata de una fase evolutiva más antigua, más próxima al budismo original.

La doctrina del Pequeño Vehículo se constituyó en el norte y sólo llegó más tarde a Ceilán, y desde allí a Indochina.

Tampoco es la forma más antigua, ya que va paralela al Gran Vehículo, que en oposición al dubismo laico, representaba la religión rigurosamente monacal.

El sometimiento de la vida monacal a una regla trajo consigo la racionalización de la experiencia mística, lo que tuvo consecuencias de gran alcance para la doctrina.

La actitud racionalista del Pequeño Vehículo condujo a la formación de numerosas sectas escolásticas, de las cuales sólo conocemos algunas: pugdalavadins, lokottavadins, makasanghikas, sarvastivadins, vaibhasikas, sautrantikas...

VEHÍCULO SUPREMO

VEHÍCULO SUPREMO: Enseñanza o medio que conduce a todas las personas a la iluminación

Algunas veces se lo llama "único vehículo supremo", y con ello se indica que la enseñanza que lleva hacia la Budeidad es una y única

En las enseñanzas de Shakyamuni, el vehículo supremo es el Sutra del Loto

Hasta que éste se propagó, los tres vehículos provisionales de Aprendizaje, Comprensión Intuitiva y Bodhisattva habían sido venerados como medios supremos

En el Sutra del Loto, Shakyamuni refutó el apego de sus discípulos a estos tres estados, como metas en sí mismos, y reveló que el único propósito de la práctica budista era lograr la Budeidad, mediante el vehículo supremo

En el Budismo de Nichiren Daishonin, el vehículo supremo es el Gohonzon.

"Los Principales escritos de Nichiren Daishonin" Glosario Vol. I - II 1995 - 1998 SGIAR.

VEHÍCULO ÚNICO

VEHÍCULO ÚNICO: También llamado "vehículo del Buda" o "vehículo supremo"

Enseñanza que permite a todas las personas lograr la Budeidad.

"Los Principales escritos de Nichiren Daishonin" Glosario Vol. I - II 1995 - 1998 SGIAR.

"El Buda revela que los tres vehículos de Aprendizaje, Comprensión Intuitiva y Bodhisattva no son más que medios conducentes, mientras que el sólo vehículo supremo de la Budeidad ofrece el único camino verdadero hacia la iluminación

El término 'vehículo' se refiere a la enseñanza del Buda, que aleja a las personas de la ignorancia y la confusión para conducirlas a la iluminación

Los tres vehículos sirven para llevar a las personas a los objetivos propios de dichos estados, es decir, del Aprendizaje, de la Comprensión Intuitiva y del Bodhisattva

Sin embargo, Shakyamuni declara que no hay tres enseñanzas separadas, sino una sola, un solo vehículo único

Porque es la enseñanza para lograr la Budeidad, también se la conoce como el vehículo único del estado de Buda". (Takanori Endo en La sabiduría del Sutra del Loto: Diálogo sobre la religión en el siglo XXI, Sección 6, fascículo 3, p. 29)

La unificación de los tres vehículos en el vehículo único.

"La revelación de que los tres vehículos son meros recursos hábiles y que sólo el vehículo único del Buda es una enseñanza verdadera suele designarse con un término: "la unificación de los tres vehículos en el vehículo único". Esta "unificación" reconoce dos aspectos: la "unificación de los practicantes" y la "unificación de las enseñanzas". (Daisaku Ikeda en La sabiduría del Sutra del Loto: Diálogo sobre la religión en el siglo XXI, Sección 7, fascículo 4, p. 6)

La unificación de las enseñanzas

"La "unificación de las enseñanzas" (...) consiste en integrar los tres vehículos y unificarlos en el vehículo único. Luego de esta unificación, las enseñanzas de los tres vehículos quedan en su debido lugar dentro del vehículo único; cada una adquiere su propio significado específico y sigue siendo válida, en tanto verdad parcial o expresión relativa". (Katsuji Saito en La sabiduría del Sutra del Loto: Diálogo sobre la religión en el siglo XXI, Sección 7, fascículo 4, p. 6)

La unificación de los practicantes"La "unificación de los practicantes" es la revelación de que todos los seres a quienes se les enseña y se los convierte por medio del vehículo único son bodhisattvas sin excepción. (...) El Buda revela el vehículo único de la Budeidad y exhorta a todos los seres vivientes -específicamente a los seguidores de los dos vehículos, es decir, los que escuchan la voz y los pratyekabuddhas- a que abracen ese vehículo único. Al hacerlo, estos practicantes de los dos vehículos quedan unificados como bodhisattvas, es decir, ellos mismos pasan a ser bodhisattvas". (Katsuji Saito en La sabiduría del Sutra del Loto: Diálogo sobre la religión en el siglo XXI, Sección 7, fascículo 4, p. 6)"Entonces, los practicantes de los dos vehículos también son bodhisattvas y, como tales, tienen posibilitado el acceso a la Budeidad. La "unificación de los practicantes" subraya que las enseñanzas del vehículo único permiten a todas las personas manifestar la Budeidad". (Daisaku Ikeda en La sabiduría del Sutra del Loto: Diálogo sobre la religión en el siglo XXI, Sección 7, fascículo 4, p. 6) "El sutra consagra ocho de sus veintiocho capítulos a esclarecer la verdadera función de los tres vehículos y a sustituirlos por el vehículo único de la budeidad, siempre recalcando que todos los seres vivientes poseen el potencial del estado de Buda. Cinco de las siete parábolas del sutra se encuentran en esos ocho capítulos. (...) El gran maestro T'ien-t'ai de la China comenta: "La gran misericordia del Buda jamás se agota; su sabiduría impactante obra sin límite. Por eso el Buda predica mediante parábolas. Para mostrarnos el viento, mueve los árboles; para revelar la Luna, alza el abanico. Así consigue que tomemos conciencia de la verdad". Nichiren Daishonin cita este fragmento y suma su propio comentario: "La "gran misericordia" [del Buda] es como el amor abnegado que siente una madre por su hijo". Lo que hace surgir parábolas de semejante lucidez es la profunda misericordia. Y también cita palabras de Chang-an, discípulo de T'ient'ai: "Quien libra del mal a quien comete una falta está actuando como si fuera un padre". El Daishonin describe el "estricto amor" de un padre que hace cualquier cosa con tal de librar a su hijo del mal, aunque, como resultado, reciba su odio. "Ahora, este triple mundo / es mi dominio / y son mis hijos / los seres vivos que lo habitan. / Muchos son los dolores y pruebas / que asedian este sitio, / pero soy yo el único / que puede rescatar y proteger / a los demás...". Shakyamuni señala: "Estos seres vivientes son mis hijos. Yo les daré el Gran Vehículo, a todos por igual". (Haruo Suda, y Daisaku Ikeda en La sabiduría del Sutra del Loto: Diálogo sobre la religión en el siglo XXI, Sección 9, fascículo 5, pp. 33-34)

VEINTICUATRO SUCESORES

VEINTICUATRO SUCESORES: Sucesores de Shakyamuni que vivieron en el Primer Día de la Ley y propagaron sus enseñanzas.

Según el Fuhozo innen den storia de los sucesores de Shakyamuni), son:

1) Mahakashyapa,

2) Ananda,

3) Madhyantika,

4) Shanavasa,

5) Upagupta,

6) Dhritaka,

7) Mikkaka,

8) Buddhananda,

9) Buddhamitra,

10) Parshva,

11) Punyayashas,

12) Ashvaghosha,

14) Kapimala,

14) Nagarjuna,

15) Aryadeva,

16) Rahulata,

17) Samghanandi,

18) Samghayashas,

19) Kumarata,

20) Jayata,

21) Vasubandhu,

22) Manorhita,

23) Haklena y

24) Aryasimha.

"Los Principales escritos de Nichiren Daishonin" Glosario Vol. I - II 1995 - 1998 SGIAR.

VEINTIOCHO CONSTELACIONES

VEINTIOCHO CONSTELACIONES: También llamadas "veintiocho moradas lunares"

Casas celestiales, divididas en cuatro casas de siete cuerpos celestiales principales cada una; corresponden, respectivamente, a las direcciones y estaciones este o primavera; sur o verano; oeste u otoño, y norte o verano.

"Los Principales escritos de Nichiren Daishonin" Glosario Vol. I - II 1995 - 1998 SGIAR.

VERDADERA SABIDURÍA

VERDADERA SABIDURÍA: El Buda emplea diferentes causas y analogías, según sea la capacidad de quienes lo escuchan, para conducirlos al camino correcto. Esta capacidad del Buda se denomina 'el poder de los medios hábiles', y significa saber precisamente qué enseñar a cada individuo en cualquier situación dada

En otras palabras, es la capacidad de percibir el preciso estado de vida que tiene cada individuo, y la sabiduría de escoger la enseñanza más apropiada para cada persona

Es, también, el poder de la misericordia que busca nutrir a cada individuo, para que pueda manifestar su Budeidad

El origen de todas estas aptitudes y facultades es la profunda e inmensurable sabiduría del Buda

T'ien-t'ai llamó 'verdadera sabiduría' a esa sabiduría de Buda eternamente inherente, mientras que al poder de los medios hábiles que surgen de ella los denominó 'sabiduría provisional'

Shakyamuni elogia ambas clases de sabiduría -la verdadera y la provisional- en la parte inicial del capítulo 'Medios hábiles'

(Daisaku Ikeda y Takanori Endo en La sabiduría del Sutra del Loto: Diálogo sobre la religión en el siglo XXI, Sección 6, fascículo 3, p. 34)

VERDADES, LAS CUATRO NOBLES

VERDADES, LAS CUATRO NOBLES: Son éstas:

1) Las penalidades de la existencia evolucionaria que acaban en nacimientos y muertes, vida tras vida;

2) La causa productora de sufrimiento, que es el deseo egoísta siempre renovado de satisfacerse uno mismo, sin poder jamás conseguir tal fin;

3) La destrucción de aquel deseo, o el apartarse uno mismo de él, y

4) El medio de obtener dicha destrucción.

(Olcott, Catecismo Búdico, Preg. 121).

VERDADES

VERDADES: Las Cuatro Nobles Verdades son los cuatro principios relativos a la existencia humana que, al ser captados en la experiencia se suponen ser reconocidos por los Budas como constitutivos de la verdad absoluta de la realidad.

Mediante la captación de este cuádruple conjunto de principios llegó Buda a la iluminación.

Las Cuatro Nobles Verdades son:

1. Pone de manifiesto la naturaleza de la existencia humana: "Dukkha". Toda existencia es dolorosa: son dolores, nacimiento, vejez, enfermedad, muerte, unión con lo desagradable y separación de lo agradable.

2. La vida es un continuo proceso casual que constituye un ciclo al repetirse continuamente: "tanha o trisna". El origen del dolor es el deseo que conduce a renacer, tanto el deseo del ser como el deseo de perecer.

3. Es posible poner fin a esta experiencia caracterizada por "dukkha" y acceder a un nuevo tipo de vida, ya que vencer el dolor significa vencer el deseo.

4. Indica los medios adecuados para conseguir la liberación y llegar al camino de Buda, el sendero óctupla. Lo que significa haber captado la primera verdad, comprender la segunda y actualizar lo que se promete en la tercera.

VESALI

VESALI: Importante ciudad del norte de la India en los primeros tiempos del budismo, sita entre el Ganges y el Himalaya, donde Buda pronunció diversos discursos.

Esta ciudad fue también el reducto de la secta Nigantha que combatió contra la predicación de Buda, pero que al final tuvo que rendirse ante la fuerte influencia del budismo que celebró allí un concilio para tratar de solucionar las diferencias existentes entre los sthaviras y vajjputtaka.

En el siglo VII un viajero chino relató que la ciudad se había convertido en una pequeña aldea sin importancia.

Hoy en día se la ha querido identificar con Basrah en el distrito de Muzafferpur.

VIDA SECRETA

VIDA SECRETA: La vida del Nirmânakâya. "Sabe tú que al Bodhisattva que trueca la liberación por la Renuncia con el objeto de asumir las penalidades de la Vida Secreta, se le califica de "tres veces Honrado".

(Voz del Silencio, II).

VIDYÂ CHADAKCHARÎ

VIDYÂ CHADAKCHARÎ: (Sánscrito). La fórmula búdica de seis síla-bas: Om Mani Padme Hum, es la más sagrada de todas las fórmulas orientales.

Tiene siete significados distintos y puede producir siete resultados diversos según sea la entonación que se dé a toda la fórmula y a cada una de sus letras.

(Doctrina Secreta, III, 436).

VIHARA

VIHARA: Término que designa los edificios donde residen los monjes budistas.

En Tahilandia y Ceilán se emplea para designar la gran sala o santuario en que se guarda el Buddha rupa.

VIJÑANA VADA

VIJÑANA VADA: Nombre con que es conocida la secta budista Yoga-Chava, cuyo significado es "los que afirman que la conciencia es la realidad definitiva".

VIMALAKIRTI

VIMALAKIRTI: Hombre acaudalado que vivió en Vaishali, India

Representó el ideal de creyente laico dentro del Budismo Mahayana

El Sntra Vimalakirti lo describe refutando con elocuencia las teorías del Hinayana sostenidas por los discípulos de Shakyamuni, mediante la doctrina de la no-sustancialidad o vacuidad expuesta por el Mahayana.

"Los Principales escritos de Nichiren Daishonin" Glosario Vol. I - II 1995 - 1998 SGIAR.

VIMALAMITRA

VIMALAMITRA: Monje oriundo de Cachemira, India, que vivió durante el siglo V o VI

Según el Registro de las regiones occidentales, juró destruir la reputación de Vasubandhu y arruinar la credibilidad del Budismo Mahayana, pero su lengua se partió en cinco pedazos y, atormentado por el remordimiento, cayó en el infierno del sufrimiento incesante.

"Los Principales escritos de Nichiren Daishonin" Glosario Vol. I - II 1995 - 1998 SGIAR..

VINAYA PITAKA

VINAYA PITAKA: El primero de los tres pitakas o cestos de las escrituras budistas, cuyo conjunto forma el Ti-Pitaka.

Es el código de disciplina que rige la orden formada por los monjes.

El esquema de esta obra se atiene a una sección de reglas del Patimokkha para los monjes; otra similar para las monjas; y una sección llamada "los grupos" en donde se trata de la ordenación, de las reuniones, de la indumentaria...

VIÑAÑANA

VIÑAÑANA: Término usado en el análisis budista de la existencia humana, que generalmente se traduce por conciencia y se considera el más importante de los cinco agregados constitutivos.

VIPASSANA

Entre los budistas es la denominación de la "visión interior", uno de los dos factores decisivos para llegar a la iluminación.

VIPASSANA

La Vipassana es una de las técnicas de meditación más antiguas de la India.

Estuvo perdida durante siglos para la humanidad, y fue redescubierta por Gautama el Buda hace más de 2.500 años.

Vipassana significa ver las cosas tal y como son en realidad.

Es un proceso de auto purificación mediante la auto observación.

Se comienza observando la respiración natural para concentrar la mente y luego con la conciencia agudizada, se procede a observar la naturaleza mutable del cuerpo y de la mente; y se experimenta las verdades universales de la impermanencia, el sufrimiento y la carencia de un ego permanente.

VISUDDHIMAGGA

VISUDDHIMAGGA: Titulo de los textos más importantes de la literatura poscanónica del Theravada.

Su autor, Buddhaghosa, consiguió en parte con este libro restaurar el prestigio pali como idioma literario budista, que había perdido frente al sánscrito.

El "Sendero de la Purificación", como puede traducirse al castellano, es una descripción completa de la vida de acuerdo con el ideal budista, incorporando tres secciones: moral o sila, meditación o samadhi y saber o pañña.

W

WAT

WAT: Nombre que se da en Siam a los monasterios budistas.

WAZNIYYA

WAZNIYYA: Movimiento integrado en los muattila que tiene por imposible la pesada de las acciones humanas, ya que a Dios, que conoce todo y a quien nada se escapa, no tiene necesidad de balanza para juzgar a los hombres.

WEI YÜAN-SUNG

WEI YÜAN-SUNG: Monje budista que vivió en la China, en el siglo VI

Su deseo de fama y de lucro lo llevó a asociarse a un grupo de taoístas, aunque, finalmente, regresó a la vida secular

Su alegato dirigido al trono influyó en el emperador Wu, de la dinastía Chu, para que éste pusiera en marcha una enérgica represión al Budismo.

"Los Principales escritos de Nichiren Daishonin" Glosario Vol. I - II 1995 - 1998 SGIAR.

WEWAK

WEWAK: El Festival que se celebra en los Himalayas en el momento de la Luna llena de Tauro.

Se dice que en este Festival, al que concurren los miembros de la Jerarquía y multitud de discípulos de todo el mundo.

El Buda, durante breves minutos, renueva su contacto con la Jerarquía y asociación con el Trabajo que se realiza en nuestro planeta.

Uno de los tres grandes festivales que se celebrarán en todo el mundo en la nueva era.

WON HYO

WON HYO: Monje budista del siglo VI que era considerado como el más ilustre dogmatista del budismo en Silla.

Es el fundador de la escuela Ha-Dong o de Corea, que predicaba una síntesis de todas las tendencias del budismo.

Y

YAKSHA

YAKSHA: (sánscrito.) Una de las ocho clases de seres no humanos

Originariamente fueron demonios hinduistas, pero más tarde los incorporó el Budismo como protectores de la Ley, a las órdenes del rey celestial Bishamon

"Los Principales escritos de Nichiren Daishonin" Glosario Vol. I - II 1995 - 1998 SGIAR.

YAKUO

YAKUO: (En sánscrito.: Bhaisajya-raja.) Bodhisattva que sirve al pueblo proveyéndolo de medicina para curar sus enfermedades físicas y espirituales.

"Los Principales escritos de Nichiren Daishonin" Glosario Vol. I - II 1995 - 1998 SGIAR.

YAKUSHI

YAKUSHI: Buda de la Medicina, señor del Mundo Puro como la Esmeralda, situado al este

Como bodhisattva, hizo doce juramentos comprometiéndose a curar todas las enfermedades y a conducir a todas las personas hacia la iluminación.

"Los Principales escritos de Nichiren Daishonin" Glosario Vol. I - II 1995 - 1998 SGIAR.

YAMABUSHI

YAMABUSHI: Denominación que reciben los miembros practicantes de la secta budista shugendo.

YANA

YANA: El budismo pali emplea esta palabra para referirse al medio que lleva a la iluminación.

Entre los distintos yanas está el mahayana, considerado como el "medio singular".

Así como el vajrayana o mantrayana, también llamado "budismo tántrico".

YOGACHARAS

YOGACHARAS: Nombre que reciben los budistas mahayanistas que profesan las doctrinas de Asanga y su hermano Vasubandhu.

Defienden que sólo la conciencia, vijñana, es real, mientras que los objetos de ésta no lo son, en clara reacción contra las teorías de Madhyamika que tiene por irreales la conciencia y los objetos de ésta.

Para los yogacharas, el hecho de que se produzca la ilusión demuestra que la conciencia puede tener un contenido sin que se de al mismo tiempo un objeto exterior que le corresponda.

Su doctrina es una mezcla de religión - metafísica a través del culto y del yoga, y en su aspiración es la transmutación de la personalidad humana mediante la unión mística con el absoluto.

YORITOMO

YORITOMO: Véase "Minamoto no Yoritomo".

"Los Principales escritos de Nichiren Daishonin" Glosario Vol. I - II 1995 - 1998 SGIAR.

YU DJONG

YU DJONG: Monje budista coreano del siglo XVI, que intentó unificar las dos tendencias budistas dominantes en el país: ktyo y dhyana.

Aunque su mayor inclinación sobre la segunda fórmula, logró que ésta primase por encima de la otra.

Z

ZÂKYAMUNI BUDDHA

ZÂKYAMUNI BUDDHA: (Sâkyamuni B.) (Sánscrito). Nombre del fundador del Buddhismo, gran Sabio, el Señor Gautama. [Véase: Buddha Siddhârta.]

ZAN RIN PO CHE

ZAN RIN PO CHE: Monje budista del siglo XII fundador del monasterio de Chal GunThan, sede de la escuela Chal-Pa.

ZANADIQA

ZANADIQA: Palabra árabe que quiere definir una oración, una manera de pensar o un modo de vida contrarios a la ley del Islam.

Se aplica a toda aquella persona sospechosa de materialismo, dualismo, maniqueismo e incluso de siismo extremista.

ZAZEN

ZAZEN: Forma de meditación del budismo zen, acompañada de una postura aprobada por la tradición budista.

Sentado, con el cuerpo erguido, los pies cruzados y manteniendo la respiración a un ritmo regular, mientras la mente queda libre de todo apego, deseo, concepto y juicio.

El objeto de este tipo de meditación es alcanzar el estado de la gran quietud y gozo.

ZEN

ZEN: Movimiento budista japonés que posee el carácter de religión.

Es el resultado de la unión del sintoísmo con el budismo.

Fundado por el monje indio Bodhi el Harma o Bodhidharma en China a comienzos del siglo VI, pasó desde allí a Japón, donde se convirtió en una de las más influyentes escuelas budistas.

Al principio cada monje llevaba su propia vida mendigante recorriendo los caminos y las ciudades, hasta que a mediados del siglo sexto la secta se estableció en la montaña de Sobo, donde inició un gran florecimiento.

En el curso de este asentamiento aparece la escuela del sur fundada por Eno, quien defendía que cada cual esta libre de elegir su propio camino de acuerdo con el carácter y disposiciones, su experiencia y tradición.

El zen orotodoxo afirma la posibilidad de una experiencia directa de la realidad a través de la maduración de la experiencia interior de la persona. Pretende comunicar la esencia y el espíritu del budismo directamente, sin necesidad de recurrir a las escrituras, palabras y conceptos o los razonamientos basados en todo ello. Busca la iluminación espiritual interior y fomenta la práctica de la meditación y la contemplación; afirma que la naturaleza original del ser humano es de carácter búdico, pero que el no realizarse se debe a la ignorancia.

Hay hasta veinticuatro ramas diferentes de zen, se destacan las cinco más importantes:

— Movimiento Rinzai, que se caracteriza por la serenidad de sus miembros.

— Movimiento Soto, cuya constante es la minuciosidad

— Movimiento Igyo, que mantiene firme una solemne seguridad en todos y cada uno de sus actos.

— Movimiento Ummon, probablemente el más clásico de todos

— Movimiento Hogen, uno de los más claros.

ZI BYD PA
ZI BYD PA: Movimiento fundado por Pha Dam Pa y que se extendió como ramificación del monasterio tibetano de Din-ri.

ZOCHO
ZOCHO: Dai Zocho-Tenno (sánscrito: Virudhaka) Es uno de los Cuatro Reyes Celestiales, se dice que viven a mitad de camino entre las cuatro laderas del monte Sumeru

Zocho que se encuentra al Sur, su función es aliviar a las personas del sufrimiento

En el capítulo Dharani (cap. 26) del Sutra del Loto, juraron proteger a aquellos que abrazaran el sutra

Los nombres de los dioses budistas incluyen las palabras: Dai es un término honorífico que significa grande y Tenno que significa rey celestial

(Los Cuatro Reyes Celestiales están ubicados cardinalmente en el Gohonzon, cubriendo las cuatro esquinas) (WORLD LINKS SOKA GAKKAI - USA 1999)

ZOKYO
ZOKYO: Ver "ocho enseñanzas".

"Los Principales escritos de Nichiren Daishonin" Glosario Vol. I - II 1995 - 1998 SGIAR.

ZRAMANA

ZRAMANA: (Srâmana) (Sánscrito). Sacerdote budista, asceta mendicante y aspirante al Nirvâna, "el que ha de poner un freno a sus pensamientos".

La voz Saman, ahora "Zaman", es una corrupción de esta primitiva palabra.

[Cuando de la teoría pasan los oyentes (zrâvakas) a la práctica del ascetismo se convierten en zramanas, "practicantes". Voz del Silencio, III.

ZRÂVAKA

ZRÂVAKA: (Srâvaka) (Sánscrito). Literalmente: "el que hace oír"; pero en el buddhismo denota un discípulo o chela.

[Zrâvaka (de la raíz zru): "oyente", o sea el estudiante que concurre a las enseñanzas religiosas.

(Voz del Silencio, III).

Véase: Zramana.]

ZRÎPÂDA

ZRÎPÂDA: (Srî-pâda) (Sánscrito). La huella o impresión del pie de Buddha.

Literalmente: "el paso o pie del Maestro o Señor exaltado".

[Véase: Chakra.]

ZUDDHODANA

ZUDDHODANA: (Suddhodana) (Sánscrito). Rey de Kapilavastu; padre de Gautama el Señor Buddha.